古代歷史文化 研究輯刊

五 編

王明蓀 主編

第 22 冊

清季袁世凱外交策略之研究（上）

呂慎華 著

國家圖書館出版品預行編目資料

清季袁世凱外交策略之研究（上）／呂慎華 著 ― 初版 ― 新
北市：花木蘭文化出版社，2011〔民 100〕
目 2+162 面；19×26 公分
（古代歷史文化研究輯刊 五編；第 22 冊）
ISBN：978-986-254-435-8（精裝）
1. 外交史　2. 外交政策　3. 晚清史
618　　　　　　　　　　　　　　　　　100000594

ISBN-978-986-254-435-8

古代歷史文化研究輯刊
五　編　第二二冊　　　　　　ISBN：978-986-254-435-8

清季袁世凱外交策略之研究（上）

作　　者　呂慎華
主　　編　王明蓀
總 編 輯　杜潔祥
印　　刷　普羅文化出版廣告事業
出　　版　花木蘭文化出版社
發 行 所　花木蘭文化出版社
發 行 人　高小娟
聯絡地址　新北市永和區中正路五九五號七樓之三
　　　　　電話：02-2923-1455／傳真：02-2923-1452
電子信箱　sut81518@gmail.com
初　　版　2011 年 3 月
定　　價　五編 32 冊（精裝）新台幣 56,000 元

清季袁世凱外交策略之研究（上）

呂慎華　著

作者簡介

呂慎華，1974 年出生，台中人，國立中興大學歷史研究所博士，目前擔任國立中央大學歷史研究所兼任助理教授、國立聯合大學通識教育中心兼任助理教授，主要研究領與為近代中外關係史與中國近現代史，致力於清末民初外交、重心則為袁世凱相關研究。

提　要

　　海峽兩岸均透過高中歷史教育，將袁世凱塑造成竊國大盜、亂世奸雄，幾乎未提及其在清末除編練新軍以外的事蹟，一般民眾對此也深信不疑。

　　筆者認為，袁世凱於清季中國國勢衰弱已極之時，繼李鴻章之後擔任北洋大臣，逐漸成為中國外交的主要領導人物，以當時中國受條約束縛之深、利權侵蝕之劇，一旦舉措失當，將不免立見危亡。目前中外學界研究袁世凱的外交活動時，所著重者多在民國大總統時期，對於其晚清時代所經辦之對外交涉則較缺乏系統化論述，但袁世凱於民初所採行之外交策略，與其任官清廷時之外交經驗必然存在相當關係，只研究民國時期的外交表現，將無法對袁世凱外交有足夠且正確的認識。本文乃以個案研究為基礎，以「清季袁世凱外交策略之研究」為題，起於1894 年袁世凱自朝鮮返國後，終於 1909 年初袁世凱開缺回籍止，探討此一長期不受正視的問題。

　　袁世凱的外交策略終極目標可以歸納為「權自我操、利不外溢」兩項，重視主動權與控制權，策略內容可歸納為「用新人 行新政」「富國強兵」「遵守法律」「自求改善」「事後補救」等五項，除富國強兵一項在小站練兵時期因國際情勢變遷而不再強調之外，其餘四項均成為袁世凱終晚清之世始終採行的外交策略，而四者又息息相關、缺一不可。唯有運用熟習洋務運作的官員經辦外交，才能使中國不至於因違反條約、公法而招致外國干涉；唯有自求改善，方能在遇事時開創有利於中國的外在條件，使外國的干涉降至最低；唯有中外盡皆遵守法律，才能以法律保護中國利益，更進一步藉法律爭回中國可爭、或應爭的權利，限制外國應享有的條約利益，為失去的權益進行事後補救。

　　研究清末民初中國外交時，李鴻章時代的以夷制夷外交與民初的修約外交為兩大主軸，而袁世凱實居於承先啟後的地位。身為李鴻章的下屬官員，袁世凱曾親身執行以夷制夷策略，也親眼見證以夷制夷的失敗。做為李鴻章的繼任者，袁世凱採取「權自我操、利不外溢」的方式處理對外交涉，但在時勢遷移中發展出與以夷制夷迥然不同的積極務實外交策略，在中國國勢極度衰弱的時代，放棄以結盟、均勢等方式自保的守勢外交，以取得主動權與控制權為主軸，但同時又能尊重、甚至運用約章成案以保護中國利益。做為北洋派的鼻組，袁世凱主動積極的外交策略透過其保舉、羅致之洋務人才，於民國肇造後仍繼續傳承，對民初北京政府修約外交造成深遠的影響。

目次

導　論

一、緣　起

> 立國之要，權自己操，最忌授人以柄。近來諸國合謀、遇事恫喝，
> 甚至刑賞、用人、理財、練兵諸大端，各與國所萬不得干預者，亦
> 或強爲把持。目今世變方殷，不得不曲爲遷就，然敵情無饜、得步
> 進步，一經假借、即援引爲例，將來縱有強力，亦必不易收回。且
> 國權不振，則奸究生心，尤恐潛滋内患。擬請飭下總理衙門及各省
> 督撫、將軍，嗣後設遇駐華洋人違例干政，必須按照公法條約，忍
> 氣耐煩、據理駁詰，一面電咨出洋各使臣向該外部切實商辦，使我
> 應有之權斷不輕以假人，庶補救一分，即多收一分之益。〔註1〕

自鴉片戰爭以來，中國國際地位猶如江河日下，朝野各界對於利權的逐漸流
失莫不憂心忡忡，爲振衰起弊、救亡圖存，當時仍在小站練兵的袁世凱上奏
建請愼守國權，希望朝廷能亟籌補救之道，與外人來往時應依照公法條約辦
理，不可再坐視利權流失。此道奏片雖因方當戊戌政變之後而遭留中，並未
進一步處理，但相較於同時代各界人士提出的聯日拒俄、召開國際會議共保
中國、皇帝親訪各國元首等不切實際的外交策略，袁世凱已看出未來中國外
交的主要途徑爲保權、補救、守法。終晚清之世，袁世凱仍始終堅守這些信
念與作法，除因此逐漸獲得外人稱譽與信任外，也爲其贏得全國性的聲望，
被視爲李鴻章之後清季中國外交界第一人。

〔註 1〕 〈請飭愼守國權片〉，光緒二十四年十二月初一日，收入天津社會科學院歷史
　　　　研究所編，廖一中、羅眞容整理，《袁世凱奏議》上册，頁 16。

　　即使在當代被視爲治世之能臣，也是中國近現代史上最具影響力的人物之一，後世對袁世凱的評價卻譽之者寡、毀之者眾。自袁世凱身後，「竊國大盜」之名始終難以洗脫，這樣的評價基本上是源自於其「竊取辛亥革命果實」、接受二十一條要求、或推行洪憲帝制而來，再藉由學校歷史教育深植人心。以台灣高中歷史教科書爲例，國立編譯館版於晚清部分提及袁世凱者，爲加強中韓宗藩關係、編練新建陸軍等寥寥數語，民國部分則以兩節的篇幅介紹辛亥革命後袁世凱如何取得政權、刺殺宋教仁、善後大借款、二次革命、洪憲帝制、護國軍遠，另以一節介紹中俄外蒙交涉、中英西藏交涉、中日二十一條交涉及五九國恥。〔註2〕教育部於 1999 年開放民間業者編輯高中教科書後，迄今經歷兩次課程綱要更新，然不論出版社爲何、中國史篇幅如何，於晚清部分提及袁世凱時均僅隻字片語，仍著重在敘述袁世凱如何取得中華民國大總統職位、如何實行帝制、如何敗亡等。〔註3〕至於中國大陸的高中歷史教科書，描述袁世凱晚清事蹟的部分，亦僅及於戊戌政變前告密、山東巡撫任內鎮壓義和團，對於在帝國主義支持下竊取辛亥革命果實、實施獨裁統治、接受日本二十一條要求、洪憲帝制等問題則著墨甚深。〔註4〕

〔註2〕 國立編譯館主編，《高級中學歷史教科書第三冊》（臺北：國立編譯館，民國88年1月15版）。本版爲國立編譯館最後一次出版之高中歷史課本，此後教科書即改由民間出版。加強中韓宗藩關係見頁 40，編練新建陸軍見頁 56，辛亥革命後袁世凱如何取得政權、刺殺宋教仁、善後大借款、洪憲帝制、護國軍討袁等見頁 71-78，中日二十一條交涉及五九國恥見頁 80-81。以一完整敘述句爲基礎進行統計，「加強中韓宗藩關係」部分爲兩句；「編練新建陸軍」部分爲一句；「辛亥革命至洪憲帝制」部分爲 61 句；「民初對外關係」部分爲 39 句。

〔註3〕 以南一版高中歷史課本爲例，民國93年2月出版之《高級中學歷史》下冊，提及袁世凱部分包含督練新建陸軍、武昌革命時逼清帝退位、就任中華民國大總統、民初實行獨裁統治、二十一條等，除民初獨裁統治係以一較完整篇幅敘述，餘僅隻字片語。若以一完整敘述句爲基礎進行統計，「編練新軍」部分爲 1 句，「民初政局」爲 24 句，「民初外交」爲 2 句。參見林能士主編，《高級中學歷史下冊》（臺北：南一書局，民國93年2月修訂版）。95年普通高中歷史科課程暫行綱要於 2006 年 8 月起實施後，因規劃中國史以一學期時間講授，內容較舊課綱更爲精簡，提及袁世凱部分爲督練新軍、推行清末新政、民初政局等，依然以民初爲論述中心，晚清部分一語帶過。若以一完整敘述句爲基礎進行統計，「督練新軍」部分爲 1 句，「清末新政」部分爲 1 句，「民初政局」爲 33 句，民初外交則全數省略。參見林能士主編，《普通高級中學歷史第二冊》（臺北：南一書局，民國96年11月修訂試閱版）。

〔註4〕 以上資料係引自「高中歷史」（http://www.pep.com.cn/gzls/index.htm）網站中所陳列，北京人民教育出版社編印之中國全日制普通高級中學教科書（必修）

　　由教科書內容觀之，海峽兩岸所共同重視之袁世凱外交僅有中日二十一條交涉一案。兩岸因意識形態不同，對此案塑造出不同的歷史解釋，但均確認袁世凱以承認二十一條交換日本支持洪憲帝制，藉此建構國族神話，將二十一條的損害刻意誇大，忽視袁世凱及其繼任者對二十一條的抗拒與抵制，以激發學生的愛國情操，台灣以此加強革命黨倒袁與嗣後推動革命外交的正當性，中國則藉此證明竊國大盜與帝國主義相互勾結，從而證明反帝反軍閥為不可取代的歷史潮流，即使學者不斷提出挑戰，都難以撼動袁世凱已然深植海峽兩岸人心的「國賊」印象。〔註5〕

　　是知，海峽兩岸均透過高中歷史教育，將袁世凱塑造成竊國大盜、亂世奸雄，幾乎未提及其在清末除編練新軍以外的事蹟，一般民眾對此也深信不疑。因此，當〈另說袁世凱〉一文認同袁世凱在北洋政府時期推行的政治、經濟、教育、外交政策反映當時社會歷史發展總趨勢時，立即有人發表〈袁世凱之案翻不得〉專文反駁〔註6〕；當中國中央電視台於 2003 年 4 月 12 日開

<hr />

　　　《中國近代現代史》上冊。若以一完整敘述句為基礎進行統計，「戊戌政變」部分為兩句，「鎮壓義和團」部分為 2 句，「辛亥革命與民初政局」部分為 94 句。

〔註5〕二十一條的神話建構過程，參見唐啟華，〈中國對「二十一條」的抵制：兼論外交史中的神話與史實〉一文，該文發表於 2007 年 9 月，於政治大學舉辦之「第三屆中國史學會：基調與變奏──7-20 世紀的中國國際學術研討會」中宣讀，目前論文集尚未出版，全文轉錄於「喜樂的心」網站，網址為 http://blog.yam.com/ritla/article/12312422。對袁世凱國賊形象提出挑戰者，如宋開友〈袁世凱與日本對華二十一條談判〉一文中，認為中國接受二十一條要求是國際政治現實與中日實力對比的結果，不應簡單歸咎袁世凱一人。張國平、吳佩林的〈中日"二十一條"交涉与袁世凱帝制野心無關──讀白蕉《袁世凱与中華民國》〉一文認為袁世凱對於二十一條要求確實做出抵制，最後仍因現實壓力而不得不接受，與洪憲帝制無關。馬良玉的〈袁世凱與二十一條〉一文中，認為接受二十一條是不得不然的外交妥協，是沈時度勢的權宜之計，並非傳統觀點中的投降外交。蘇全有的〈袁世凱與二十一條新論〉一文，認為接受二十一條要求為迫不得已，屬弱國無外交，袁世凱因稱帝心切而接受的傳統看法並無事實根據。參見宋開友，〈袁世凱與日本對華二十一條談判〉，《廣西社會科學》2005 年第 3 期，頁 100-102；張國平、吳佩林〈中日"二十一條"交涉与袁世凱帝制野心無關──讀白蕉《袁世凱与中華民國》〉，《西昌高等師範專科學校學報》第 15 卷第 1 期，2003 年 3 月，頁 36-38；馬良玉〈袁世凱與二十一條〉，《歷史教學》2005 年第 2 期，頁 61-65。蘇全有，〈袁世凱與二十一條新論〉，收入 44.蘇志良、張華騰、邵雍主編，《袁世凱與北洋軍閥》（上海：上海人民出版社，2006 年 6 月第 1 版第 1 次印刷），頁 436-445。

〔註6〕龔書鐸，〈袁世凱之案翻不得〉，收入氏著，《求是齋漫筆》（廣西：廣西人民

始播出的《走向共和》連續劇中，將袁世凱描繪成晚清治國能臣時，即引起正反兩面廣泛討論〔註7〕；甚至當河南省項城市政府於 2006 年底欲投資 6500 萬人民幣重修袁世凱故居，希望該省公務員率先捐款響應，〔註8〕即引起袁世凱評價是否應重新修正辯論時，〔註9〕試圖為袁世凱做出正面評價，而帶給已然根深蒂固的舊觀念衝擊之巨，也就不難想像。

不論身後流芳百世、或遺臭萬年，不論歷史教育如何定位袁世凱，探究歷史人物時終須由其同時代人眼中所見為出發點。然而，時人眼中的袁世凱，評價卻南轅北轍。例如，1907 年 10 月 26 日，上距袁世凱補授外務部尚書僅月餘，湖北按察使梁鼎芬即上摺參奏，指其任用私人、欺君罔上：

> 時局危迫，美、日有謀我之新艦隊，英、俄等國有置我三等、歸其保護之協約。挽回之法，莫急於嚴禁賄賂請託。自徐世昌授東三省總督，駐奉天日本領事荻原守一，報其國政府，謂此輩以賄進、不足畏。世昌本袁世凱私人，又夤緣奕劻、載振父子，得此權位。楊士驤、陳夔龍等，以貪邪而任兼圻；梁如浩、蔡紹基、劉燕翼等，以行賄而任官道，綱紀蕩然，恐自是以後，人知有奕劻、袁世凱，不知有我皇太后、皇上矣。臣於若輩夙無嫌怨，實見外人勢力，欺我大清國至此已極；奕劻、袁世凱貪私，負我大清國至此已極。〔註10〕

袁世凱在梁鼎芬眼中純係欺君罔上、大奸大惡之輩，只知貪贓枉法、任用私人，黨羽遍佈內外，對於國事則毫無辦法。

1908 年 4 月 20 日，距梁鼎芬上摺參奏不過半年，袁世凱接受《紐約時報》

出版社，1999 年 5 月第 1 版第 1 次印刷）。

〔註 7〕 關於中國學界、民間對於《走向共和》一劇的正反意見，參閱「人民網——《走向共和》到底走了有多遠」系列報導，網址為 http://past.people.com.cn/BIG5/wenyu/223/10752/index.html。

〔註 8〕 舒泰峰，〈袁世凱舊宅修繕風波〉，《Record 記事》2007 年 3 月號，頁 34。

〔註 9〕 相關討論參見「新華網河南頻道：中原網談」，網址為 http://www.ha.xinhuanet.com/misc/2007-01/10/content_9003434_2.htm。

〔註10〕 〈湖北按察使梁鼎芬奏〉，光緒三十三年九月二十日，收入《清實錄》（北京：中華書局，1987 年 6 月第 1 版北京第 1 次印刷），五九，德宗實錄（八），頁 674 上-674 下。袁世凱於光緒三十三年七月二十七日奉諭補授外務部尚書、軍機大臣，參見〈內閣奉上諭〉，光緒三十三年七月二十七日；〈內閣奉上諭〉，光緒三十三年七月二十七日，均收入中國第一歷史檔案館編，《光緒宣統兩朝上諭檔》（廣西省桂林市：廣西師範大學出版社，1996 年 10 月第 1 版第 1 次印刷）三三，頁 176 上。

記者米拉德（Thomas F. Millard）專訪，訪問內容於同年6月14日刊登。報導中對於袁世凱在中國的政治地位有詳細的描述：

> 在西方人的眼裡，長期以來代表大清國形象的，只是從四萬萬芸芸眾生中站出來而非常突出和確定的幾個人而已。正是這些人扮演著重要的角色，或許能夠開闢出一條道路，以迎來一個新中國的誕生。對於關注和研究遠東問題的人來說，在任何情況下，都必須認真地對待這些人。……袁世凱是這些人物中非常突出的一位，他也確實在這些趨向進步的高層官員中被推認為第一。雖然他步入政界已經超過三十年，但只是在過去的十年裡，他才成為這個國家的要員，並且在過去的三到四年裡提昇了自己的國際聲望。

除了個人對袁世凱的推崇之外，米拉德對於時人眼中的袁世凱也有概略的描述：

> 人們發現，在大清國凡是有職位的人當中，對袁世凱的評價是多種多樣的。我就聽說過他被稱為政治家、改革家、煽動家等等，還有一些稍微不同的其他稱號，而每種稱號都會跟著一大堆詳細的描述。說人們對他的評價都有幾分道理，這也不是不可能。不過，人人都認為他是「重要人物」，並且人們正在逐步接受這樣一種看法，即袁世凱是大清國當代最重要的人物！

袁世凱當時擔任外務部尚書，米拉得對於其外交政策走向也有所描述：

> 袁世凱的性格是很有趣的，他的素養也相當全面。他是在如下情形下來負責大清國對外關係的，即大清國有可能依靠其外交關係而帶來國家命運的轉折，他也期望外交關係能有助於推動這裡正發生著的、並切實可行的改革，進一步取得進展。〔註11〕

在米拉德的描述中，同時代的人即使對袁世凱有各種不同的評價，但都承認袁世凱是當時中國最重要的政治人物。值得注意的是，米拉德認為袁世凱具

〔註11〕袁世凱接受《紐約時報》專訪，原文見〈"JAPAN HAS NO MORAL SUPERIORTY OVER US OR RIGHT TO DIRECT OUR FUTURE"---YUAN SHIH KAI; Li Hung Chang's Successor in Political Leadership Tell of Reforms That Are Needed Before Genuine Autonomy Is Restored to China〉，June 14, 1908, Sunday，The New York Times.。引文係中譯本。中譯本報導全文參見湯瑪斯・F・米拉德，〈清國鐵腕袁世凱採訪錄〉，1908年6月14日，收入鄭曦元編，李方惠、胡書源、鄭曦元譯，《帝國的回憶》（臺北：遠流出版事業股份有限公司，2003年2月1日初版一刷），（上），頁205-218。

有國際聲望，對於中國國際關係的認識也甚爲清楚，明白中國的未來與外交息息相關。

　　相較於與袁世凱僅有一面之緣，因而認識仍嫌不足的米拉德，同時代的日籍記者佐藤鐵治郎於 1910 年初完稿之《袁世凱》一書，對於袁世凱在晚清外交界的地位有更深入的描述：

> 支持積弱之支那，欲外交能從容對待、不閥不矜，使各鄰邦能不越範圍，支那當國大臣，李鴻章後，有能如袁者，尚寥寥其人。……前十數年惟賴一李鴻章，撐持對待、右絀左支；近十餘年惟一袁世凱稍明時局，應政府諮詢、主持其間。……袁應外交、詭譎多詐，而明國際之情形，尚在李之上，故袁當外交沖要，亦各國所歡迎。

此外，亦點出袁世凱自庚子以來的重要外交成就：

> 辛丑和局、各有目光，惟退出京師、留中國表面之主權，防守天津、防頑固後來之暴動，則同一視線。袁世凱下車伊始，都統衙門公允裁撤，有何干涉、而舊案不准翻；大沽砲台一律拆平，有何禍心、而兵備不准設。森嚴條約、爭無可爭，驕縱莠民、治無可治，膺彊寄者信難堪矣。乃推心置腹、感服強鄰，行新政、保治安，除英界乘衣，天津巡警、冠各租界。匪特山東遺績、先聲奪人，終見天津收回、金甌無缺，洵支那之健者歟？

值得注意的是，即使佐藤鐵治郎將袁世凱定位爲李鴻章之後中國外交界第一人，也點出袁世凱之所以爲外人稱道的原因在於明白時局、手腕靈活，但並非一味讚揚，對於其缺點仍予批判：

> 袁氏夙負威望、英姿颯爽。輔屈服官之年，舉朝進退委蛇、誰與抗手？觀於外部，事齊事楚，力守秘密、憂讒畏譏。觀於政府，有婉其容、囁嚅其口。重大交涉必以慎重邦交、毋損國體爲絕妙信條，非常暴動必以力壓亂萌、勿過操切爲絕妙政策，實則騎牆中立，先自居於無過、置國事於不問，禍伏眉睫、處之泰然。〔註12〕

是知，佐藤鐵治郎言中的袁世凱，雖在內政、外交上有諸多建樹，但認爲其擔任外務部尙書後，處事態度表面上爲慎重邦交，實際上則見風轉舵，不求

〔註12〕　（日）佐藤鐵治郎著，孔祥吉、（日）村田雄二郎整理，《一個日本記者筆下的袁世凱》（天津：天津古籍出版社，2005 年 5 月第 1 版第 1 次印刷），頁 168、199、220-221。

有功、但求無過，以保全官位爲優先，以致於無法改善中國外交處境。

同爲記者，黃遠庸於 1913 年發表〈袁總統此後巡迴之徑路〉一文，對袁世凱外交評論與佐藤鐵治郎又不相同：

> 袁公之有外交上之令聞也，有二原因。第一，則庚子時代力主剿殺拳匪，爲西人所感，教士等之歸自中國者莫不頌述其恩。第二，則爲外務部尚書時，承諸人因循延宕、積爲外人所厭之後，袁公乃以爽快出之，故使館人大感佩。……以袁公外交上之經歷論之，則其對外之純以經歷勝，對於今日中國應決定何種外交政策，而以深思熟慮出之，竊有以知其須待之最近之將來，而目前則且稍緩其對內之心可也。……〔註13〕

以黃遠庸之見，袁世凱對於外交素無辦法，比之李鴻章仍稍遜一籌，之所以能享大名，純係以經歷取勝，加之以庚子時保洋人、外務部尚書時期作風明快所致，與擔任直隸總督兼北洋大臣時期所經辦對外交涉並無關係。

1901 底，李鴻章辭世不久，梁啓超即發表其新作《李鴻章傳》。時距戊戌政變僅 3 年，書中比較李鴻章與袁世凱時，猶稱「今後承李鴻章之遺產者，厥惟袁世凱」、「其人功名心重，有其氣魄敢爲破格之舉，視李鴻章或有過之」、「今日群僚中，其資望才具，可以李鴻章之後者，捨袁殆難其人也」，承認袁世凱爲繼任李鴻章之不二人選。〔註14〕然 15 年後，梁啓超卻態度丕變，1916年發表之〈袁世凱之解剖〉一文，對於袁世凱改採全盤否定態度：

> 今無論國內國外人，每語及中國，則無不聯想以及袁世凱。袁世凱確在中國有一種大勢力，確爲中國現時一大人物，雖極憎袁氏者亦不能否認也。……今之論當代人物者，往往以袁氏廁諸政治家之林，外人皮相、無怪其然，豈惟外人，即國內人稍眷懷政治者，其誰不以此屬望袁氏？……袁氏在前清督撫中以能辦新政名，外人亦咸翕然稱之。然試問其在山東直隸所辦何政？曾否有絲毫成績可稱道者留存於今日？大約留存者僅其所練之新兵爾，然其兵之內容如何，請讀次節自知。蓋彼當時實假舉辦新政之名，得以向清廷索款、向

〔註13〕黃遠庸，〈袁總統此後巡迴之徑路〉，收入《遠生遺著》（臺北：文海出版社，民國 57 年 6 月出版），頁 39-41。

〔註14〕參見梁啓超，《李鴻章傳》（臺北：立緒文化事業有限公司，民國 93 年 11 2月初版），頁 185-186。

地方斂財，以擴其私權、而營其私利。他何知者，即其中有一二事
稍具規模者，大率由李文忠創之、而彼踵其跡。須知當義和團後，
清廷爲輿論所迫、刻意求新，而虛己以任袁氏，天下之財賦又盡集
於北洋、供其揮灑，使袁氏稍有國家思想，而輔以相當之政治能力，
則以七八年之直隸總督，其所建設宜何如？今成績若彼，而猶常以
此自誇於人，多見其顏厚也。……〔註15〕

梁啓超此文書於護國軍起兵反袁之後，其目的在於破除中外人士心中普遍存
有之「當今中國、捨袁其誰」的心態，因此對於袁世凱的批評近乎不留情面，
雖承認袁世凱對當時中國擁有極大影響，但絕不應被視爲政治家不僅對於民
國政治一無幫助，其晚清時興辦之北洋新政亦無足稱道，對於其外交成就則
隻字未提。

梁鼎芬視袁世凱爲欺君罔上、罪大惡極之輩；米拉德認袁世凱爲大清國
當代最重要人物；佐藤鐵治郎認同袁世凱的政績與地位，但批評袁世凱外交
作風爲騎牆派；黃遠庸雖承認袁世凱於外務部尙書任內改革部務之功，但認
爲袁世凱得享令名係純以經歷取勝而已；梁啓超起初承認袁世凱之氣魄、資
望、才具均爲當世一人，後則不認爲袁世凱有資格被稱爲政治家，甚至完全
否認袁世凱有功於晚清北洋新政。以上四人皆與袁世凱身處同一時代，皆曾
親見、親聞袁世凱其人其事，甚至與袁世凱有過直接接觸，但他們眼中的袁
世凱形象與評價已然存在相當大落差。

或謂，米拉德、佐藤鐵治郎、黃遠庸爲民間人士，並無與袁世凱深入接
觸或共事機會；梁啓超目的既在於反袁，貶抑其成就也屬自然，但袁世凱在
晚清中外政界人士中被視爲外交能臣卻是不爭的事實。例如，袁世凱於 1901
年 6 月 13 日於山東巡撫任內丁本生母憂，請旨回籍葬親，盛宣懷認爲其一旦
去任，德國路礦問題勢必轉爲棘手，山東土匪恐又蠢動，目前局勢仍未完全
平靜，建議張之洞、劉坤一兩人會奏，請朝廷下旨奪情，〔註16〕而張之洞早
在盛宣懷建議提出前即已單銜電奏，朝廷也決定令袁世凱移孝作忠，賞假百
日、暫調署理山東巡撫、在署府內穿孝，百日後再行復職。〔註17〕而袁世凱

〔註15〕 〈袁世凱之解剖〉，1916 年，收入張品興主編，《梁啓超全集（北京：北京出
版社，1999 年 7 月第 1 版第 1 次印刷），頁 2936-2943。
〔註16〕 〈盛大臣來電〉，光緒二十七年五月初三日，《張之洞全集》第 10 冊，卷 246，
〈電牘 77〉，頁 8597-8598。
〔註17〕 〈致上海盛大臣〉，光緒二十七年五月初三日，《張之洞全集》第 10 冊，卷 246，

於 1901 年底接替李鴻章出任直隸總督後，駐華德使穆默（Freiherr Mumm von Schwarzenstein）即憂心新任山東巡撫張人駿是否能如袁世凱般與洋人和睦相處，張之洞認爲袁世凱在山東威望、信義，素爲洋人所佩服，爲免德國憂心人去政息，一面向穆默保證張人駿必將延續袁世凱政策，一面建議朝廷將山東省暫時劃入直隸總督轄區、以安穆默之心。〔註18〕1903 年 4 月，對袁世凱有知遇之恩的大學士榮祿身故，駐華英使薩道義向外務部關切其政治前途，甚至一度傳出如袁世凱開去直隸總督差使，英國將重新出兵佔領天津。〔註19〕由此可見，袁世凱之外交才能在當時不僅爲彊臣所賞識，也爲外人所推重。

　　時人評價自始即呈南轅北轍之態，但即使持否定態度，也多不能忽視袁世凱在晚清外交界的地位與建樹。至於後世研究者，重心多著眼於北洋新政、民國總統時期，對於外交表現則著墨不多，〔註20〕兼有論及者，評價則依然莫衷一是。例如，蕭玥娟研究民國時期袁世凱的外交政策，即認爲袁世凱對外交認識粗淺、缺乏新智識，在外交政策上表現不佳，〔註21〕民國時期的袁世凱尚且對外交認識粗淺，則蕭玥娟對晚清時期袁世凱的外交評價應可以想見。筆者研究中日二十一條交涉、中日滿蒙條約善後會議時，發現袁世凱均隱於幕後暗中主導，採取種種策略限制日本擴張利權，使中國人民權利受到

　　　　　〈電牘 77〉，頁 8597。
〔註18〕〈致開封行在軍機處〉，光緒二十七年十月初六日，《張之洞全集》第 10 冊，卷 246，〈電牘 77〉，頁 8650。
〔註19〕吳昆財，〈清季袁世凱的外交表現（1899-1908 年）〉，《嘉義大學人文藝術學報》，第二期，2003 年 3 月，頁 171。
〔註20〕2004 年 4 月 23 日至 4 月 26 日，第一屆「袁世凱與北洋人物研究學術討論會」在河南安陽師範學院召開，本次會議可視爲中國學者近年來研究袁世凱成果之具體呈現，與會學者 50 餘人、發表論文 39 篇，除評價袁世凱生平專文 2 篇外，內容涵蓋晚清袁世凱者共 15 篇，專論外交者僅〈袁世凱與俄國〉、〈從壬午兵變到甲午戰爭──評袁世凱在朝鮮的外交活動〉、〈袁世凱與二十一條新論〉、〈袁世凱與北洋政府初期的外交〉等四篇。參見蘇志良、張華騰、邵雍主編，《袁世凱與北洋軍閥》。
〔註21〕蕭玥娟於 1982 年出版之碩士論文〈民初袁世凱外交政策之研究──一九一一年十月至一九一六年六月〉中，對於袁世凱在民國時代的外交做出整體評價，認爲袁世凱在民初的外交政策可歸結爲「妥協」二字，需要列強支援、因此順從列強要求；因爲對外交認識粗淺，且缺乏新智識，因此未能靈活運用外交策略，最常採取的是拖延戰術，但往往因此失去主動；國際局勢的變化，使袁世凱引爲強援的英國對日本失去牽制力。參見蕭玥娟，〈民初袁世凱外交政策之研究──一九一一年十月至一九一六年六月〉（臺北：中國文化大學政治學研究所碩士論文，民國 71 年 6 月）。

最大保障，〔註 22〕其外交不可謂無術。至於研究袁世凱晚清外交表現的吳昆財則認爲，袁世凱在晚清時代重視主權觀念、壓制德國在山東的擴張、強調和平談判、尊重國際條約等，外交表現不可一筆抹煞。〔註 23〕

時人有認袁世凱爲外交能人者，有視其外交不過以資歷取勝者；後世研究者有認爲袁世凱對外交認識粗淺者，有認爲其外交表現得失互見者，在不同人眼中的袁世凱外交評價，一如其整體評價般充滿爭議。

筆者認爲，袁世凱於清季中國國勢衰弱已極之時，繼李鴻章之後擔任北洋大臣，逐漸成爲中國外交的主要領導人物，以當時中國受條約束縛之深、利權侵蝕之劇，一旦舉措失當，將不免立見危亡。袁世凱若在外交上無足稱道，則不可能在清季政治、外交圈中享有盛名，亦不可能維持晚清國祚於不墜。然中外學界研究袁世凱的外交活動時，所著重者多在民國大總統時期，對於其晚清時代所經辦之對外交涉則較缺乏系統化論述，雖多能運用一手史料進行研究，亦獲致相當成果，但性質上多屬個案研究，難以窺見其外交策略全貌。

袁世凱於民初所採行之外交策略，與其任官清廷時之外交經驗必然存在相當關係，若不研究其於晚清主持外交時之策略，而僅研究民國時期的外交表現，將無法對袁世凱外交有足夠且正確的認識。袁世凱在晚清的外交行爲已有不少個案研究，但考察國內外學術著作，除個案研究外，並無深入探討晚清袁世凱外交策略與成就之專門著作，本文乃以個案研究爲基礎，以「清季袁世凱外交策略之研究」爲題，起於 1894 年袁世凱自朝鮮返國後，終於 1909 年初袁世凱開缺回籍止，探討此一長期不受正視的問題。

〔註 22〕 筆者袁世凱政府與中日二十一條交涉時，發現即便擔任民國大總統，袁世凱亦未嘗疏離外交，甚至有居於幕後主導外交談判與外交政策制訂情形。例如，袁世凱在中日二十一條交涉中，採取以拖待變、選擇適當代表、與相關國保持密切聯繫、運用輿論力量、鼓動反日風潮、利用日本內部不和等策略，參見拙作，〈袁世凱的外交策略──以中日二十一條交涉爲中心〉，收入金光耀、王建朗主編，《北洋時期的中國外交》（上海：復旦大學，2006 年 8 月第 1 版第 1 次印刷），169-193。中日條約及換文簽訂後，各相關部會所召開中日滿蒙條約善後會議，袁世凱指示相關部會人員針對各項法律進行增訂與修正，努力於最大範圍內限制日本人民在華權利，使中國人民權利受到最大保障等。呂慎華，〈「中日滿蒙條約善後會議」研究〉，收入胡春惠、周惠民主編，《兩岸三地歷史學研究生論文發表會論文集》（臺北：國立政治大學歷史學系；香港：香港珠海大學亞洲研究中心，民國 90 年 12 月出版），頁 339-360。

〔註 23〕 吳昆財，〈清季袁世凱的外交表現（1899-1908）〉，頁 177。

二、研究回顧

　　專門針對晚清袁世凱外交進行整體研究者，目前僅有中國湖南師範大學歷史系熊劍鋒之碩士論文〈試論清末袁世凱的外交思想與實踐〉，以及台灣嘉義大學史地系吳昆財之〈清季袁世凱的外交表現（1899-1908）〉兩文。熊劍鋒所採用之基本史料爲《袁世凱奏議》，將袁世凱所經辦的涉外事務分門別類，歸納成維護主權、力保和局、以夷制夷、維護宗藩體制、積極進行外交建設等五種思想。〔註24〕作者自言其目的在揭示袁世凱外交思想的內涵，探討其外交思想與實踐的影響和意義，其企圖不可謂不大。思想不可能脫離時代而獨立存在，因此研究思想時，必須一併探討被研究者所處之時代背景，方能準確分析其思想內涵，以及發現被研究者思想的演變脈絡。該文由於受限基本史料不足，因而大多只能論述事件發生與結果，同時因分門別類之故，時間被抽離於研究之外，以致雖知其然、卻難以知其所以然，也無法呈現其思想發展與時代潮流間的相互關聯與影響。

　　吳昆財自述其寫作目的在說明袁世凱的外交措施與主張，進而證明其過人之處。〔註25〕全文論述重心在於山東巡撫時期對德交涉，以及直隸總督時期對東三省問題處理，次爲接收天津與京奉鐵路，外務部任內改革人事等，也觸及幕僚任用、局外中立等問題。該文基礎史料仍爲官文書，雖兼採中外學者研究成果，但仍失之於不夠深入。其次，作者自言最能呈現袁世凱外交政策與思維者，莫過於其如何面對東北問題，然袁世凱就任直督時，直接面對的是重要路礦權利因庚子軍興而遭侵奪殆盡；擔任外務部尚書時，因官制改革之故，外務部對於地方交涉的參與權已大不如前，其施政重心爲如何在中國的民族主義浪潮、與外人的條約權利中取得平衡。筆者認爲，此時期路礦權利的收回遠較處理東北問題更加棘手與複雜，也更能反映袁世凱外交策略的發展運用，作者捨此不論，甚爲可惜。再次，作者既表明目的在證明袁世凱外交確有過人之處，顯然寫作之時已先有定見，在史料取捨、行文敘述方面不免有所偏廢，對於個案間的內在關聯也仍舊無法掌握。

　　至於並非專論、但觸及袁世凱整體外交者，有張華騰的〈北洋集團崛

<hr />

〔註24〕熊劍峰，〈試論清末袁世凱的外交思想與實踐〉（湖南：湖南師範大學歷史學系碩士論文，2003 年 4 月）。

〔註25〕吳昆財，〈清季袁世凱的外交表現（1899-1908）〉，《嘉義大學人文藝術學報》，第二期，2003 年 3 月，頁 159-182。

起研究（1895-1911）〉、郭劍林的〈關於袁世凱評價的幾個問題〉、蘇全有的〈論袁世凱的對外開放思想〉與〈論袁世凱的對外理性抗爭思想〉等。張華騰著重以袁世凱為中心的北洋集團形成與演變，其中一章討論袁世凱在山東，一章討論北洋集團在東三省改制、收回路礦權利、禁煙運動中的作用，等於將袁世凱個人的思想與行為，涵蓋至以其為中心所形成的政治集團中進行研究。〔註26〕郭劍林一文提及袁世凱接收天津、收回路礦權利，認為袁世凱的外交是積極的弱國妥協與抗爭相結合。〔註27〕蘇全有前文討論袁世凱自開商埠、引進外資，〔註28〕後文討論收回路礦權利、提倡國貨等，認為袁世凱並非排外，而已能引用外力強化中國體質，採取理性抗爭手法避免衝突。〔註29〕

此外，管書合之〈袁世凱對日外交述論〉一文中，認為日本為袁世凱一生主要外交對手，其政壇興衰浮沈也與日本息息相關，駐朝時代與日本全面對抗；返國後至辛亥革命前以日本為師，並採取聯英美制日策略；辛亥革命以後則一面抗爭、一面妥協，最終失敗收場。作者大體上認為晚清的袁世凱主要外交路線為以夷制夷，駐朝時期固不待言，日俄戰爭時期先聯日制俄，戰後採取聯英美制日策略抵制日本擴張，其特色與李鴻章相同，只能利用列強矛盾求生存，處理外交問題時多半採取妥協退讓態度，二辰丸事件交涉失敗可資證明。〔註30〕本文性質屬於概略介紹袁世凱與日本的關係，雖以相關重要史料為撰述依據，然因未能深入研究，以致於對袁世凱的外交策略認知仍停留在以夷制夷印象，無法反映其外交策略的真實面貌。

論及山東巡撫時期袁世凱外交者，專書方面，有王守中《德國侵略山東史》、吳景平《從膠澳被佔到柯爾訪華——中德關係 1861-1992》、John E. Schrecker《Imperialism and Chinese Nationalism》、（德）余思凱的《在模範殖民地『膠州灣』的統治與抵抗——1897-1914年中國與德國的相互作用》等，這些專著的論述中心為德國對華政策，因而不免觸及袁世凱在山東的剿拳、

〔註26〕張華騰，〈北洋集團崛起研究（1895-1911）〉（上海：復旦大學歷史學系博士論文，2005年4月16日）。

〔註27〕郭劍林，〈關於袁世凱評價的幾個問題〉，《河北學刊》，1994年6月，頁88-93。

〔註28〕蘇全有，〈論袁世凱的對外開放思想〉，《河南師範大學學報（哲學社會科學版）》，第25卷，第2期，1998年，頁50-54。

〔註29〕蘇全有，〈論袁世凱的對外理性抗爭思想〉，《河南師範大學學報（哲學社會科學版）》，第22卷，第4期，1995年，頁34-38。

〔註30〕管書合，〈袁世凱對日外交述論〉，《史學集刊》2007年第1期，頁31-37。

爭取路礦權利等問題。〔註 31〕此外，劉鳳翰《武衛軍》一書提及袁世凱領武
衛右軍入山東後剿辦拳匪情形。〔註 32〕論文方面，有張華騰的〈試析庚子戰
前袁世凱對教案的態度〉、烏愛潔的〈庚子之後山東地區教案減少原因探析〉、
商鳴臣的〈義和團運動與山東"新政"〉、全瑞中的〈清末山東收回礦權運動
研究〉等。張華騰研究對袁世凱處理教案的基本態度、以及卜克斯案處理方
式，認爲袁世凱的政策雖對義和團發展有不利影響，但對於庚子期間保全山
東則相對有利。〔註 33〕烏愛潔認爲袁世凱在山東興辦新式學堂，傳授現代科
學知識，有效減少鬧教、打教等非理性衝突，是山東民教衝突減少重要原因
之一。〔註 34〕商鳴臣論及袁世凱成立商務局、設立商會，並與周馥聯合奏請
自開商埠。〔註 35〕全瑞中論及袁世凱與山東華德礦務公司訂定章程，以及瑞
記洋行請開山東五礦事，認爲袁世凱已能利用法規減少損失。〔註 36〕

　　論及庚子拳亂時期袁世凱外交者，論文方面，有班一魯的〈拳亂前後袁
世凱的處變〉、廖一中的〈"東南互保"與袁世凱〉等。班一魯認爲袁世凱是
行使民族外交政策的第一人，且實行得非常成功，對於挽回路礦權利、辦理
教案等均有所論述。〔註 37〕廖一中承認袁世凱在山東推行東南互保獲得成
功，但人民生命財產以及國家主權則因保境安民而受到損害。〔註 38〕

　　論及直隸總督時期袁世凱外交者，專書方面有 Stephen R. MacKinnon 的

〔註 31〕 王守中，《德國侵略山東史》（北京：人民出版社，1988 年 1 月北京第 1 版第 1
　　　　 次印刷）。吳景平《從膠澳被佔到柯爾訪華──中德關係 1861-1992》（福建：
　　　　 福建人民出版社，1993 年 9 月第 1 版第 1 次印刷）。John E. Schrecker, *Imperialism
　　　　 and Chinese Nationalism*, President and Fellows og Harvard College, 1971。（德）余
　　　　 思凱，《在模範殖民地『膠州灣』的統治與抵抗──1897-1914 年中國與德國的
　　　　 相互作用》（山東：山東大學出版社，2005 年 1 月第 1 版第 1 次印刷）。
〔註 32〕 劉鳳翰，《武衛軍》（臺北：中央研究院近代史研究所，民國 67 年出版）。
〔註 33〕 張華騰，〈試析庚子戰前袁世凱對教案的態度〉，《安陽師範學院學報》，2001
　　　　 年第 3 期，頁 16-19。
〔註 34〕 烏愛潔，〈庚子之後山東地區教案減少原因探析〉，泰山學院學報，第 25 卷第
　　　　 1 期，2003 年 1 月，頁 81-84。
〔註 35〕 商鳴臣，〈義和團運動與山東"新政"〉，《濱州教育學院學報》，第 6 卷第 4 期，
　　　　 2000 年 12 月，頁 29-34。
〔註 36〕 全瑞中，〈清末山東收回礦權運動研究〉（湖北：華中師範大學碩士論文，2006
　　　　 年 6 月 1 日）。
〔註 37〕 班一魯，〈拳亂前後袁世凱的處變〉（臺北：國立台灣大學歷史學研究所近代
　　　　 史組碩士論文，民國 61 年 6 月）。
〔註 38〕 廖一中，〈"東南互保"與袁世凱〉，《貴州社會科學》，1994 年第 4 期（總 130
　　　　 期），頁 96-99。

《Power and Politics in Late Imperial China, Yuan Shih-kai in Beijing and Tianjin, 1901-1908》、王璽的《中英開平礦權交涉》、李恩涵的《晚清的收回礦權運動》。MacKinnon 論述重心在袁世凱的興起與晚清政治權利的演變，認爲袁世凱權力的興起與列強支持有相當關係，論及如交收天津、商約、東三省善後問題等，一方面保護中國主權，一方面安撫列強。〔註 39〕王璽肯定袁世凱收回開平礦權方面的努力，認爲袁世凱對有損中國主權之事的交涉態度爲堅持到底、絕不輕易讓步，即使事情發展到無可挽回的地步，亦籌設其他辦法以爲補救。〔註 40〕李恩涵對於晚清各省收回礦權的努力進行廣泛討論，對於袁世凱挽救開平、臨城、井陘等既失礦權，以及籌設灤州煤礦有限公司以抵制開平煤礦等努力給予相當肯定。〔註 41〕

論文方面，有李恩涵之〈唐紹儀與晚清外交〉、丁長青之〈中英開平礦務案始末〉、周厚青之〈日俄戰爭中清政府的局外中立與列強態度〉、楊國棟之〈日俄戰爭期間清政府中立政策研究〉、劉啓強之〈矛盾角色的嬗換──袁世凱與 20 世紀初的中國鐵路建設〉、譚耀芳之〈英人攫占開平礦務局經過〉、景東升、蘇全有之〈袁世凱與俄國遠東外交〉、李玉之〈袁世凱與晚清直隸礦權交涉〉、張華騰之〈袁世凱奏參賣礦賊〉等。李恩涵討論唐紹儀在袁世凱主持下對收回關內外鐵路、開平煤礦、臨城煤礦、中日北京會議、以及日後開放東三省等問題上所做努力，認爲袁世凱實居於主導地位，亦獲致相當成功。該文所引以中國所藏史料爲主，間亦引用、英國、日本等國檔案史料，成功顯現袁世凱於直隸總督任內對外交涉事務上所處地位。〔註 42〕丁長青討論中英關於開平煤礦經營權的訴訟、灤州煤礦的開辦，以及開灤合併事宜，認爲袁世凱雖曾三度參奏張翼，但在擔任大總統、長子袁克定擔任開灤督辦後，卻坐視英國奪取開灤礦權，成爲歷史的罪人。〔註 43〕周厚青認爲

〔註 39〕MacKinnon, Stephen R., *Power and politics in Late Imperial China: Yuan Shi-kai in Beijing and Tianjin, 1901-1908*, Berkeley and Los Angeles, California: University of California Press, 1980.

〔註 40〕王璽，《中英開平礦權交涉》（臺北：中央研究院近代史研究所，民國 67 年 6 月再版），頁 83-119。

〔註 41〕李恩涵，《晚清的收回礦權運動》（臺北：中央研究院近代史研究所，民國 67 年 6 月再版）。

〔註 42〕李恩涵，〈唐紹儀與晚清外交〉，收入氏著，《近代中國史事研究論集》（臺北：台灣商務印書館，民國 71 年 8 月初版），頁 438-540。

〔註 43〕丁長青，〈中英開平礦務案始末〉，《南開學報》，1994 年第 4 期，頁 70-77。

局外中立是清政府爲延續政權而採取的主動行動，雖使中外矛盾並未因爲日俄戰爭而更激烈，也未破壞列強在華均勢，但清政府在東三省問題上不僅沒有收回任何利權，反而使東三省主權主權受到更大威脅，對外屈從政策使清朝苟安於一時，仍不能避免其必然滅亡的命運。〔註44〕楊國棟由國際法觀點出發，認爲清政府於日俄戰爭期間的中立具有法律效力，清政府是法律的執行者，理應以員警角色制止日俄侵犯中立行爲，但清政府國力不足，無法保全所有權利。〔註45〕劉啓強認爲袁世凱在晚清收回津鎮鐵路路權問題上，成功維持中國國家主權。〔註46〕譚耀芳敘述張翼出賣開平礦權，以及比利時暗助灤州煤礦抵制開平。〔註47〕景東升、蘇全有認爲袁世凱在日俄戰爭期間實際上是假中立，表面上聲稱遵守局外中立、實際上暗助日本。〔註48〕李玉論述開平、臨城、井陘三礦，認爲袁世凱基本上是以維護國家利益爲原則，在維護礦權方面確實努力甚多，除開平之外，基本上做到利用外資與維護礦權〔註49〕。張華騰論述袁世凱三度參奏張翼過程，認爲無法排除袁世凱名爲參奏張翼、實爲奪取礦局控制權可能，即使如此，袁世凱維護國家利權，參奏張翼、揭發英商惡行，堅決要求收回礦權，則並無錯誤。〔註50〕

對外交涉千頭萬緒，勢須幕僚輔佐始能進行。針對袁世凱幕府或幕僚進行研究者，以張學繼《袁世凱幕府》一書最具規模。該書首敘袁世凱發跡前遊宦吳長慶、李鴻章、榮祿幕府等情形，繼而針對 1882-1916 年間其幕府的形成、演變特色、賓主關係等各方面進行系統化分析，再就其重要智囊、財經、員警特務、法律、外交、文案、家臣、籌安六君子等八種不同性質幕僚，各

〔註44〕周厚青，〈日俄戰爭中清政府的局外中立與列強態度〉，《惠州大學學報（社會科學版）》，第 20 卷第 3 期，2000 年 9 月，頁 43-48。

〔註45〕楊國棟，〈日俄戰爭期間清政府中立政策研究〉，（吉林：東北師範大學碩士論文，2005 年 5 月）。

〔註46〕劉啓強，〈矛盾角色的嬗換——袁世凱與 20 世紀初的中國鐵路建設〉，《寶山師專學報》，第 23 卷，2004 年，頁 41-44。

〔註47〕譚耀芳，〈英人攫占開平礦務局經過〉，《文史精華》，總 158 期，2003 年 7 月，頁 60-62。

〔註48〕景東升、蘇全有，〈袁世凱與俄國遠東外交〉，《安慶師範學院學報（社會科學版）》，第 22 卷第 4 期，2003 年 7 月，頁 54-57，頁 108。

〔註49〕李玉，〈袁世凱與晚清直隸礦權交涉〉，《貴州師範大學學報（社會科學版）》，2001 年第 4 期，總 113 期，頁 66-70。

〔註50〕張華騰，〈袁世凱奏參賣礦賊〉，《殷都學刊》，1994 年第 4 期，頁 33-35。

舉其要進行探討，然作者認為袁世凱外交幕僚中較重要者為陸徵祥、曹汝霖、蔡廷幹三人，顯然忽略袁世凱極端重視唐紹儀外交才幹、並因此而始終加以提攜的事實。〔註51〕李志茗著《晚清四大幕府》一書論述陶澍、曾國藩、李鴻章、袁世凱等四位重要官員的幕府，側重其形成、發展，以及幕僚所起的重要作用，袁世凱部分強調編練新軍、辦理新政、襄贊策劃、推行帝制等四方面，並無一語觸及外交。〔註52〕楚雙志〈清末袁世凱的用人特點及思路〉一文所探討的是袁世凱用人及御下之道，認為袁世凱幕僚雖以小站系統為核心，但仍廣泛收羅各色人才，特別注重新式教育出身人才，對於幕僚則要求絕對效忠。〔註53〕冀滿紅與李慧〈試論晚清時期袁世凱幕府的特色〉一文，針對分析袁世凱幕僚之籍貫組成，以及對袁世凱的絕對忠誠，在預備立憲、練兵、經濟、結交顯貴等各方面所給予的幫助，認為晚清政治改革與民主革命使其幕僚得以一展長才，而袁世凱本人因非科舉仕途出身，因此必須挑選各色人才作為助力，造成其幕下人才鼎盛情形。〔註54〕兩者均著重通則的探討，未針對幕僚在對外交涉上給予的助益多加著墨。

　　袁世凱於外務部尚書任內之外交研究，不論質與量方面均略嫌不足。論述較完整者有中興大學蔡振豐之碩士論文〈晚清外務部之研究〉一文。該文主軸雖為外務部之變革、組織、人事、制度、發展等問題，然對於袁世凱任內之對外務部的改革，以及蘇杭甬鐵路、間島交涉、中美德同盟等三項交涉亦有概括性的論述。〔註55〕廖一中《一代梟雄袁世凱》一書，以一專章篇幅敘述袁世凱調任外務部尚書後主導部務、希望訂立中美德三國協定、收回鐵路、廢除〈接待教士事宜五條〉等努力。〔註56〕此外，Stephen R. MacKinnon《Power and politics in late imperial China, Yuan shih-kai in Beijing and Tianjin, 1901-1908》一書亦有專

〔註51〕張學繼，《袁世凱幕府》（北京：中國廣播電視出版社，2005 年 1 月第 1 版第 1 次印刷）。

〔註52〕李志茗，《晚清四大幕府》（上海：上海人民出版社，2002 年 5 月第 1 版第 1 次印刷）。

〔註53〕楚雙志，〈清末袁世凱的用人特點及思路〉，《安陽師範學院學報》，2003 年第 1 期，頁 37-39。

〔註54〕冀滿紅、李慧，〈試論晚清時期袁世凱幕府的特色〉，《安徽史學》，2006 年第 3 期，頁 25-31。

〔註55〕參閱蔡振豐，〈晚清外務部之研究〉（台中：國立中興大學歷史學系碩士論文，民國 94 年 7 月），頁 114-126。

〔註56〕參見廖一中，《一代梟雄袁世凱》（北京：北京圖書館出版社，2004 年 12 月第一版第二次印刷），頁 229-246。

章探討袁世凱於收回蘇杭甬鐵路、中美德同盟等努力。〔註57〕

　　至於針對個案進行研究者，以較具重要性之二辰丸事件、中美德同盟、收回津鎮鐵路、收回蘇杭甬鐵路等為例，二辰丸事件的相關研究，筆者所見僅楊麗祝〈二辰丸事件之交涉與抵制日貨運動〉一文。該文探討二辰丸事件交涉經過與因此引起的抵制日貨運動，認為清季中國對外主要動力為各省紳商及部分地方官吏，朝廷則因受革命黨威脅，以鞏固政權為主要目的，因而不敢對外強硬，只能被動妥協，亦無法支援民間主動發起的派外運動。〔註58〕

　　針對袁世凱外交進行的研究，數量已不算少，但從事個案研究者往往忽略袁世凱各階段外交策略的關聯性，從事整體研究者則未能建立其整體脈絡。在袁世凱無法主導對朝交涉、以及前人論述已然大備的情形下，筆者對於袁世凱駐朝時期外交思想發展存而不論，將針對袁世凱於 1895-1908 年間的外交策略形成與運用進行整體論述。

三、基礎史料與研究方法

　　就方法論而言，外交史研究最依賴的史料為相關國家官方檔案，最常使用的研究方法為檔案對照研究法（Multi-Archival Method Approach）。此研究取向有其先天條件限制，官方檔案可以令研究者瞭解政策或、策略的形成到執行結果，卻難以釐清策略擬訂者、或執行者，是在何種情形下決定採取該政策，以及決策者的個人主觀認知與經驗在決策過程中是否產生作用。由於筆者研究對象為袁世凱及其外交策略，如僅採取檔案對照研究法，勢必無法釐清袁世凱個人認知與政策選擇間的相互作用，因此本文寫作時，將兼採外交政策研究方法中的心理認知模式，〔註59〕希望藉由史料探索袁世凱對外交的認知，分析認知對於其外交策略所產生的作用與影響。

　　研究個人的認知與心理，最直接、但未必最可靠的史料是日記、口述訪問、對話錄，其次為書信、電報、詩文等個人創作，再次為奏章、公牘之類

〔註57〕Stephen R. MacKinnon, *Power and politics in late imperial China, Yuan shih-kai in Beijing and Tianjin, 1901-1908*, Berkeley and Los Angeles, California: University of California Press, 1980.

〔註58〕楊麗祝，〈二辰丸事件之交涉與抵制日貨運動〉，《嘉義農專學報》第九期，民國 58 年 2 月，頁 20-34。

〔註59〕心理認知模式將分析重點放在決策者認知過程與精神狀態，認為決策過程不僅受制於所處的客觀環境，也受制於決策者本身的主觀認知。參見臧永祥，〈外交決策理論探析〉，《中共鄭州市委黨校學報》2008 年第 1 期，頁 90。

官文書,再次則爲同時代曾親與接觸之第三人所留存資料,最後則爲新聞媒體報導。袁世凱並無日記傳世、亦無詩集、文集等可以反覆推敲其眞實想法的史料流傳,後世研究者僅能以書信、電報、章奏、公牘、或他人記述爲據研究袁世凱。然而,以這類史料進行研究有一根本的問題,即「史料內容是否眞實反映袁世凱的想法與行爲」。

目前所存袁世凱晚清時期史料中,以奏章、摺片、公牘、札飭之類的官文書數量最豐富。但由袁世凱致徐世昌信函中,可以發現奏章並非全由袁世凱親手擬就,〔註60〕而《籌筆偶存》的發現,更足資證明不僅奏章,甚至公牘中的批示,致其他中外官員公函與電報,都有可能出自幕僚代擬。現存史料既未必由袁世凱親手所擬,則如何界定某事、某策確實出自袁世凱,即可能產生疑問,例如劉禹生於《世載堂雜憶》中,記述袁世凱接奉朝廷開戰上諭後,立即通飭全省各州縣奉行,因候補道徐撫辰力勸而改弦易轍,轉而護洋人、剿拳匪,成就其一生事業。〔註61〕此說是否屬實尚有可考據之處,但相當程度上亦反映幕僚、文案的意見對幕主可能產生影響。

就現實層面而言,奏章既以袁世凱名義呈遞,袁世凱即必須爲其內容負全責,即便由幕僚代擬,袁世凱亦必親自過目,以免內容有不妥之處。公牘、札飭係袁世凱對於轄區內各級官員呈報事項所做之批示,因性質爲對屬下官員進行政策指導,容或有由幕僚代擬批示,經袁世凱核准後發出,或由幕僚直接以袁世凱名義發出等情形,但即便由幕僚代擬代發,內容仍不至於逸出

〔註60〕 袁世凱於 1902 年 6 月 29 日致徐世昌親筆信函中,提及「前次所發四摺一片及各章,皆自己動手。近又擬中學堂、師範學堂各課章,又印花稅各件皆須親自經營……,巡警章頭緒更多,必須詳愼修輯,始可示人」。以此推知,袁世凱奏章必有由幕僚代擬者。參見〈袁世凱爲擬定兵制等章程致徐世昌函〉,光緒二十八年五月二十四日,《北洋軍閥史料・袁世凱卷》一,頁 347-348。

〔註61〕 其文曰:「庚子事件,皆謂張香濤、劉峴莊在東南,不受亂命;袁世凱在山東,不但不受亂命,且抗詔剿匪,所處更難,於是謂袁有毅力遠識,而不知實出於徐撫辰以去就爭,否則,與毓賢同罪,殺之以謝外人矣。……當世凱初奉廷寄,獎勵拳匪焚教堂、仇外人之詔令,立即通行全省州縣、遵旨辦理。候補道徐撫辰……向來關於牽涉洋人案件均經其手,……聞之大愕,立刻見袁勸阻。……袁不聽,徐退後,即刻撦擋出署,流書告別,亦剴切申明利害。……袁閱之頓悟,……遂毅然一變宗旨,護洋人而剿拳匪。和議告成,袁乃得盛名,後由北洋總督、而尚書、而宮保、而軍機大臣,實皆由徐撫辰一人玉成之」。參見劉禹生,《世載堂雜憶》(北京:中華書局,1997 年 12 月湖北第 1版第 2 次印刷),頁 130-131。

袁世凱平日作風太遠、袁世凱亦不可能全不過目。相對而言，書信、電報往來等較具私人性質之文獻，由幕僚代擬、代發之可能性較奏章、公牘等爲低，應可在較大程度上反映袁世凱眞實想法。

爲盡可能如實呈現袁世凱的策略發展與運用，本文將盡可能以由袁世凱署名發出之章奏、函電、書信、公牘爲主、其餘相關檔案爲輔，兼採第三人論述或新聞報導，希望在最大程度上探索袁世凱外交策略之所由出。如專門收錄袁世凱奏章、摺片之《袁世凱奏摺專輯》、《袁世凱奏議》，收錄有其奏摺之《礦務檔》、《教務教案檔》、《清季外交史料》、《光緒朝硃批奏摺》、《義和團檔案史料》，收錄其電報之《養壽園電稿》、《愚齋存稿》、《張之洞全集》、《李鴻章全集》，收錄其書信之《北洋軍閥史料・袁世凱卷》，收錄其公牘或批示之《籌筆偶存》、《山東義和團案卷》、《義和團檔案史料續編》、《北洋公牘類纂》等。其餘如新出版之《光緒宣統兩朝上諭檔》、《八國聯軍佔領實錄——天津臨時政府會議紀要》、《清朝條約全集》、《開灤煤礦礦權史料》、《清代官員履歷檔案全編》，或出版已久、但鮮少研究者使用之《日本外交文書》中關於中日東三省會議交涉筆記，甚至英國、美國、德國等提及袁世凱之相關史料，均能爲本文提供重要的研究素材。

一般研究政治人物時，多半將研究對象按照所任官職分階段進行研究。以袁世凱爲例，常見分期方法爲駐紮朝鮮、小站練兵、山東巡撫、直隸總督、外務部尚書、內閣總理、民國大總統、洪憲帝制。如此分法優點爲讀者易於入手，袁世凱在某官職任內所作所爲一目了然。然而此種分期方法亦有其缺點，當所論述史事跨越一個、甚至數個時期時，敘述若非重複、即頭尾不能兼顧。

筆者認爲，晚清幾場重要戰爭對袁世凱而言都是重要的轉捩點。甲午戰爭使袁世凱基本上脫離李鴻章集團，得以發展外交觀念、形成外交策略，並據以獲得巡撫山東機會；八國聯軍時袁世凱因內外處置得宜而聲望日隆，成爲繼李鴻章之後不做第二人想的直隸總督人選；日俄戰爭時袁世凱奉旨維持局外中立，直接參與全國性外交事務，從此眞正成爲中國外交政策的主導者。除甲午戰爭與官職任期一致外，八國聯軍、日俄戰爭及緊接而來的善後工作均跨越任期，如以官職爲分期依據，則論述時將導致史事因而割裂。

因此，本文將不採取以官職分階段方式論述，而以上述三場戰爭爲分期依據，著重於袁世凱脫離李鴻章集團後、得以自主發展的時代，將其外交策略分成甲午戰爭以後至庚子拳亂前、庚子前期、庚子後期、直督前期、日俄戰爭前後等五個時期，討論其外交策略由觀念、成形、到應用之過程。

四、本文主旨與章節架構

自鴉片戰爭以來，中國的外交處境可以 1898 年租借港灣風潮爲一分界線。此前中國國際地位逐漸下降，逐步被納入條約體系，利權亦逐漸失去，但各國聯合圖謀中國之心尚不明確，此時期外交政策的重心在強調如何遏止權利的流失，此時期洋務派所發展出之種種外交策略，不論是遵守公法、以夷制夷、結盟、均勢等，性質均屬於被動防禦，希望藉此阻止列強取得某種利益，或保住中國某種權益。租借港灣風潮之以後，中國國際地位加速下降，至庚子期間達到最低，各國聯合圖謀中國的態勢明朗化，列強此時能取之於中國者轉以路礦、實業等經濟利益爲主。

身爲洋務派的領導人之一，李鴻章於 1863 年開始涉獵洋務，以明智、務實、且盡力維持友好關係的態度與列強交往，其「以夷制夷」、「和戎」等外交策略成爲洋務運動時期成爲 19 世紀最後 30 年間，中國外交政策的主軸。袁世凱於中國國際地位跌落谷底前後，先繼極端排外的毓賢之後擔任山東巡撫，復繼李鴻章之後出任直隸總督兼北洋大臣，在巡撫山東期間贏得德國好感，在庚子拳亂期間獲得全國性的聲望，在日俄戰爭前後成爲中國外交實際主導者。本文所希望探討的問題，做爲在洋務運動晚期崛起，後成爲北洋派鼻祖與領導者，曾經身爲李鴻章的幕僚，曾獲李鴻章推薦駐紮朝鮮，中外政壇一致認爲不做第二人想的李鴻章繼任者，袁世凱的外交策略何時形成？如何形成？如何發展？與李鴻章的以夷制夷是否有一脈相承的關係？與李鴻章、劉坤一、張之洞等時代、地位、職權相近者之外交思想與策略有何異同？有無核心策略與中心思想？有無政策目標？對國家與個人而言成敗若何？是否如同李鴻章一般對當代、後世產生重大或深遠的影響？

本文除導論、結論外，將分成五章進行論述。

第一章將論述袁世凱於朝鮮返國後、至庚子拳亂爆發前對於外交事務的觀念與作法，袁世凱於此時期，將其自駐節朝鮮以來的所見所聞、及對外交的體認轉化成外交觀念，並於就任山東巡撫初期，將觀念具體落實爲政策。首先敘述袁世凱由 1895 年至 1899 年間，面對世變、而發展出的外交觀念及其特色；次則敘述袁世凱就任山東巡撫後，面對民教衝突時採取的「持平辦理」方針；三則敘述袁世凱面對高密阻工事件時，所採取的兩面安撫策略，以及以訂立詳細合同限制德國條約權利的作法。

第二章將論述袁世凱於庚子拳亂前期保境安民的作爲。首先論述袁世凱

以禁拳消弭民教衝突，但並非完全偏向教士、教民；次則敘述袁世凱面對朝野各界要求其出兵參戰、平亂壓力時如何自處，以及安撫境內外德人，以避免山東捲入戰端的努力；三則論述袁世凱於拳亂初期，在京津與外省間轉送電報，以及參與救援各國公使，並主張以剿匪阻止外國軍事行動的努力；四則探討袁世凱努力促使兩宮回鑾，以便爲開議創造有利條件的觀念。

　　第三章將論述袁世凱於庚子拳亂後期參與全國性外交事務。首先敘述袁世凱始終堅持以懲凶作爲創造有利環境、促使各國迅速開議的最佳方式；次則敘述袁世凱面對俄國侵佔東三省時，所提出之俄國終必交還、將俄約交付公斷、將約文技術性洩漏等交涉方法；三則敘述袁世凱於議定和約內容時提出之後發制人觀點，以及強調中國必須以行新政贏得國際認同。

　　第四章將敘述袁世凱於直督前期所採取的外交策略，主要起迄年限爲袁世凱出任直隸總督後、至日俄戰爭爆發前。首先討論袁世凱接收天津及其附近地面、鐵路時，透過外交系統向都統衙門施壓，接受各國條件同時又須顧及中國主權的努力；次則專論其接收天津以後，在必須承認都統衙門所簽訂之商業契約繼續有效的前提下，如何透過修訂合同，保護與挽回可能失去的利益；三則探討袁世凱在中國不得不借外力以開發礦藏的情形下，如何藉由廢除原合同、重訂新合同，確立以不動產抵押借款模式，達到實質控制目的；四則分析袁世凱面對未依合法程式、與外國簽訂契約，因而造成中國權利受損時，所採取的堅持廢約立場；五則論述袁世凱如何保舉、網羅外交幕僚，這些外交人才對袁世凱所經辦的對外交涉起過何種作用：六則敘述袁世凱對於用新人、行新政觀點的實踐，包含建請仿設職業外交官制度，由學校教育、官員進修中培養洋務人才等措施。

　　第五章則論述日俄戰爭前後袁世凱的外交策略，時間範圍涵蓋日俄戰爭爆發後、迄於外務部尚書任期結束。時期的袁世凱擁有全國性聲望、主導全國性外交事務。首先，面對日俄戰爭時努力促成朝廷宣佈守局外中立，以及在明知不可能面面俱到下，仍舊努力維持局外中立；二則敘述日俄戰爭後袁世凱奉旨參與東三省善後會議，擔任中國主要談判代表，以保固主權爲宗旨、以既有條約爲保護，與日本代表進行協商之種種努力；三則敘述袁世凱轉任外務部尚書後，在設法杜絕外國藉口幹預、改革部務、改善中國外交處境方面的努力；四則敘述袁世凱延續直督任期內未完成之日俄戰爭善後工作，以及面對國內興起之廢約風潮時，如何以讓利爭權方式收回利權。

　　對於晚清時期袁世凱的研究，大半集中於軍事、北洋新政等內部事務，
外交方面，個案研究雖然不少，然對於袁世凱晚清時期整體外交策略研究之
相關著作，至今仍甚爲缺乏。本文希望以前人研究個案的成果爲出發點，以
電報、書信等史料爲基礎，以袁世凱曾經辦之晚清重要對外交涉事項爲中心，
重新架構袁世凱整體外交策略，論述影響袁世凱進行對外交涉時之基本立場
與處置方式，探討袁世凱進行對外交涉時所抱持的基本態度，是否在某一時
期發展出某種策略，此種策略對後來行事的影響，以明瞭袁世凱辦理對外交
涉時的一貫脈絡。因此，本文研究範圍必須限制於有明確證據證明袁世凱曾
介入、曾表示意見、曾親自主導之外交個案，以求盡可能反映袁世凱外交策
略之形成與運用。

第一章　從督練新軍到巡撫山東

　　袁世凱於 1894 年 7 月 19 日自漢城啓程返回天津，結束其 10 年駐朝生涯。返國後幾經手取，於次年 12 月獲朝廷授以編練新軍職務，復於 1899 年 12 月奉旨出任山東巡撫。

　　袁世凱於小站練兵時期雖無外交權，但與外國記者、領事仍過從甚密，因此對於外交事務始終保持相當的敏銳度，因小站與山東近在咫尺，袁世凱對山東尤爲關心。出任山東巡撫後，因德國租借膠澳，且依約有採礦、築路權利，主要外交對手爲德國。山東民風保守、排外心理極重，加之以拳民蜂起，袁世凱既須安撫百姓、保護利權，又不能開罪德國，辦理外交時倍感棘手。但袁氏力行其於小站練兵時代逐步發展出之「事前籌畫防範、談判據理力爭、事後設法補救」之外交策略，卒能保守利權，使德國條約權利有所限制，民教衝突亦有所減輕。

　　佐藤鐵治郎論及袁世凱巡撫山東時期的外交時，稱其「獨能防大患於未萌、息風潮於既起，洵庸中矯矯、鐵中錚錚者爾」，〔註 1〕對於袁世凱在山東

〔註 1〕 日籍記者佐藤鐵治郎提及山東巡撫時期袁世凱政績時，指出「袁之撫山東也，其所辦之事，當分尋常、重要以說明之。……重要事則爲拳匪、對外交兩端最爲卓著。及袁後任直督，爲外人所欽佩，鼎鼎大名亦賴此兩事。要而論之，拳匪者，不過國民蠢動爾；外交者，清政府已許德意志膠濟間建築鐵路權，不過人民惑於迷信，從而阻撓。總此兩事，均由民智閉塞，始有此無意識之舉，有地方教民之責者，但能解散之、開導之，即無難了結矣。若在開化之邦，本屬平淡已極，特較之支那督撫以鑽營爲能、以粉飾爲功、以頌禱太平爲事者。而袁獨能防大患於未萌、息風潮於既起，洵庸中矯矯、鐵中錚錚者爾」。參見（日）佐藤鐵治郎著，孔祥吉、（日）村田雄二郎整理，《一個日本記者筆下的袁世凱》，頁 69。

的外交策略讚譽有加。本章即就袁世凱外交策略的形成、處理民教衝突、限制路礦權利三項依次論述。

第一節　以親身體驗調整外交策略

一、提出概念

　　袁世凱自朝鮮返國後，李鴻章請旨令其仍舊擔任總理朝鮮交涉通商事宜一職，〔註2〕同時奉命至北洋前敵營務處負責餉械、聯絡事宜，與宋慶、聶士成、劉坤一等電報來往密切。〔註3〕戰爭結束後，袁世凱奏請銷差回籍，返鄉途中先往山海關面見劉坤一，〔註4〕劉氏對其膽識與辦事能力留下深刻印象，因於 1895 年 6 月 25 日具摺保奏：

> 查北洋前敵營務處、浙江溫處道袁世凱，名家之子，於軍務及時務均肯認眞講求，前在朝鮮多年，聲績懋著，早在朝廷洞察之中。臣抵關津後，與該道時常往來，見其膽識優長、性情忠篤，辦事皆有條理，爲方面中出色之員，宋慶及各將弁多係袁世凱先人舊部，莫不願同袍澤、樂聽指揮。請旨飭下河南撫臣，迅催袁世凱銷假來營，商辦裁留、歸併事宜，臣與宋慶得資臂助，該道亦藉盤錯、以抵於成。
>
> 陳此時局艱難，知兵文臣甚少如袁世凱者。伏願皇上擢以不次、俾展所長，及其年力正強，得以功名自奮，庶立尺寸之效、仰酬高厚之恩。〔註5〕

由奏片內容可知，劉坤一對於袁世凱的印象是「知兵文臣」，對袁世凱的軍事專長給予甚高評價，但對於袁世凱在朝鮮的作爲並不瞭解，僅以「聲績懋著」帶過，建請朝廷給予超擢的原因亦在於袁世凱既知兵、復能用兵，與外交無涉。

　　袁世凱請假期間曾致函軍機大臣李鴻藻，分析甲午戰爭之所以敗，「非患兵少、而患在不精；非患兵弱、而患在無術。其尤足患者，在於軍制冗雜、

〔註2〕林明德，《袁世凱與朝鮮》，頁 376。

〔註3〕廖一中，《一代梟雄袁世凱》，頁 45-47。

〔註4〕沈祖憲、吳闓生編纂，《容庵弟子記》（臺北：文海出版社，民國 55 年），頁 72。

〔註5〕〈密保賢員片〉，光緒二十一年閏五月初三日，收入歐陽輔之編，《劉忠誠公（坤一）遺集》（臺北：文海出版社，民國 57 年）二，奏議，卷 24，頁 874。

事權紛歧、紀律廢弛」，中國軍隊數量龐大，但能戰、肯戰者極少，目前所能做的爲「力懲前非、汰冗兵、節糜費、退庸將」，對於兵、將養成教育與軍制等進行大幅度改革。〔註6〕此外，袁世凱亦四處活動、廣泛結交，爲編練新軍奔走請命。袁世凱的軍事知識、實務經驗、改革建議顯然獲得李鴻藻、軍機大臣翁同龢、總理衙門大臣榮祿等人認同，對其軍事長才頗多讚許，終於獲得陛見機會，於 1895 年 8 月 2 日由吏部帶領引見〔註7〕。光緒皇帝對於袁世凱的奏對顯然甚爲滿意，當面令其就當前時事提出意見、於日後進呈，袁世凱乃於 8 月 20 日透過督辦軍務處，代遞一份長達一萬三千餘字的條陳，詳述對於時局的看法。

袁世凱親歷甲午戰爭，深知中國之所以不能取勝，癥結在於心態上始終無法改變，徒有自強之舉、卻無相對應的自強之心，武器講求西法，心態卻依然守舊。中國聲教文物雖已極爲完備，但時勢所逼、不能不求革新，此刻富國強兵之道在於擇優參用各國新法。中國具有成爲強國的潛力，只要能下定決心、破除積習，則甲午戰爭雖失利，未嘗不能化爲轉機。

袁世凱方卸駐朝之任，對於中國外交處境感觸頗深。就其觀察，兩國交涉大抵不出三途，「萬國公法」，對於國力相當之國家才有約束力；「兩國條約」，在雙方和平相處時才能發揮效力；「強鄰奧援」，是在一國希望藉另一強國之力爲自己謀求利益時採行之策略。以中國目前形勢而言，以上三種外交路線均有所不足，目前除卻中國自身富強，圖與各國比肩並轡之外，並無任何改善國際地位與外交處境之策。外交必須有堅強實力爲後盾，中國必須眞心改革，始能發揮潛力、躋身強國之林，目前既已門戶洞開、不能不與外國來往，則必當熟知外國之風土民情，始能不爲外國所欺。世界各國君臣無不派遣王子公卿出國遊歷，相互學習、不斷改革、力圖振作，以備一旦有事時得以發揮折衝樽俎之用。即以甲午戰爭言之，日本之所以勝，在於眞心講求西法；中國之所以敗，在於依然墨守成規，以中國之地大物博，一旦肯認眞變法，必大有可爲，但關鍵仍在皇帝有無決心。〔註8〕

〔註6〕 〈袁世凱稟〉，光緒二十一年四月十三日，收入楊家駱主編，《中日戰爭文獻彙編》（臺北：鼎文書局，民國 62 年 9 月初版），頁 217-220。

〔註7〕 〈內閣奉上諭〉，光緒二十一年六月十一日，收入中國第一歷史檔案館編，《光緒宣統兩朝上諭檔》二一，頁 248 下。

〔註8〕 其文曰：「竊維天下大勢，遞變而不窮者也。變局之來，唯變法以應，則事變乃消彌於無形。此次軍興失利，勢誠岌岌，然果能中外一心、不忘仇恥，破

　　袁世凱將其從政經驗總結爲儲才、理財、練兵、交涉等四事，共提出 34 條建議。儲才方面，共 9 條，重心在於推廣學校教育，認爲非以學校育才不能應世局之變。具體內容爲以西學實科爲主要授課內容，仿同文館例在北京設立館院，挑選六部以下衙門、以及各省可造之才入學，由親王大臣督辦，延聘洋教習教授包括各國條約、律例在內之各種中外知識，定期考驗、擇優錄用，軍國大事可令各學員分別條陳，以收集思廣益之效，辦有成效之後再令各省仿效，亦可令其廣譯西書、發行各省，帶動各省認識洋務風氣。

　　袁世凱雖主張以學校培養洋務人才，但爲避免緩不濟急，故而進一步建議廣爲羅致現有留洋人才。東南沿海各省因接觸洋務較久，不乏有選送子弟出洋留學者，但因非科舉正途出身，又沾染西洋開放風氣，與官場或素無往來、或格格不入，以致空有洋務知識，卻無晉身之途，因而建議由南北洋、兩廣、閩浙等沿海督撫共同議定規則、妥籌經費，由海關道開辦試場，仿科舉之例考驗此等洋務人才是否眞有才學，合格者再發交新設立之學校、館院進修，使其得以發揮所長，而朝廷亦可收用人之效。此外，建議令各省督撫保薦人才，請以講求實學時事者充任學政、典試等，使科舉正途以外人才有

除積習、因時變通，不過十數年間而富強可期，是亦更始之一大轉機也。歷觀中外各國交涉情形，萬國公法，指勢力相均者言之；兩國條約，爲承平無事時言之；強鄰奧援，又爲彼圖自利者言之。處今日之勢，欲彌釁端、杜外侮，捨亟求富強之道，詎有他策？且萬國君臣莫不互引治法、力圖振興，精益求精、孜孜不已，而我猶蹈常習故，孑然默處於五洲之中，風氣隔閡、致勝無術，具繁庶之資，而甘居貧弱如病者，以孱軀而搏狼虎，欲求倖免，曷可得乎？顧說者謂：我國聲名文物遠駕他邦，何必捨己從人、輕更古制？不知孝悌忠信、禮義廉恥自應恪守我法，而富國強兵之道，彼已久著成效，勢不得不參用各國新法、擇善而從。試觀三代之際行井田、設封建，秦漢而後，農政鈔法、兵律官制，迭經更易，降至今日，舊制所存者，百難一舉。以漢宋大臣名儒，亦不能強違時勢、追復三代成規，蓋因時制宜、人心運會，有必不能相延者也。說者又謂：用夷變夏、古有明訓，縉紳子弟齒與彼族共周旋。不知通商開禁以來門戶洞啓，即欲閉守亦無善道，既不能不與各國交際往來，自必須習知其風土人情，始可相機制服、不爲欺侮。猶之知物性者，雖猛虎毒蛇，亦可馴而豢之；不知物性者，雖犬馬牛羊，亦不免觸噬之患。近來海外各國王子公卿，每多出外遊歷，並學習他國語言文字，無他，亦以備兩國有事，爲折衝樽俎、指揮籌畫耳。日本幅員僅敵我兩省之地，我則十數倍之。彼之所以勝者，由於講求西法、實力推行；我之所以敗者，由於拘守舊規、罔思改轍。殷鑑不遠、亟宜更張，以我之地大物博，但求日人所以致勝之故，而事半行之，必將雄視海內、強鄰懾息。然轉移之權，亦惟在宸衷獨斷、屏斥群疑、毅然整頓而已」。

充分機會得以任官，俾能發揮所學、爲國效命。〔註9〕

理財方面，袁世凱提出 9 條建議。請以鑄錢幣、設銀行、造紙幣等新法廣開財源、相互挹注；請獎勵商務；請開鐵路；請開辦礦務；請整飭郵政；請獎勵工技人才；請由海關派員整頓內地釐稅；請杜絕浪費；請用西式人才等。其中可反映出其處理中外商務交涉策略者，有獎勵商務一項。商務爲各國富強之根本，中國因商賈社會地位素低、以及政策因素而導致商務不振，如能派遣大員督理全國商務，隨時與出洋大臣、領事、各省督撫商議籌辦，隨時巡視通商各口，除發展本土商業、戮力振興商務之外，並派員出洋考察各國商務、講求因革損益之道，則以本土商人所享有之在地優勢，所失之商務利權自可在本土商業振興之後逐步收回。亦即，發展商業既可厚植國力、本土商業發展至一定程度後，又可自然而然收回失去的利權。此外，袁世凱極端重視商人對官府的回饋與報效，認爲限制商人興辦實業並無多大必要，但商人營利同時，必須提撥部分盈餘報效官家，做爲回饋。

練兵方面，袁世凱提出 12 條建議。包含請參用西法、另訂規則、新練軍警；編練陸軍以代替勇營；嚴明紀律；優給軍餉；設立軍事學堂培養將才；募兵辦法以精實爲宜；嚴格訓練；講求練兵之道；注意新式兵器運用之法；各省武官、學生均以洋槍代替弓矢；不可再用福建子弟擔任海軍、並建立新學堂編練海軍；海口各砲台守備以專任爲宜等，內容幾乎都著重於講求西法、任用新人。

交涉方面則提出四項建議。第一點針對使才管理。袁世凱久駐朝鮮，直接與各國職業外交官接觸，深知中國傳統仕宦人才不足以應付當代雲波譎詭

〔註9〕 其文曰：「沿海一帶、如閩粵江浙等省聰俊子弟中，素習洋務西律、足以參贊交涉，及肄習格致化學、足以分任製造，又諳練陸軍水師、足以教習管帶者，誠不乏人。惟此等人素習簡率，不諳官場儀節，故從不與長官來往，大吏知者甚少，即間有一二進謁者，亦因其質而無文，置之不論。似宜速定條規，刊行沿海各省、早定年限，令南北兩洋、兩廣、浙閩大吏妥議試規，擇適中之海關道經辦試場、延聘名師，分西律、技藝、軍務爲三途，照童試例取鄰保甘結，擇期開試，其身家不清、素有劣跡者概不准入，得取者亦列爲生員，擇正科之次年，由四省大吏延師秋試、次春會試，由生員而舉人、而進士，均仿照文學鄉會條規各色辦理，但考取以進士爲止。每次定額若干名，隨時再酌量增加，均交新設館院分司學習，俾得量才授職，庶所事皆所學，漸收用人之效。至考試經費，亦由沿海各省大吏關道籌辦，其試閱各師，先由承辦官精則聘請，迨所取之士依次造成，即由新設館院中擇派督試，藉可鼓勵後勁、廣拔眞才」。

的國際事務，使才關乎國家安危，必須選擇足以勝任、熟悉駐在國情形者充任。英、法兩國使員章程最為完善，包括使館、領事館等駐外單位人員均循序升遷、常駐、久任、互調、優其待遇，由母國外交部負責人員調遣事宜，故使員「均深知所駐國之人情世故，固語言文字宛然與駐國人員知識無異，而刺探機要或用過之，故事無遺誤、人多稱職」。時當甲午戰敗，「交涉事案自必愈行棘手」，因此建議仿效英法使員章程，針對使才進行管理。由內容觀之，袁世凱所提已類似於建立職業外交官制度。〔註10〕

第二點針對延用返國人才。廣東因通商日久，學習西洋曆法、輿圖、商務，兼通中外語文者必不在少數，正可備總署辦理交涉時顧問之用，因而建請飭下駐外使節、南北洋大臣、兩廣閩浙各督撫，廣求此等人才咨送總署；又以此等人士，或久居外洋、沾染洋風，並不熟悉中國官場生態，因此應給予優容。如此，熟悉洋情之本國人為我所用，當比延聘洋人更為得力。〔註11〕

第三點針對同文館。建請隨時考核館生學識，再視其性情如何，統由王公大臣子弟督率，分赴各國留學，取其學業最優者調總署任職。至於同文館師生員額均應擴充，學生學業有成後陸續派遣出洋，可「厚儲才之根本」。〔註12〕

〔註10〕 其文曰：「自古玉帛兵戎相替而行，其出使人才有關全國之體制、邊陲之安危，自宜慎選得人，必須能勝其任、素知彼國情形者，始可派以前往各國。使員章程以英法最善。凡充當使員者，須天資卓越、素習使律、品學兼優，並習知各國情形者備其選，又每由所駐一國使署之譯隨參贊各員依次升任。其領事一途亦有專業，必須熟悉民情商務及財產律例者為之，又每由領署之隨譯各員內遞升正副總領事。使臣與領事雖屬一體、而仕途攸分，使署、領署人員每在其從事之署終身周旋之，又有所駐之國人地相宜者，每數十年不移他國，訂五年限准其請假休息、仍取半俸，年久致仕者亦予之。凡兩署人員升降遷移，均由外部主持，使臣不得濫舉隨帶，均深知所駐國之人情世故，固語言文字宛然與駐國人員知識無異，而刺探機要或用過之，故事無遺誤、人多稱職，其外部要員每以久任使事者充當，而使員出缺亦多由外部內選任。現我新經失利，交涉事案自必愈行棘手，似宜查取英法外署使員章程，酌倣以行，有裨時局者甚鉅」。

〔註11〕 其文曰：「粵人之久處歐美，學習西曆、輿圖、商務、及中西文理均優者尚不乏人，而總署總司萬國交涉，似宜有精熟各國情形者留備顧問、方屬周密。可否飭出使大臣及南北兩洋、廣閩督撫招致選舉此項人才，咨送總署查看留用？惟此等久在外洋者，起居奢靡、不諳儀節，如能代養寬容之，自較延用西人尤為得利」。

〔註12〕 其文曰：「同文館設立有年，其學生內才堪選就者誠不乏人，似宜隨時考擇其學業所專、性情所近，彙請簡派王公大臣子弟督率，分赴外洋大書院限期肄業。其在外洋考取最優者，調回總署差遣、分理庶事，至同文館現有學生，似宜擴充增額，加延名師認真教授、陸續出洋，以厚儲才之根本」。

　　第四點則針對邊境各省。沿海、沿邊、或與外國有交涉事件之其他省分，外國足跡所到之處，必然存在可圖之利，建議於派遣統帥或駐辦交涉各員時，應挑選明白時務、熟悉地理者充任，必須留意該處鐵路、礦務等，也需認眞講求「練兵、撫民、實邊」之道，以遏止列強蠶食之心，以免我以爲無用之偏遠荒地成爲外國之助力。〔註13〕

　　袁世凱於條陳結語中，自言內容爲「酌採新法、變通舊制」，所提出之意見均爲「大局所關、事難再緩者」，並無窒礙難行之處。〔註14〕綜觀條陳所述，袁世凱所提出者雖有四端，但儲才一項強調變更用人之法以廣設學校、廣譯西書爲要務；理財一項除興辦實業外，幾以運用新式人才爲論述中心；練兵一項所涉及者幾全爲兵力之編練、運用等用人之道，其中又以行新法爲主；交涉一項所提全屬外交人才之培養與運用，可知袁世凱認爲時局之變，須以得人爲先。這種重視與運用人才的態度，始終爲袁世凱外交策略的核心之一。

　　馬關條約簽訂後，光緒皇帝頒發硃諭，總結戰爭失敗經驗，期待君臣上下痛除積弊、講求籌餉、練兵等自強之道。硃諭在廷臣中廣爲傳抄，加上嗣後光緒皇帝屢頒諭旨強調變法更張，開啓士民上書論述變法風氣，唯內容大抵仍不出變法、練兵兩端。光緒皇帝往往將士民請求變法更張的條陳、上書等抄交各省督撫討論，〔註15〕然而袁世凱此項條陳目前僅存於中國第一歷史

〔註13〕其文曰：「西北各處與俄人接壤者甚多，而舍旅威海之倭人亦非一二年內所能退完，廣西、雲南、西藏各處又與英法關連，似凡與俄人之接壤地方有交涉事件者，所駐統帥及駐辦交涉等員，似須擇明白時務、熟悉輿圖者分任之，其鐵路、礦務均須預爲留意，又必須於練兵、撫民、實邊之道認眞講求，庶免蠶食生心，逼處日近。蓋我以荒遠而棄之，敵方黠謀而取之，其取之者必以有可爲之資也。生聚教訓即異日進步之階，駸駸絕無饜心，惟在得人以圖富強、足以禦之耳」。

〔註14〕其文曰：「以上各條或酌採新法、或變通舊制，不敢以窒礙難行者務爲高論、上瀆聖聰。伏念職智慮短淺、罔知忌諱，渥被特知，遵於本月十二日蒙恩召見、訓諭周詳，仰見我皇上聖明天縱，勵精求治、採及芻蕘，跪聆之際、欽感莫名，值此時局憤恥刻骨、亟思湔滌，薄海同情，況職世受國恩、涓埃未報，苟有一得，曷敢畏罪緘默、自外生成？臣僅就大局所關、事難再緩者，分條開列、繕摺呈懇代奏，仰乞皇上聖鑑訓示。謹呈」。以上所引述之袁世凱條陳全文，參見〈三品銜浙江溫處道袁世凱爲遵奉面諭謹擬條陳事件繕摺恭呈伏乞代奏事〉，光緒二十一年七月初一日，收入中國第一歷史檔案館藏，《錄副奏摺》，光緒朝・內政・36，微捲第423捲，編號3-1-7-5612-1。

〔註15〕孔祥吉，《晚清佚聞叢考——以戊戌維新爲中心》（成都：巴蜀書社，1998年7月第一版第一次印刷），頁160-163。

檔案館館藏《錄副奏摺》中，既無硃批指示應如何處理，亦未奉旨留中，未抄交各省將軍督撫討論或遵照辦理，上諭檔中亦未提及此事，甚至袁世凱門生所編《容庵弟子記》中亦未有記述，而專門收錄袁世凱章奏的《袁世凱奏摺專輯》、《袁世凱奏議》、《養壽園奏議輯要》等史料中亦未見收錄。相較盛宣懷於 1896 年 10 月所條陳之自強大計，所提之練兵、理財、育才三端與袁世凱所述頗爲雷同，但此條陳先奉旨留中，〔註 16〕兩個月後即抄交各省督撫遵照辦理，〔註 17〕可知袁世凱此次上書因主軸不離變法、練兵二事，與時人相較並無特出之處，加上畢竟人微言輕，因而不但未引起光緒皇帝重視、甚至袁世凱本人、門弟子等亦未必認爲其有何重要性。但由條陳中無一語觸及利用列強利害衝突以保利權的「以夷制夷」外交手法，可知袁世凱對於「以夷制夷」外交已失去信心，不認爲可以藉此保全中國，轉而強調辦理對外交涉應由最根本的人才培養、選任做起，與其自駐朝以來即形成之「用新人、行新政」思想遙相呼應。

二、務實調整

陛見後，袁世凱奉命於督辦軍務處當差，在京期間四處奔走、廣泛結交當朝重臣，希望能得到可以獨當一面的軍事工作。1895 年 12 月，督辦軍務處決定推薦袁世凱接辦編練新建陸軍事宜，稱其「樸實勇敢、暢曉戎機，前住朝鮮、頗有聲望」，〔註 18〕可見督辦軍務處對袁世凱的治軍、規劃能力頗爲推崇，但其駐韓 8 年所培養的對外交涉經驗與才幹仍未引起重視。

奉旨督練新軍後，袁世凱展開其小站練兵生涯，雖專注於練兵，但對於外交事務仍相當敏銳，又以山東與小站近在咫尺，對於山東情勢更是關注。1897年 11 月 1 日曹州教案發生後，德國出兵山東、佔領膠州，袁世凱致電山東巡撫張汝梅，預測德國之意恐不僅止於膠州，如德軍由位於膠州西北的萊州太平灣乘泊船登陸、進據平度，則魯東恐全入德國掌握，請張汝梅於膠州北部的萊州、高密、西部的平度、濰縣等地駐兵防守，以阻絕德軍西進之途；〔註 19〕同時致

〔註 16〕〈內閣奉上諭〉，光緒二十二年十一月初二日，收入中國第一歷史檔案館編，《光緒宣統兩朝上諭檔》二二，頁 286 上-287 下。

〔註 17〕〈軍機大臣字寄各直省督撫〉，光緒二十二年十一月初二日，收入中國第一歷史檔案館篇，《光緒宣統兩朝上諭檔》二二，頁 287 下。

〔註 18〕廖一中，《一代梟雄袁世凱》，頁 66-68。

〔註 19〕〈寄山東撫台張漢帥〉，光緒二十三年十一月十三日，收入沈祖憲編，《養壽園電稿》（臺北：文海出版社，民國 55 年），頁 276。

電直隸總督王文韶，對於德國親王、軍隊陸續抵達表示相當的憂慮，認為若德國真意在於藉拖延戰術爭取軍事布置時間，則此事將更難善了。〔註20〕

　　為此，袁世凱於 1897 年 12 月 30 日，向主持對德交涉的軍機大臣翁同龢呈遞一份說帖，論述德軍佔領膠澳後中國因應之道。由德國在膠澳設置官署、又派遣親王來華等行為，可知顯然無意退兵，而「山東濱海要地，介居南北洋之中，使他族逼處，則海道有隔絕之患，我之海軍勢將永不克振」。時論對於解決德國侵佔膠澳方式有二，一為「陰嗾他國興師助我」，一為「商準各國開口通商」，袁世凱均不以為然，理由有三。其一，「法、俄向有密約，英、倭近復締交」，四國勢必分為兩集團，兩集團均有拉攏德國之意，必不肯開罪德國。其二，俄國雖與中國關係較深，但仍唯利是圖，如俄國介入，勢必迫使德國倒向英國，徒然使俄國多樹一強敵而已，故俄國必不肯相助。其三，數年前外國曾流傳瓜分中國圖說，以今日時勢觀之並非無稽之談，各國在中國均隱然有其勢力範圍，德國既然首先發難，其他國家必然乘機跟進，斷無相助中國之理。中國積弱、對列強屈從忍讓已久，此時如仍「不知變計、拱手坐視、聽客所為」，必將為列強蠶食鯨吞殆盡。目前局勢日漸危急，必須「幡然振屬，以圖挽回補救於萬一」，「用人、理財、練兵三大端，實屬瞬刻不容稍緩」，但地方督撫對於變法則多陽奉陰違，至今仍未有實際成果，如中國能決心改革，則兩三年內可望自立，雖不至於能力抗群雄，但至少能保守部分利權。〔註21〕

　　曹州教案交涉結果，朝廷允許德國租借膠州灣。〔註22〕1898 年 1 月 16 日，袁世凱再度向翁同龢呈遞說帖，對於膠澳問題以租借港灣方式結案甚表贊同，雖憂慮英國以利益均霑為由租借南洋各口，但對於俄國牽制英國仍存希望。惟內地滿布各國教士，中國官民又多不熟悉洋務，一旦發生衝突，列強即藉端生事，不忍讓則事態擴大、忍讓則各國食髓知味，對中國均無益處，「即或聯與國、結強鄰，暨得一時之安，而人終不能代我受禍」，強調「中國

〔註20〕〈寄王夔帥〉，光緒二十三年十一月十三日，收入沈祖憲編，《養壽園電稿》，頁 276。

〔註21〕〈督練新軍浙江溫處道袁世凱論變法說帖〉，光緒二十三年十二月初七日到，收入翁萬戈輯著，《翁同龢文獻叢編》（臺北：藝文印書館，民國 87 年 8 月初版）之一，《新政、變法》，頁 291-293。

〔註22〕曹州教案發生經過，參見吳景平，《從膠澳被佔到柯爾訪華——中德關係1862-1999》（福建：福建人民出版社 1993 年 9 月第 1 版第 1 次印刷），頁47-55。

目今情勢，舍自強不足以圖存，舍變法不足以自強」，即使施行於全國有困難，仍應揀選數地、仿照西法，授權督撫自行對於用人、理財、練兵三大端進行變革，一旦有成再推廣至全國。袁世凱將變法成敗關鍵歸諸不其人，認為「各國之所以富強者，不過用變法之人、行變法之政；我之所以貧弱者，不過用守舊之人、求變法之治」，若能嚴格要求封疆大吏認真變法，不出十年、中國即可達到富強境界。〔註23〕

由翁同龢對袁世凱首次說帖做出「變法，空」簽註，二次說帖論述變法應由下而上、翁同龢卻不置可否，以及翁同龢日記中亦未曾記述袁世凱遞送說帖事看來，翁同龢顯然並未特別注意袁世凱的變法言論。袁世凱為求意見獲得採納，於 1898 年 3 月 17 日親訪翁同龢，席間雖暢談時局，甚至願辭去練兵差使以換取晉用機會，但翁同龢仍不為所動。由此可知，袁世凱的由下而上、循序變法主張在翁同龢眼中顯然無法適應當時需要。〔註24〕相對的，翁同龢於袁世凱首次說帖中論述國際情勢部分所做「於各國情形甚當」簽註，可以發現袁世凱對中國外交局勢的瞭解頗受肯定，這也是袁世凱自朝鮮返國以來，首度有當朝重臣正視其外交才能。〔註25〕

經歷長時間的外交歷練，袁世凱對於列強彼此之間相互牽制、各有所圖、各有所忌的微妙情勢有相當程度的瞭解，對於情勢的判斷也相當正確。朝鮮經驗使其對於李鴻章所秉持的「以夷制夷」外交路線已不再懷抱期待，因而認為藉外交操作引進外力迫使德國撤兵、或至少使德國無法獨佔山東利益並不可行，正本清源之道還是在於變法圖強。變法之要在於用人、理財、練兵三項，說帖之中雖未明列辦法，但應不出其於 1895 年所上條陳範圍。

自朝鮮歸國以後，袁世凱始終抱持應以練兵自強改善國際地位，其根本方法則在於變更用人之道，但戊戌變法後，袁世凱深知朝中對於變更用人之道仍無法接受，因而不再談及變法、轉而強調練兵。1898 年 10 月 11 日，英國兵士 50 餘人攜械自塘沽登岸，搭乘火車至天津，隨後俄、德兵亦至，頗有乘車赴北京之意，塘沽口守軍對此視若無睹，不敢加以盤問。袁世凱以自主之國向來不准他國兵丁、軍械擅入海口，甚至運往內地之故，除一面拖延時

〔註23〕〈袁世凱續論變法說帖〉，光緒二十三年十二月二十四日到，收入翁萬戈輯著，《翁同龢文獻叢編》之一，《新政、變法》，頁 295-297。

〔註24〕孔祥吉，《晚清佚聞叢考——以戊戌維新為中心》，頁 172-173。

〔註25〕翁同龢於甲午年間即已得知袁世凱「奉使高麗、頗得人望」，但當時恐並不瞭解袁世凱究竟有何有何外交才能。參見林明德，《袁世凱與朝鮮》，頁 376。

間，阻止其赴北京之外，亦進言請飭下各車站，應明文規定不許裝載他國兵丁、軍火，並由直督選派熟悉洋務交涉委員前往各海口，遇有洋兵登岸則按公法條約詰問阻止。〔註26〕袁世凱另於 1898 年 10 月 31 日致電山東巡撫張汝梅，指出「山東逼處英、德，爲京畿近援，必須趕練精銳、爲國宣勞」，目前清軍以煙台爲主要駐地，但煙台爲通商口岸，且德國所控制的膠州近在其後，因此不宜多屯兵，建議應在青州、濰縣一帶集結練兵，對英、德均可保持優勢軍力，如此進可控制威海衛、膠州，將英軍、德軍限制在魯東，退可保守濟南，一旦北京有事時亦可出兵勤王。〔註27〕

　　1898 年 12 月 27 日，袁世凱奉諭進京、三度陛見後，〔註28〕於次年 1 月 12 日進呈〈欽遵懿旨敬陳管見摺〉，認爲列強對中國虎視眈眈，「非忍讓遷就可息事」、「唯有亟圖自強，始可杜絕窺伺、湔雪仇恥」，而自強之道則「首在練兵，而練兵以籌餉爲本、以造械爲用」，只要地方督撫能切實執行籌餉、造械等，積極整軍備戰，則「雖不足以盡富強之大，似可尚爲目前補救之途」。〔註29〕

　　尤有甚者，1899 年 5 月初，袁世凱奉命領軍至山東、進駐德州，與聶士成、董福祥所部進行聯合操演。〔註30〕袁世凱於 5 月 13 日抵達德州後，實際瞭解當地強烈排外態度所引起的衝突，似乎更堅定其以練兵應世變的態度。面對日益嚴重的瓜分危機，袁世凱於 1899 年 5 月 20 日進呈〈時局艱危亟宜講求練兵摺〉中，即強調練兵的重要性，認爲瓜分危機日急，各國無視公法條約，強佔中國港灣島嶼，「欲引一排難解紛之強鄰，而亦不可得」，中國之病不在於無兵可用，在於練兵不得其法，若能傾全國之力採用洋法練兵，俟練兵有成、力足自保之後，「自然無爲不成，無欲不遂」、「我之利源可保，民心可固」。〔註31〕

〔註26〕　〈嚴杜後患請旨分飭遵行摺〉，光緒二十四年八月二十六日，收入天津社會科學院歷史研究所編，廖一中、羅眞容整理，《袁世凱奏議》上冊，頁 9-10。

〔註27〕　〈寄張漢帥〉，光緒二十四年九月十七日，收入沈祖憲編，《養壽園電稿》，頁 281。

〔註28〕　〈奏報入京陛見起程日期摺〉，光緒二十四年十一月十九日，收入國立故宮博物院故宮文獻編輯委員會編，《袁世凱奏摺專輯》（臺北：國立故宮博物院，民國 59 年 10 月出版）第一冊，頁 9-10。

〔註29〕　〈欽遵懿旨敬陳管見摺〉，光緒二十四年十二月初一日，收入天津社會科學院歷史研究所編，廖一中、羅眞容整理，《袁世凱奏議》上冊，頁 16。

〔註30〕　（美）馬士著，《中華帝國對外關係史》（上海：上海書店出版社，2000 年 9 月第 1 版第 1 次印刷）第三卷，頁 186-187。

〔註31〕　〈奏請講求練兵以固國防摺〉，光緒二十五年四月十一日，收入國立故宮博物院故宮文獻編輯委員會編，《袁世凱奏摺專輯》第一冊，頁 9-10。

三、具體成形

袁世凱屢次進言練兵,目的在於「張國威而服遠人」,〔註32〕以軍隊作為外交後盾,使外國不敢因中國無可用之兵而生欺凌之心。然而袁世凱畢竟久歷外交,對於中國外交處境的變化有較深刻的體認,局勢的變化使其強硬的態度產生微妙的轉變。駐小站期間,不時有各國駐天津的外國領事與新聞記者到訪,〔註33〕因此袁世凱仍與外交圈維持密切互動,對於中國外交處境知之甚詳,既知列強不可能無條件幫助中國,亦瞭解對外一味強硬並不能真正解決問題,當務之急除練兵以求自強外,更須以國際公法為外交後盾。例如,袁世凱於 1899 年 1 月 12 日所上〈欽遵懿旨敬陳管見摺〉,雖強調以軍力作為外交後盾,但於奏摺附片中卻又認為,一旦外國得以干涉中國某事,將來必援引此例干涉類似事件,如此不但國權難以收回,甚至有滋生內患之虞,建議朝廷飭下總署與各省督撫、將軍,如遇境內外國人有意干涉內政時,「必須按照公法條約,忍氣耐煩、據理駁詰;一面電咨出洋各使臣,向該外部切實商辦」,使國權不致為外人操縱,「庶補救一分,即多一分之益」。〔註34〕

1899 年 3 月中,三艘意大利籍軍艦駛入浙江三門灣獅子口海面進行勘測,駐華意使馬迪納(Renato de Martino)隨即提出租借要求,同時希望認定浙江為其勢力範圍。朝廷自德國租借膠澳以來積壓已久的怨氣一時爆發,於 5 月 26 日頒佈上諭,令兩廣、閩浙督撫備戰,同時要求浙江巡撫採取積極行動保衛國土,〔註35〕頗有不惜一戰態勢。甲午戰爭的經驗使袁世凱立即意識到開戰對中國有害無利,為免重蹈覆轍,袁世凱一改以武力為外交後盾態度,建議朝廷以國際公法作為防堵列強步步近逼的利器,以事後補救做為條約權利的挽回之道,而其具體方法則是自求改善,不使外國有藉口、有機會可以生事。

袁世凱外交策略的轉變,具體呈現於 1899 年 7 月 4 日所進呈之〈強敵構釁侵權亟宜防範摺〉中。山東居於南北海陸交通要衝,亦為漕運必經之地,德國窺伺已久,加之以山東民性極端排外,稍有衝突極易釀成事端,徒予德國遣兵深入藉口。中國若力保疆土,將不免導致兩國衝突;若委曲求全,終

〔註32〕同上註。

〔註33〕廖一中,《一代梟雄袁世凱》,頁80。

〔註34〕〈請飭慎守國權片〉,光緒二十四年十二月初一日,收入天津社會科學院歷史研究所編,廖一中、羅真容整理,《袁世凱奏議》上冊,頁16。

〔註35〕(美)馬士著,《中華帝國對外關係史》(上海:上海書店出版社,2000 年 9 月第 1 版第 1 次印刷)第三卷,頁 181。

將後患無窮，因此最佳的解決辦法爲「莫若先自經理，不資以可借之口，不予以可乘之隙」，如此則能既保全山東、又不開罪德國。其具體辦法一爲「愼選守令」，選擇熟悉公法約章與外交事務者擔任各級官員，令其遇有民教衝突時依律處理，不必刻意分別良民、教民，遇有教士蓄意干涉時方能據理力爭，同時也令各國使臣無由介入；二爲「講求約章」，將各國條約公法與內地約章成案彙編成冊，做爲地方官員處理涉外事件準則，並按月舉辦考試，以測驗其辦理洋務交涉能力，俾爲日後用人參考；三爲「分駐巡兵」。可於膠州附近各城鎮及鐵路沿線派駐相當軍隊，洋兵出入時以保護之名行監視之實，使德國無法藉口挑釁；四爲「遴員駐膠」，選派嫻熟洋務官員常駐膠州辦理交涉事件，並以章程明訂，平時德人由膠州轉赴內地時，必須知會中國派駐人員查驗證件與沿途保護，一旦有事時可以就近會商、並刺探德軍動向。〔註36〕

對照袁世凱於 1895 年 8 月呈遞〈遵奉面諭謹擬條陳事件呈〉以來，歷次上書、說帖、信函中所主張的積極練軍備戰、以武力保護權利的外交策略，〈強敵構釁侵權亟宜防範摺〉中所呈現出、以公法條約爲護身利器的方式，顯然是一個相當大的轉折，原因可歸結於其朝鮮經驗。歸國之初，袁世凱鑑於甲午兵敗，認爲非練兵無以救國，因此主張以武力爲外交後盾；也由於甲午兵敗，讓袁世凱瞭解武力仍不足恃，戰爭危機的逼近使袁世凱調整外交策略，提出「事前籌畫防範、遇事據理力爭、事後設法補救」之方針，完全不再拘束於「以夷制夷」外交手法，不再被動期待外國介入與調停，轉而相信主動預防、遵守成約、事後補救才是維護中國利益的不二法門。至此，袁世凱的外交策略已經初具雛形，開始脫離缺乏彈性、容易陷於被動的「以夷制夷」外交路線，展現與李鴻章相異的外交風格。

第二節　以遵守法治調和民教衝突

一、提倡守法觀念

1899 年 12 月 6 日，袁世凱奉諭接替毓賢，暫時署理山東巡撫，〔註37〕

〔註36〕〈強敵構釁侵權亟宜防範摺〉，光緒二十五年五月二十七日，天津社會科學院歷史研究所編，廖一中、羅眞容整理，《袁世凱奏議》上冊，頁31-34。

〔註37〕〈謝署理山東巡撫天恩摺〉，光緒二十五年十一月初五日，收入天津社會科學院歷史研究所編，廖一中、羅眞容整理，《袁世凱奏議》上冊，頁37-38。

進京陛見後，於 12 月 26 日正式接印就任。〔註 38〕

袁世凱於就任之初，對於山東政務已有初步認識：

……查山東乃海疆要區、巡撫為僚屬表率，舉凡整軍察吏、防海治河，

與夫清內匪以安民生、慎外交以敦睦誼，事事均關緊要。……〔註 39〕

山東南有德國租借膠澳、北有英國租借威海衛，又有煙台口岸，外人、教士在山東者不在少數，因義和團在山東有越演越烈之勢，對山東教士、教民造成相當大威脅，袁世凱因而決定山東政務應以清內匪、慎外交為第一要務。

山東省為晚清教案發生數量最多的地區，〔註 40〕民教之間積不相容、幾達勢同水火之境，動輒發生鬧教、打教事件。僅 1899 年 10 月 6 日至 1900 年 1 月 4 日、三個月之間，濟南、東昌、泰安三府與臨清直隸州所屬 17 州縣即發生 146 起教案，其中有教民被害案件共 127 起，受影響教民 328 戶，被擄架、傷害教民 23 名、10 所教堂被焚燬；有平民被害案件 19 起，受影響平民 28 戶，被擄架、傷害平民 7 名。〔註 41〕袁世凱呈報總署者僅魯西部分州縣，教案件數即已如此之多，則山東民教衝突之激烈也就不難想像。

自 1899 年 3 月起，袁世凱奉命將所部武衛右軍逐步移駐山東，佈防於青州、濰縣、高密、沂州、莒州、日照等地，就近監視德軍、並截斷德軍西進道路。〔註 42〕如今奉旨巡撫山東，由於手握重兵，不免令人懷疑其是否將對拳亂採取如其胞兄袁世敦般之強硬剿辦手段，〔註 43〕加之以所部姜桂題曾放槍射擊前來投效之拳民老師父，將其當場格斃，〔註 44〕更加引發部分朝臣疑

〔註 38〕〈恭報抵東接署撫篆摺〉，光緒二十五年十一月二十四日，收入天津社會科學院歷史研究所編，廖一中、羅真容整理，《袁世凱奏議》上冊，頁 38-39。

〔註 39〕同上註，頁 39。

〔註 40〕自鴉片戰爭以來，迄於 1900 年，山東省共發生 333 件民教衝突，數量之多居中國各省之冠。參見趙樹好，〈晚清教案分佈特點新探〉，《韶關學院學報（社會科學版）》，頁 32-36。

〔註 41〕〈袁世凱為錄送處置教案事稿並清單事咨呈總署文〉，光緒二十五年十二月十九日，收入中國第一歷史檔案館編輯部編，《義和團檔案史料續編》（北京：中華書局，1990 年），上冊，頁 504-518。原檔僅開列清單，數據為筆者自行統計。

〔註 42〕劉鳳翰，《武衛軍》（臺北：中央研究院近代史研究所，民國 67 年 6 月出版），頁 486。

〔註 43〕平原教案期間，袁世凱胞兄袁世敦奉命往剿，殺傷不少人命，關於平原教案大致經過，參見趙樹好、張禮恒，〈平原教案研究中的兩個問題〉，收入《濱州教育學院學報》，第 6 卷第 1 期，2000 年 3 月，頁 8-10。

〔註 44〕劉鳳翰，《武衛軍》，頁 578。

慮。故袁世凱甫於 1899 年 12 月 26 日署理山東巡撫，當日翰林院侍講學士朱祖謀即上摺建請朝廷令其「慎重兵端、整飭吏治，勿以意氣用事、勿以操切圖功」；〔註45〕御史黃桂鋆復於次日上奏，懷疑袁世凱調兵入山東意在剿辦，請飭其從速擬妥辦法，「固不可袒縱吾民，致啓外釁，尤不可激成眾怒，致生內亂」。〔註46〕兩份奏摺顯然引起朝廷相當重視，軍機處針對朱祖謀一摺廷寄袁世凱上諭中，僅要求其對於山東民教衝突應「持平辦理，不可徒恃兵力，轉致民心惶惑」，〔註47〕但針對黃桂鋆一摺則寄發一道措辭嚴厲的電旨，表明朝廷雖不許拳民因寬縱而滋事的態度，也認同對拳民可以採取「彈壓解散」的措施，但即使萬不得已「示以兵威」時，仍必須事先調查清楚，「不可一意剿擊，致令鋌而走險、激成大禍」，於處理民教衝突時須「慎之又慎」，不可放縱屬下因貪功而魯莽行事，倘若因官員處理不善而激起民變，將「唯袁世凱是問」〔註48〕。

　　袁世凱雖曾電奏總署，表明自己「受恩深重，自當悉心設法，斷不敢操切激變」，但朝廷仍不能釋疑，頒諭要求其不可「一味操切，以致激成巨禍，有負委託」。〔註49〕軍機處兩道電旨前後相隔不過三日，朝廷對袁世凱態度即由溫言勸誡轉為嚴厲警告，在在表示朝廷擔心袁世凱的強硬作風激起民教之間更大衝突。

　　戊戌變法期間司員士民上書中，對於如何消除教案問題提出許多建議，有提出嗣後立約時言明准傳教、不許侵犯中國主權者；有建議妥為安置、教育遊民，以免其無所事事、騷擾教民者；有建議標明各教堂所屬國家，以免民眾胡亂砸打、得罪無辜國家人民，並令京官分駐各省專辦教案者；有建議

〔註45〕〈翰林院侍講學士朱祖謀摺〉，光緒二十五年十一月二十四日，收入故宮博物院明清檔案部編，《義和團檔案史料》（北京：中華書局，1979 年 5 月第一版第一次印刷）上冊，頁 43。

〔註46〕〈禦史黃桂鋆摺〉，光緒二十五年十一月二十四日，收入故宮博物院明清檔案部編，《義和團檔案史料》，上冊，頁 45。

〔註47〕〈軍機大臣字寄工部右侍郎署理山東巡撫袁〉，光緒二十五年十一月二十四日，收入中國第一歷史檔案館編，《光緒宣統兩朝上諭檔》二五，頁 354 上-354下。

〔註48〕〈著袁世凱相機設法辦理山東民教不合事電旨〉，光緒二十五年十二月初三日，收入中國第一歷史檔案館、福建師範大學歷史系合編，《清末教案》（北京：中華書局，1998 年 10 月第 1 版第 1 次印刷）第二冊，頁 886-887。

〔註49〕〈軍機大臣字寄工部右侍郎署理山東巡撫袁〉，光緒二十五年十二月初三日，收入中國第一歷史檔案館編，《光緒宣統兩朝上諭檔》二五，頁 369 下-370 上。

派遣熟悉公法官員擔任教堂所在地縣令，並將西教教義、政府立場明白刊示者；有建議刊佈歷次教案所失利權，使官民能知所警惕者；有建議教民專門編籍管理者；有建議於教堂派駐官員專責保護者；有建議於各省設立保險公司、令各教堂購買保險者。〔註50〕而袁世凱所採取的方式則有別於上述各種觀念，以遵守法治為中心，提出「持平辦理」作法。

　　袁世凱認定義和拳「實係匪類，以仇教為名而陰逞不軌」，山東拳匪之所以猖獗，原因在於前任巡撫毓賢一味縱容，以致官兵不敢捉拿，使拳民自以為官府允許、法令不禁；民教之所以不合，大半由於官員遇事不能持平辦理、以及毓賢煽動百姓與洋人作對，換言之，問題在於人謀不臧，因此甫到任即確定辦理匪案的步驟為「先以曉諭解散為主，次再緝其匪首，以清禍源；如其抗拒不散，再派兵彈壓；倘來格鬥，再相機擊殲」，不主動示以兵威。惟在正式就任之日起即接連被參，為使朝廷安心，袁世凱乃擬示曉諭兩件、通飭一件，分別向山東官、民說明今後施政方針。〔註51〕

　　針對官員發佈的通飭中，袁世凱表明官員辦理民教衝突時應有的態度：

> 遇有訟件，但按律判其曲直，原不必分民教為兩歧。即洋人教士有
> 干預公私事件，儘可據條約章程分別駁斥，不應偏聽袒護。如教士
> 有不安分者，亦可查照成案，列其實跡證據，詳請上司核辦。〔註52〕

然而就袁世凱所瞭解，地方官員顯然無法按律秉公辦理，遇事時「非視教如仇、即畏教如虎」，因不熟悉約章與交涉案例，斷案時乃任由教士包攬詞訟、聽其一面之詞，加上差役需索無度，「曲直未判、真偽未分，而良民已受無窮之累」，〔註53〕甚至強令平民賠罪結案，敷衍苟安，無怪乎民教衝突始終無法解決。

　　為徹底整肅官箴，改變官員畏事風氣，袁世凱對官員採取嚴格要求：

> 嗣後仰各牧令遇有教民與平民涉訟，務須按照律令、約章持平辦理，
> 尤不准差役有絲毫訛索，倘再復蹈前習，一經查出、立即嚴參，並

〔註50〕關於戊戌變法期間司員士民上書情形，參見茅海建，〈救時的偏方：戊戌變法期間司員士民上書中軍事外交論〉，《近代史研究》，2005 年第 1 期，頁 212-261。

〔註51〕〈袁世凱為鎮壓義和團事致徐世昌函〉，1900 年 1 月 6 日，收入北洋軍閥史料編委會編，《北洋軍閥史料‧袁世凱卷》（天津：天津古籍出版，1992 年）上冊，頁 312-316。

〔註52〕〈為通飭頒發事〉，光緒二十五年十二月初二日，收入中國第一歷史檔案館編輯部編，《義和團檔案史料續編》，頁 507-508。

〔註53〕同上註。

> 將訛索差役盡法懲治，絕不寬貸。……至傳習西教，載在條約；保
> 護教堂，守令專責。倘遇居民聚眾搶焚教堂之事，必須事先預防，
> 按照約章竭力保護、認真彈壓。其傳教西人，亦需驗明執照、以禮
> 相待，切不可稍有疏忽，致使釀成巨案，貽累公家。〔註54〕

今後官員雖仍須對教堂須盡力保護、對教士以禮相待，但審判民教訴訟案件時依律審判、持平辦理即可，洋人、教士干預時可依據條約章程加以駁斥，差役如有訛詐，舉報後立即懲治，務使官員能徹底革除惡習。

　　袁世凱另對平民、教士、教民發佈曉諭。平民方面，袁世凱強調傳教為條約特許、保教為國家職責，朝廷之所以對保教一事三令五申，實出於不願因失信導致與各國衝突。近年來因民教失和，導致朝廷賠款、割地、懲辦官民不計其數，對國家已造成重大損失。山東民教不合主因雖在於地方官未能持平辦理，但洋教與儒、道等教大致相似，久而久之必可相安無事，實不必互相猜忌。

　　袁世凱隨即向平民明示其處理民教衝突態度：

> 倘有教民不安本分、欺凌爾等，原許爾等據實控訴，由縣、而府、
> 而道、而司、而院，均可為之申理，本署撫部院素以愛民為心，斷
> 無不為爾等作主。倘有聚眾鬧鬧、私相尋仇，是乃有背王章，且使
> 官家失信違約。按例議辦，則聚眾者有常刑，失信者輸賠款。即爾
> 等本屬有理之案，轉致全行抹搬，爾等受無窮之苦，國家增牽顧之
> 虞，是非特與教堂為難，亦與爾等己身為難，又與爾等國家為難，
> 明哲忠義者斷不為此。〔註55〕

袁世凱希望平民謹記國家有保教職責，如平民受教民欺凌，可循管道層層上訴，切勿聚眾滋事、私相尋仇，以免自身、國家俱受其害，此後再有私相報復情形，「定行按律懲治，絕不寬貸」。

　　對於教士與教民，袁世凱表示依據條約，教士應「勸人為善、視人如己、尊崇君上、謹守中國法度」，民教之間訴訟案件教士不得干預，希望教士確實遵守條約規定：

〔註54〕〈為通飭頒發事〉，光緒二十五年十二月初二日，收入中國第一歷史檔案館編輯部編，《義和團檔案史料續編》，頁507-508。

〔註55〕〈為出示剴切曉諭事〉，光緒二十五年十二月初二日，收入中國第一歷史檔案館編輯部編，《義和團檔案史料續編》，頁506-507。

> 循爾教規矩，地方官斷無不實力保護。爾等倘有恃教爲非、違越禮
> 法，本署撫部院即飭各屬，治爾等以所犯之罪，亦絕不爾貸。爾等
> 須知，雖習西國之教，猶是中國之民，所有本國法令仍須遵守，何
> 得因身入教，即可忘爾本源也。〔註56〕

袁世凱要求教士、教民均需遵守中國法度，不可因身入教門便倚教爲恃，倘
有違法，仍然按律治罪，絕不寬貸。

總之，袁世凱表明自己處理民教衝突的立場爲「遇事不分民教，但論曲
直」，若能循規蹈矩，地方官必將持平辦理，若不遵法度，必不輕饒，「法令
無私、毋輕嘗試」。〔註57〕

對於拳民，袁世凱以「嚴切諭禁」爲題發佈告示，直指義和拳「以練習
棒拳爲由而招集黨類，以附會神靈之說而蠱惑人心」，自稱可以符咒避槍砲之
說實荒誕不經，拳民抗拒官長、劫掠平民行爲則爲王法所不容。一般無知百
姓受邪說所惑，不瞭解符咒、拳術爲匪徒聚眾手段，「無知而被誘者，情殊可
憫」；至於「爲首而煽惑者，罪無可逃」，除引嘉慶年間嚴禁義和拳上諭、以
及前任直隸總督那彥成任內嚴辦拳匪事例，說明拳會於法不容外，並引用律
例說明凡屬散佈邪說、創立幫會、糾眾拒捕者，按律非絞即斬。

袁世凱爲使拳民瞭解自己的決心，復對拳民示以兵威：

> 本署撫部院欽奉恩命、建節東來，統帥重兵、彈壓鎮撫，原不難立加
> 撲滅，究不忍未教而誅。……仰軍民人等一體知悉，務宜互相勸誡、
> 守法安常，……其已入拳教者，痛改前非、立即解散；其未入拳教者，
> 深爲後患、勿復附從。有能激發天良、縛獻首犯者，定予以自新之路，
> 並獎其除惡之功；如其執迷不悟、怙惡不悛，是乃甘蹈刑章，決當嚴
> 緝懲治；或敢包庇匪首、隱匿不報，一經發覺，定將窩主按律科罪，
> 並將里保一併究懲。儻再目無法紀、恃眾抗官，大軍一臨、玉石俱碎。
> 本署撫部院諄諄苦口，勿謂言之不預也。〔註58〕

袁世凱表明自己手握重兵，要一舉撲滅拳會並非難事，但仍願給予誤入歧途

〔註56〕〈爲出示劁切曉諭事〉，光緒二十五年十二月初二日，收入中國第一歷史檔案
　　　　館編輯部編，《義和團檔案史料續編》，頁506-507。

〔註57〕同上註。

〔註58〕〈登萊青道轉奉山東巡撫袁世凱示〉，光緒二十五年十二月，收入中央研究院
　　　　近代史研究所編印，《中美關係史料》（臺北：中央研究院近代史研究所，民
　　　　國78年12月初版），光緒朝四，頁2611-2612。

者改過自新的機會，拳民如有「縛獻首犯」者准其既往不咎，如仍執迷不悟、或心存包庇，必按律嚴懲，希望拳民好自爲之，勿再犯禁。

　　由所頒曉諭內容可知，袁世凱清楚瞭解，山東教案之所以發生，爲平民、教民、拳民三者相互衝突而來，欲徹底根除教案，唯有三方均能一體遵守法度，這也是袁世凱強調按律治罪、持平辦理的用心所在，平民遇委屈循序上告、教民遵守律例、教士按照條約規定傳教、拳民則以刑章相繩，對於不同身份的人雖用語不同，但一貫的精神爲遵守法治。而由袁世凱將拳民分爲煽惑者、被誘者，對平民語氣和緩、對拳民語氣嚴厲來看，袁世凱並不主張盲目剿拳，已有分別良莠之意，且決定採循序漸進手段，以回應朝中反對聲浪。

二、持平辦理卜克斯案

　　袁世凱的持平辦理方針在就任山東巡撫伊始即獲得驗證機會。英國國教安立甘會（Anglican Church）傳教士於山東省境內駐點有二，卜克斯（Rev. Sydney Malcolm Wellbye Brooks）駐平陰縣，伯夏理（Rev. H. J. Brown）、馬煥瑞（Rev. H. Mathews）駐泰安縣，〔註59〕均屬泰安府所轄。卜克斯於1899年12月12日赴泰安府城辦事，同月29日啓程返回平陰縣，次日途經肥城縣境內張家店時，爲刀匪砍傷、擄走，不知去向。安立甘會管理平陰教務馬煥瑞得報後，於1900年1月1日呈報袁世凱，請其協助營救。〔註60〕袁世凱除立即嚴飭肥城縣令金猷大隨同泰安府知府查辦外，亦要求馬煥瑞會同金猷大先設法救出卜克斯，並命令泰安府候補知府曾啓塤，會同親軍馬隊領官吳鳳嶺前往剿辦。〔註61〕

　　袁世凱對於山東省境內拳匪四出滋事深惡痛絕，認爲拳匪「始則藉口鬧教，繼且擾害良民，今則專意圍搶教堂，竟至搶架英國教士」，由打教、鬧教進而演變成綁票，必須設法解散、嚴拿首要，否則勢將牽動大局、而致後患

〔註59〕〈竇納樂爵士致索爾茲伯理侯爵函〉，1900年1月17日，收入胡濱譯，《英國藍皮書有關義和團運動資料選譯》（北京：中華書局，1980年5月第1版第1次印刷），頁6。

〔註60〕至卜克斯被擄爲止，刀匪於肥城縣境內擾亂已經逾二個月，縣令金猷大並未認眞剿辦，甚至縣境孝舖裏教堂爲刀匪焚燬，縣令亦不聞不問。參見〈英國安立甘會管理平陰教務馬煥瑞稟〉，光緒二十五年十二月初1日，收入中國社會科學院近代史研究所、中國第一歷史檔案館合編，《籌筆偶存》（北京：中國社會科學出版社，1983年5月第1版第1次印刷），頁55。

〔註61〕〈行楊遊擊〉，光緒二十五年十二月初二日，收入中國社會科學院近代史研究所、中國第一歷史檔案館合編，《籌筆偶存》，頁59。

無窮，要求當地駐軍於有教堂、洋教士區域屯駐，以便鎮壓暴亂、並就近提供保護。〔註62〕

　　因卜克斯遇害於平陰、肥城兩縣境，兩縣隨即展開調查。平陰縣令梁石甫於1月1日即回報，表示卜克斯於1899年12月30日上午，在肥城縣境張家店街為匪徒三十餘名所擄；該地距平陰縣境尚有十餘里，〔註63〕金猷大於1月2日亦回報，表示卜克斯於被擄當晚即遭匪徒斬首殺害。〔註64〕

　　卜克斯案很快發展成外交案件。馬煥瑞一面通報袁世凱，一面透過北京英國國教會主教史嘉樂（Charles Perry Scott）向英國駐華公使竇納樂（Sir Claude M. MacDonald）報告，表示卜克斯被「義和拳」傷害、俘虜。竇納樂立即令秘書丁韙良（William Alexander Parsons Martin）通知總署，要求總署緊急指示袁世凱對付暴民、營救卜克斯，並於1月3日親赴總署，詢問總署將如何處理，隨後將此事電告英國外相莎侯（Robert Arthur Talbot Gascoyne-Cecil, 3rd Marquis Salisbury）。〔註65〕袁世凱亦於同日將卜克斯遇害初步調查結果電告總署，表明卜克斯被害原因有二，其一為救護不及，因事發倉促，雖於得報後立即派員前往救護，但匪徒已將卜克斯殺害，並非地方官員保護不力；其二為卜克斯個人疏忽，於泰安縣啟程返回平陰縣時並未通知地方官派員護送。〔註66〕總署奏明案情後，軍機處於1月4日明發上諭，重申傳教為約章所許，朝廷也早已三令五申要求各省督撫認真保護教士，將卜克斯被害歸責於山東文武官員事前疏於防範，令袁世凱一面將各該管官員先行參處、一面要求其所屬官員限期破案，以「靖地方而敦鄰好」。〔註67〕此外，軍機處另行寄送一道電旨，承認本案雖實出於防護不及，

〔註62〕〈行楊遊擊〉，光緒二十五年十二月初二日，收入中國社會科學院近代史研究所、中國第一歷史檔案館合編，《籌筆偶存》，頁59。

〔註63〕〈平陰縣稟〉，光緒二十五年十二月初二日，收入中國社會科學院近代史研究所、中國第一歷史檔案館合編，《籌筆偶存》，頁58。

〔註64〕〈肥城金令稟〉，光緒二十五年十二月初二日，收入中國社會科學院近代史研究所、中國第一歷史檔案館合編，《籌筆偶存》，頁60。

〔註65〕〈竇納樂爵士致索爾茲伯理侯爵函〉，1900年1月4日，收入胡濱譯，《英國藍皮書有關義和團運動資料選譯》，頁1。

〔註66〕〈咨總署〉，光緒二十五年十二月初三日，收入中國社會科學院近代史研究所、中國第一歷史檔案館合編，《籌筆偶存》，頁64。竇納樂致莎候信件中，曾提及卜克斯係「乘坐手推車旅行、無人護送，穿過暴徒橫行的鄉村時被捉住的」，參見同註61，頁4。

〔註67〕〈內閣奉上諭〉，光緒二十五年十二月初4日，中國第一歷史檔案館編，《光緒宣統兩朝上諭檔》二五，頁370下-371上。

但因事關交涉，希望袁世凱督責官員儘速緝凶、嚴懲，以儆效尤。〔註68〕而竇納樂則於1月5日對總署提出正式照會，要求中國政府保護山東地區其他英國籍教士，〔註69〕隨後提出警告，如卜克斯案處理結果不能使其滿意，將堅持要求中國懲處毓賢，認為毓賢必須為山東的混亂失序狀態負責。〔註70〕

　　袁世凱接獲緝凶嚴懲上諭後，即札飭曾啓塤，令其督責金猷大、梁石甫等從速將兇嫌緝捕到案。〔註71〕除官方調查行動外，伯夏理、馬煥瑞等人也私下進行調查，開具疑似涉案人員名單、請官府配合進行調查。金猷大請示後，袁世凱認為卜克斯案屬「交涉巨案」，凡是伯夏理所指控之涉案諸人均應緝捕到案，即使明知其無辜亦不例外，可提供盤纏、沿路妥為照料，俟審訊無事後再開釋，以免伯夏理藉此生事。〔註72〕因此，1月7日擒獲之吳方城、〔註73〕次日再逮捕之吳經明、龐燕木，〔註74〕連同被告白吉龍、李大成、地保路秀釋等六名嫌犯或關係人均發交按察使司候審；〔註75〕甚至當日為卜克斯趕驢之柳士仁也被視為重要人證，送往濟南候質，以釐清案情。〔註76〕此後，又陸續逮捕孟洸汶、李潼關、孫來明、〔註77〕呂姓嫌犯等數人。〔註78〕

〔註68〕　〈軍機處寄署理山東巡撫袁世凱電旨〉，光緒二十五年十二月初四日，收入故宮博物院明清檔案部編《義和團檔案史料》（北京：中華書局，1959年5月第1版第1次印刷）上冊，頁47。

〔註69〕　〈竇納樂爵士致索爾茲伯理侯爵函〉，1900年1月5日，收入胡濱譯，《英國藍皮書有關義和團運動資料選譯》，頁2-4。

〔註70〕　〈竇納樂爵士致索爾茲伯理侯爵函〉，1900年1月7日，收入胡濱譯，《英國藍皮書有關義和團運動資料選譯》，頁7。

〔註71〕　〈札曾守〉，光緒二十六年十二月初四日，收入中國社會科學院近代史研究所、中國第一歷史檔案館合編，《籌筆偶存》，頁69。

〔註72〕　〈肥城縣稟〉，光緒二十六年正月初五日，收入中國社會科學院近代史研究所、中國第一歷史檔案館合編，《籌筆偶存》，頁119。

〔註73〕　〈曾守、吳守備、金令會稟〉，光緒二十五年十二月初八日，收入中國社會科學院近代史研究所、中國第一歷史檔案館合編，《籌筆偶存》，頁76。

〔註74〕　〈又稟〉，光緒二十五年十二月初八日，收入中國社會科學院近代史研究所、中國第一歷史檔案館合編，《籌筆偶存》，頁76。

〔註75〕　〈肥城稟〉，光緒二十五年十二月初十日，收入中國社會科學院近代史研究所、中國第一歷史檔案館合編，《籌筆偶存》，頁79。

〔註76〕　〈肥城稟〉，光緒二十五年十二月十三日，收入中國社會科學院近代史研究所、中國第一歷史檔案館合編，《籌筆偶存》，頁90。

〔註77〕　〈英領事函〉，光緒二十六年正月二十七日，收入中國社會科學院近代史研究所、中國第一歷史檔案館合編，《籌筆偶存》，頁137。

〔註78〕　〈英領事函〉，光緒二十六年正月二十九日，收入中國社會科學院近代史研究所、中國第一歷史檔案館合編，《籌筆偶存》，頁139。

案件偵辦有初步結果後，總署即於 1 月 9 日照會竇納樂，表示已擒獲卜克斯案嫌犯三名，正押往濟南府受審途中。〔註79〕適袁世凱於次日電告總署，表示依據中英煙台條約規定，通商口岸發生與英國人民有關之兇殺案件時，英國得派員觀審，建議總署可告知竇納樂，請其授權山東省境內一位傳教士代替領事出席審判，總署乃於 1 月 11 日將此建議轉告竇納樂。竇納樂鑑於本案相當重要，仍決定派遣英國駐上海副領事甘伯樂（Campbell，C. W.）赴濟南觀審，令其設法促使袁世凱採取適當措施以恢復秩序。〔註80〕總署轉告袁世凱，表示甘伯樂約十二天內可抵達，請其屆時責成該管官員配合辦理。〔註81〕

甘伯樂於 2 月 2 日抵達濟南拜會袁世凱，告知英國對卜克斯案處理態度與要求，袁世凱對其要求也逐一回應。英國所求者有四，其一為嫌犯之審訊與判決，兇手須從重治罪、山東巡撫須觀審、甘伯樂須列席監刑。袁世凱表示兇手本當嚴辦，但依大清律例，一般地區案件審判向由知府、縣令負責，通商口岸發生案件則由海關道會同相關國家領事觀審，袁世凱同意本案由職級在知府之上的按察使司審理，「已屬格外鄭重」，且刑名斷獄本為按察使司職責，巡撫並無與外國領事共同觀審必要。至於甘伯樂出席監刑一節，同治八年上海絞殺英人卓爾哲時有華員監刑，本案可援引辦理。

其二為失職官員之懲戒，泰安府知府、肥城縣知縣、平陰縣知縣三人須革職，永不敘用。袁世凱表示本案並非發生於平陰縣境，且泰安府知府當時因公外出，兩人並無責任，至於肥城縣令金猷大則業已撤職，且其懲處最重僅降職留任，甘伯樂所提永不敘用一節無法照辦。

其三為死者身後之撫卹，案發地點由教士擇地、官方出資建立教堂，並由民間集資立碑紀念；袁世凱對此表示同意，僅要求「佔地不得過大、需費不得過萬」，且此後不得再要求任何形式之撫卹。

四為案情的公佈及曉諭，山東巡撫衙門須公佈1900 年 1 月 4 日上諭、以

〔註79〕〈竇納樂爵士致索爾茲伯理侯爵函〉，1900 年 1 月 17 日，收入胡濱譯，《英國藍皮書有關義和團運動資料選譯》，頁 7。

〔註80〕〈竇納樂爵士致索爾茲伯理侯爵函〉，1900 年 1 月 17 日，收入胡濱譯，《英國藍皮書有關義和團運動資料選譯》，頁 2-3。〈中英煙台條約〉規定「內地各省地方或通商口岸有關係英人命盜案件，議由英國大臣派員前往該處觀審」。條文參見田濤主編，《清朝條約全集》（黑龍江：黑龍江人民出版社，1999 年 6月第 1 版第 1 次印刷），第二卷，頁 629 下。

〔註81〕〈總署電〉，光緒二十五年十二月十三日，收入中國社會科學院近代史研究所、中國第一歷史檔案館合編，《籌筆偶存》，頁 85。

及本案辦理經過，以曉諭山東百姓。袁世凱表示此節可以照辦。〔註82〕

　　為實地瞭解本案案情，甘伯樂曾前往案發當地進行調查，於 2 月 18 日抵達肥城縣，次日上午轉赴泰安府城。〔註83〕官員對其調查行動顯然並不願積極配合，甚至承諾提供的嫌犯名單亦遲遲不肯提交，甘伯樂乃於 2 月 26 日兩度致函袁世凱，首先對卜克斯案偵辦進度再度表達關切，〔註84〕繼而要求袁世凱提供涉案嫌犯名單，〔註85〕對於官員不肯認真辦案也表達相當不滿。〔註86〕

　　甘伯樂所提四款要求中，嚴辦兇手一項，1900 年 3 月 3 日，卜克斯案首度於按察使司衙門審理，由山東按察使胡景桂、濟南府知府盧昌詒會審，〔註87〕甘伯樂與兩名傳教士列席觀審，〔註88〕涉案嫌犯經初步過濾後，共有孟洸汶、吳方城、吳經明、李潼關、龐燕木等五名嫌犯應訊。歷經四天庭訊，胡景桂等查明，孟洸汶起意將卜克斯殺害，砍落其頭顱致死，將其財物變賣花用；吳方城起意毆打卜克斯，並助孟洸汶將其殺害；吳經明共同毆傷卜克斯，但孟洸汶等殺害卜克斯時並不在場，〔註89〕因此胡景桂等將三名主犯引用不同刑律處刑：孟洸汶依謀殺例判處斬監候；吳方城依謀毆人致死律判處杖一百、流三千里；吳經明依刃傷人例判處杖八十、徒二年。甘伯樂對此極為不滿，認為三人都應依強盜殺人例處斬，經再三協商後，雙方同意以謀殺例問罪，孟洸汶維持斬監候，吳方城改判絞監候，吳經明改判永遠監禁，餘犯則分別處以徒刑。甘伯樂另要求本案人犯應提前執行，以從速結案，袁世凱認為孟洸汶可改為斬立決，但吳方城若改判絞立決則嫌太重，因此並未同意。〔註90〕

〔註82〕　〈山東巡撫袁世凱摺〉，光緒二十六年三月十六日，收入故宮博物院明清檔案部編，《義和團檔案史料》上冊，頁 77。

〔註83〕　〈肥城稟〉，光緒二十六年正月二十四日，收入中國社會科學院近代史研究所、中國第一歷史檔案館合編，《籌筆偶存》，頁 133。

〔註84〕　〈英領事函〉，光緒二十六年正月二十七日，收入中國社會科學院近代史研究所、中國第一歷史檔案館合編，《籌筆偶存》，頁 136。

〔註85〕　同上註。

〔註86〕　〈英領事函〉，光緒二十六年正月二十九日，收入中國社會科學院近代史研究所、中國第一歷史檔案館合編，《籌筆偶存》，頁 140。

〔註87〕　〈署理山東巡撫袁世凱摺〉，光緒二十六年二月十五日，收入故宮博物院明清檔案部編，《義和團檔案史料》上冊，頁 67。

〔註88〕　〈山東巡撫袁世凱摺〉，光緒二十六年三月十六日，收入故宮博物院明清檔案部編，《義和團檔案史料》上冊，頁 77。

〔註89〕　卜克斯被殺害經過，詳見〈署理山東巡撫袁世凱摺〉，光緒二十六年二月十五日，收入故宮博物院明清檔案部編，《義和團檔案史料》上冊，頁 66-67。

〔註90〕　〈山東巡撫袁世凱致總理各國事務衙門電報〉，光緒二十六年二月初七日，收

　　袁世凱雖接受甘伯樂所請、同意對孟洸汶等一干人犯求處重刑，惟於審酌刑度時，認爲卜克斯被害係屬「會匪劫殺」，按律例量刑時並不分首從，但與洋人交涉時必須預留地步，不可拘守常例，〔註91〕「爲得尺則尺、得寸則寸之計」，以免株連太多、刑罰過重，將來遇有相似案件時難以善了。本以爲將主犯孟洸汶提前正法後、可迅速了結此案，但因甘伯樂居省期間爲其他教士慫恿，到處訪求教民案件、藉故生事，欲令其早日離開山東，以免本案拖延過久、橫生枝節；再加上當初擬定罪名時，原已考慮到爲日後教案審判預留地步而刻意減輕其刑，因此同意甘伯樂所請，將吳方城之刑度由絞監候一併提前爲絞立決，以便迅速結案。〔註92〕至於龐燕木則被求處徒二年；李潼關亦擬徒刑，但未及執行即病故獄中。〔註93〕

　　失職官員懲戒方面，肥城縣知縣金猷大撤職、並遭參奏；另以案發地點非泰安府與平陰縣轄區，駁回甘伯樂所提、將兩守令一併撤職之要求。〔註94〕此外，該管地保路秀釋亦遭革職查辦。〔註95〕

　　受難者撫卹方面，賠款共償付銀 9500 兩，其中 7500 兩用於興建紀念教堂，1500 兩用於在卜克斯所屬的英國坎特伯理學院興建紀念碑，500 兩用於在卜克斯被害地點建造紀念碑。〔註96〕紀念教堂地基五畝由山東布政使司、泰安府、肥城縣、洋務局等相關單位遵照辦理，俟教會人士抵達後即撥地造堂，如須價購，於稟明山東巡撫後向洋務局支應。〔註97〕

　　公佈案情部分，袁世凱於 3 月 30 日出示曉諭，首先轉錄 1900 年 1 月 4 日朝廷明令懲凶、嚴辦上諭，次則詳述卜克斯案發生經過、偵辦過程、與處理方

　　　　入故宮博物院明清檔案部編，《義和團檔案史料》上冊，頁 65。

〔註91〕同上註。

〔註92〕〈又片〉，光緒二十六年二月十五日，收入故宮博物院明清檔案部編《義和團檔案史料》上冊，頁 68。

〔註93〕〈山東巡撫袁世凱摺〉，光緒二十六年三月十六日，收入故宮博物院明清檔案部編，《義和團檔案史料》上冊，頁 77。

〔註94〕〈竇納樂爵士致索爾茲伯理侯爵電〉，1900 年 3 月 29 日，收入胡濱譯，《英國藍皮書有關義和團運動資料選譯》，頁 10。

〔註95〕同註93。

〔註96〕〈竇納樂爵士致索爾茲伯理侯爵電〉，1900 年 3 月 29 日，收入胡濱譯，《英國藍皮書有關義和團運動資料選譯》，頁 10。

〔註97〕〈札藩司、泰安府、洋務局、肥城縣〉，光緒二十六年二月十六日，收入中國社會科學院近代史研究所、中國第一歷史檔案館合編，《籌筆偶存》，頁 160-161。

式，將所有嫌犯、怠忽職守地保、文武官員等人罪責一一詳列，末則再度聲明內地傳教爲朝廷特許，要求山東軍民人等必須與教士和睦共處，「共效輯睦、相安無事，以仰副朝廷柔遠善鄰至意」，不可再糾衆鬧教，以免招致嚴辦。〔註98〕

甘伯樂對於官員須從重懲處一事上甚爲堅持，甚至表示本案賠償與鉅野教案、日照德教士被毆傷案相比已有極大差距，如不肯嚴辦失職官員，「未免視英人性命太賤」，英國必不肯接受；袁世凱則堅持泰安府、平陰縣並無責任，不能濫予懲處。因懲處官員問題無法達成共識，甘伯樂轉而要求擴大賠償範圍，援引沂州教案賠款五萬五千餘兩，款項交由德國籍教士分發受害教民判例，要求英國所轄教區內教民之損失由官方照數賠償，交由英國教士代爲發放，袁世凱則堅持「洋人失物，照約只可拏賊追贓」，且只能由官方查明後再行撫卹，並無官方代爲賠償前例，亦無外人置喙餘地。甘伯樂復提出被焚燬之肥城縣境孝里舖教堂爲洋人產業，請求賠償，袁世凱以甘伯樂無法提出房地契爲由加以拒絕。〔註99〕甘伯樂仍不斷要求袁世凱須嚴緝尚未到案之嫌犯，以及參處肥城縣文武官員，袁世凱僅表示王姓、張姓等在逃嫌犯已嚴令緝捕、至於官員處分則須待本國政府議定。〔註100〕

甘伯樂將袁世凱懲處官員態度告知竇納樂後，竇納樂對於泰安府、平陰縣未一併遭追究甚爲不滿，認爲如毓賢不遭懲處，便不可能懲處比其低階的官員，〔註101〕但亦無計可施。甘伯樂見袁世凱事事不肯妥協，乃於4月7日離開山東，卜克斯遇害一事就此結案。

三、綏靖地方與調和民教

卜克斯案爲山東自發生拳亂以來首度有外人罹難之教案，〔註102〕因此袁世凱對於本案的處理態度具有指標性意義。就甘伯樂親身觀察，袁世凱對於

〔註98〕〈山東巡撫袁世凱告示〉，光緒二十六年二月三十日，《中美關係史料》光緒朝四，頁2640-2641。

〔註99〕〈山東巡撫袁世凱摺〉，光緒二十六年三月十六日，收入故宮博物院明清檔案部編，《義和團檔案史料》上冊，頁77-78。

〔註100〕〈覆英領事〉，光緒二十六年二月二十八日，收入中國社會科學院近代史研究所、中國第一歷史檔案館合編，《籌筆偶存》，頁185。

〔註101〕〈竇納樂爵士致索爾茲伯理侯爵電〉，1900年3月29日，收入胡濱譯，《英國藍皮書有關義和團運動資料選譯》，頁10。

〔註102〕李守孔，〈清季山東之教案與拳亂〉，收入中華文化復興運動編輯委員會編，《中國近代現代史論集》（臺北：台灣商務印書館，民國75年1月初版）第13編，頁43。

偵辦本案有相當大的決心，但其屬下官員顯然採取陽奉陰違態度，並不願意積極配合，甚至加以阻撓破壞。〔註103〕袁世凱到任之後，曾兩次出示曉諭、要求民教和平共處，並令各州縣通行張貼，但有部分州縣顯然並未照辦；〔註104〕袁世凱嚴令各屬緝拿滋事匪徒，無論其身份是民是教，均須立即稟報，但顯然有部分州縣陽奉陰違，不肯盡心辦理；〔註105〕令按察使胡景桂將卜克斯案人犯名單提交甘伯樂，胡景桂藉故拖延；〔註106〕捕獲疑犯孫來明，差役私匿不報；〔註107〕種種現象，在在顯示地方官員面對教案時因循苟且心態。

不僅所屬地方官不願全力配合，朝中言官也藉卜克斯案對袁世凱展開另一波劾奏。御史高熙喆於 1 月 5 日上摺，表示風聞袁世凱決定先剿後撫，倘百姓因此而互相煽動，禍亂將不可收拾，建議朝廷要求袁世凱向山東百姓出示曉諭，保證息事安民，再派幹員前往開導；〔註108〕御史許祐身於 1 月 6 日上摺，認為袁世凱係袁世敦胞弟，乃兄甫因鎮壓民教衝突而誤傷民命，袁世凱此時辦理卜克斯案，難免令山東士民揣揣不安，且袁世凱雖長於治軍，但性情太剛、殺戮太重，不宜辦理教案，應請李鴻章代辦為宜；〔註109〕給事中王培佑於 1 月 9 日上摺，表示山東傳聞袁世凱將大加誅剿，以至人心惶惶，劫擄卜克斯之人未必有殺害之意，卻因袁世凱派兵搜捕而被激怒，因此卜克斯被害一事袁世凱難辭其咎，袁世凱領兵入山東，地方不僅未能平靜，反而造成前所未有的教士被害事件，建議朝廷嚴旨申誡、或簡派大臣妥慎查辦；〔註110〕御

〔註103〕〈竇納樂爵士致索爾茲伯理侯爵電〉，1900 年 3 月 23 日，收入胡濱譯，《英國藍皮書有關義和團運動資料選譯》，頁 7。

〔註104〕〈催貼告示札〉，光緒二十五年十二月十七日，收入中國社會科學院近代史研究所、中國第一歷史檔案館合編，《籌筆偶存》，頁 101-102。

〔註105〕〈札〉，光緒二十五年十二月十七日，收入中國社會科學院近代史研究所、中國第一歷史檔案館合編，《籌筆偶存》，頁 102。

〔註106〕〈英領事函〉，光緒二十六年正月二十七日，收入中國社會科學院近代史研究所、中國第一歷史檔案館合編，《籌筆偶存》，頁 136。

〔註107〕甘伯樂聞知孫來明已被逮捕，但差役不肯交人，懷疑原因在於雙方同為在理教信徒，要求袁世凱處理，袁世凱立即令金猶大將孫來明押解至泰安府候審。參見同上註，頁 137。

〔註108〕〈御史高熙喆摺〉，光緒二十五年十二月初五日，收入故宮博物院明清檔案部編，《義和團檔案史料》上冊》，頁 48-50。

〔註109〕〈御史許祐身摺〉，光緒二十五年十二月初六日，收入故宮博物院明清檔案部編，《義和團檔案史料》上冊，頁 50-51。

〔註110〕〈給事中王培佑摺〉，光緒二十五年十二月初九日，收入故宮博物院明清檔案部編，《義和團檔案史料》上冊，頁 51-53。

史熙麟於 1 月 9 日上摺，認爲卜克斯被害實爲袁世凱有心激成，且袁世敦傷斃無辜百姓性命在前，袁世凱統領大軍入魯在後，只會造成匪徒更藉口生事，〔註111〕應將其解職北調。袁世凱越早離開，山東則越快平靜。〔註112〕

袁世凱就任山東巡撫未久，即已體認到山東民教不合原因在於官員不能秉公辦理，〔註113〕就任之初分別對平民、教民、官員發佈其施政綱領後，隨即通知總署，則朝中大臣對其依條約、律例行事、持平辦理教案的決心應已有所瞭解，唯部分朝臣仍堅信袁世凱必將以武力鎮壓方式解決民教衝突。就任十五日之內、袁世凱六度被劾，來自國內、外的壓力使袁世凱處理卜克斯案時格外愼重。

面對一連串的參奏與朝廷的不信任，袁世凱於 1900 年 1 月 13 日進呈〈復陳辦理東省民教情形摺〉，詳細說明自己面對民教衝突時的施政方針。山東民教衝突原因在於官員不能按照約章持平辦理，平時受教士挾制而不得不抑制良民，俟良民與教士、教民間產生衝突後則藉機報復，故意縱容良民打教、鬧教，一旦外國責以保教不力，則又驚慌失措，聽其爲所欲爲，嚴重者甚至有匪徒趁機聚眾滋事，引誘良民焚燬教堂、殺害教民情形。山東北有英國佔領威海衛、南有德國佔據膠澳、若因變亂難平引起外國藉口干涉，派兵深入內地，則勢必遭受極大衝擊。發生教案之後，重則割地、輕則賠款，非但無益於民，且有害於國，凡此種種，皆緣於官員遇事不能秉公處理。解決此種惡性循環之道可歸結爲治標的「綏靖地方」、以及治本的「調和民教」兩項。

綏靖地方方面，以「清除匪類、化導愚泯」爲中心，一面懸賞捉拿滋事份子、使「奸民聞而知懼」；一面派官員下鄉曉諭地方、使「良民不復從惡」。調和民教方面，以「頒示約章、整頓吏治」爲中心，一面宣導傳教、信教爲條約所允許，教民亦爲中國子民，民教雙方不許相互挑釁、激起衝突，並要求地方官員、各國洋教士均不得違反約章規定，以使「教知守法、民無蓄怨」；一面要求官員問案「但論曲直」、教士不得「干預詞訟」、嚴禁胥吏「藉案需索」。如此，民教之間當可逐漸相安無事。〔註114〕

〔註111〕〈禦史熙麟摺〉，光緒二十五年十二月初九日，收入故宮博物院明清檔案部編，《義和團檔案史料》上冊，頁 54-55。

〔註112〕〈又片〉，光緒二十五年十二月初九日，收入故宮博物院明清檔案部編，《義和團檔案史料》上冊，頁 55-56。

〔註113〕〈致徐世昌函〉，光緒二十五年十二月初六日，北洋軍閥史料編委會編，《北洋軍閥史料・袁世凱卷》1，頁 312-316。

〔註114〕〈復陳辦理東省民教情形摺〉，光緒二十五年十二月十三日，收入天津社會科學院歷史研究所編，廖一中、羅眞容整理，《袁世凱奏議》上冊，頁 41-45。

　　山東地方官員對於袁世凱將民教衝突越演越烈，歸因於官員無法持平辦理，並決定加強剿拳顯然並不完全認同，此種態度可以泰安府知府潘民表爲代表。潘民表於接奉袁世凱飭令後，雖依照袁世凱之意對轄區內人民出示曉諭，宣示自己的施政方針爲「民教事同一律，不准稍有偏私」，但對於民教衝突卻又歸咎於教民，除向平民承諾於民教衝突中「絕不令良民吃虧」外，更要求官員不得偏袒教民、教民不准恃教抗官。由其曉諭中「教民亦當從此安分守法，爾無害於人，人自無仇於汝。今日之禍，半由自取，當宜及早改圖，勿再恃教欺人」等語，可以想見潘民表認爲，教民不守本分才是山東民教衝突不斷主因。

　　當袁世凱將直隸總督裕祿所擬查緝拳匪章程三條頒行所屬州縣，令各州縣得因地制宜、詳細回報之後，潘民表特函稟告，認爲山東省內民教衝突表面上雖起因於「拳民之太過」，實際上卻根源於「教民之太橫」。素行不良者入教後假教會威勢胡作非爲，地方官明知教民爲惡卻不敢查辦，教士一遇民教衝突即出頭干預，差役需索無度使良民受害更深，若以強勢手段鎮壓，恐「柔懦者盡趨於洋教、強悍者愈增其不平」。正本清源之道有三，其一爲「嚴禁將來以遏亂萌」，具體辦法爲嚴令各莊不許設拳會，店家不許收容外地拳民，父兄需管束子弟不加入拳會、地方官時時下鄉訪查、多方曉諭使良民知加入拳會有害無益等。其二爲「不追以往、以安眾心」，已解散之拳民既往不咎，累犯者加重刑責，被迫加入拳會之良民則從輕發落，如此則「人心解散，後患自弭」；所損毀教堂若係尋常民家改建，僅以損壞教民房屋賠償即可；拳民所毀壞之教民房屋，「皆由教民平日兇橫所致」，既屬咎由自取，則不必全數賠償，擇其貧戶酌量撫卹即可，使教民「有此警戒，亦可稍知自斂」。其三爲「持平民教以絕禍源」，須嚴格要求地方官處理民教衝突時「祇論是非、不分民教」，使教民無所依恃；教士不得干預詞頌，教民不安分者勒令出教，不遵法令者從嚴懲辦，與基督教義相衝突者之活動允教民不參與，地方差役教民不得例外，差役訛索平民者則嚴加懲治。〔註115〕袁世凱對其所擬意見並不反對，僅對於拳民既往不咎一項，表示首要各犯仍須嚴拿歸案，「以申法紀而清禍源」。〔註116〕

〔註115〕〈泰安府稟〉，光緒二十六年正月初十日，收入中國社會科學院近代史研究所
　　　　近代史資料編輯室編，《山東義和團案卷》（山東：齊魯書社，1981 年 4 月第
　　　　1 版第 2 次印刷）下冊，頁 484-486。
〔註116〕〈泰安府稟〉，光緒二十六年正月初十日，收入中國社會科學院近代史研究所
　　　　近代史資料編輯室編，《山東義和團案卷》下冊，頁 484-486。

除潘民表之外，東昌府知府洪用舟對於剿拳亦非完全贊同，認為「致治之道，教化實勝於刑章；禦亂之方，武備必參以文事」，拳亂經袁世凱派兵鎮壓後雖已漸趨緩和，但鄉野無知愚民仍不免蠢動，官方歷次曉諭未必及於窮鄉僻壤，因此主張以柔性勸導方式，製作解散歌、於轄內四處傳唱，「總期家喻戶曉，免致再起亂萌」。〔註117〕

對此，袁世凱以懲處、劾奏不肯實心辦事、調和民教的官員，表明自己對於調和民教的堅持。如濟陽縣境匪徒滋事，袁世凱譴責知縣沈逢龍以「事前既未能防範，臨事又不往協捕，而探報不實至釀巨案」，奏請即行革職；〔註118〕黃縣汛把總梁春茂「包庇匪徒、不安本分」，請旨即行革職；〔註119〕曹州府知府邵承照、荷澤縣知縣陶振宗保護境內教堂不力，也未認真緝拿兇犯，對於袁世凱要求其分攤教堂被毀賠款命令也置若罔聞，奏請開缺暫行革職。〔註120〕唯勢已積重，官員畏教習氣一時難以改變，民教衝突仍無法完全遏止。

第三節　以確立章程挽回路礦權利

一、處理高密阻工案

依據中德雙方於 1898 年 3 月 6 日所簽訂之中德〈膠澳租界條約〉規定，德國取得建造膠濟鐵路、以及鐵路沿線 30 里內探勘、開採煤礦之權利。〔註121〕1899 年 6 月 1 日，德國首相授予山東鐵路公司、山東礦務公司造路、採礦特許狀，兩公司分別於同年 6 月 14 日、10 月 14 日相繼成立後，即開始募集資金、進行工程準備。時任山東巡撫張汝梅屢次要求德國應依條約規定商訂詳細章

〔註117〕〈東昌府稟〉，光緒二十六年二月初三日，收入中國社會科學院近代史研究所近代史資料編輯室編，《山東義和團案卷》上冊，頁 357-358。

〔註118〕〈請將濟陽縣知縣沈逢龍革職、候補知縣查榮綏議恤片〉，光緒二十六年九月十二日，收入天津社會科學院歷史研究所編，廖一中、羅真容整理，《袁世凱奏議》上冊，頁 242-243。

〔註119〕〈特參知府李芳柳等文武各員請旨分別懲處摺〉，光緒二十六年十一月初十日，收入天津社會科學院歷史研究所編，廖一中、羅真容整理，《袁世凱奏議》上冊，頁 232-233。

〔註120〕〈知府邵承照等請開缺暫行革職勒繳被毀教堂賠款摺〉，光緒二十七年四月初十日，收入天津社會科學院歷史研究所編，廖一中、羅真容整理，《袁世凱奏議》上冊，頁 282。

〔註121〕田濤主編，《清朝條約全集》，第貳卷，頁 1007-1009。

程，但德國置之不理。1899 年 6 月，探勘工作進行至高密一帶，即遭遇鄉民抵抗，德軍攻擊高密鄉民，造成民眾死傷，時任山東巡撫毓賢派遣萊州鎮總兵彭金山領兵赴高密，德國則認爲高密縣屬於條約中規定之膠澳周邊 100 華里區域內，要求彭金山撤軍，中德形成軍事對峙、隨後各自撤兵。鐵路公司與高密縣令季桂芬達成協定，今後由高密知縣負責徵收土地、保護鐵路與鐵路員工。〔註 122〕

1899 年 12 月下旬，季桂芬呈報袁世凱，表示車輞、坊嶺兩鄉居民以鐵道阻礙水流爲名，欲與鐵路公司爲難。〔註 123〕1900 年 1 月 1 日，武生李金榜率領二百餘人拆毀鐵路工寮數座，搶掠糧草、物資後散去，並未傷及鐵路工人。

事件發生後，鐵路公司要求季桂芬於五日內提出解釋，如官兵不肯鎮壓，則必要求德國政府派兵前來。〔註 124〕季桂芬與彭金山等人一面保護鐵路公司、一面驅散滋事人眾、向德人允諾增調濰縣駐軍赴高密防範，保證五日內解決百姓滋事問題，同時向袁世凱請示善後方針。〔註 125〕袁世凱同意調派濰縣駐軍增援，也要求季桂芬依照約章規定，先與德國總督葉世克（Otto Ferdinand Paul Jaeschke）商議，同時必須嚴密保護洋人，不可任令亂民搶劫。〔註 126〕隨後袁世凱奉軍機處電旨，認爲出兵鎮壓照約雖應諮詢葉世克，但「究係權操自我，務須嚴飭派往營官，相機極力保護，勿任借滋口實」，因而要求季桂芬等需極力保護洋人，不得再放任百姓滋事搶掠。〔註 127〕

〔註 122〕（德）余思凱著，孫立新譯、劉新利校，《在『模範殖民地』膠州灣的統治與抵抗，1897-1914 年中國與德國的相互作用》，頁 132-137。中德〈膠澳租界條約〉第二款規定「離膠澳海面潮平周遍一百里內，係中國里，准德國官兵無論何時過調，惟自主之權仍全歸中國。如有中國飭令設法等事，先應與德國商定。……該地中派駐兵營、籌辦兵法，仍歸中國，先與德國會商辦理」，德國據此認爲中國在百里環界內進行軍事行動時，有事先與德國會商義務。

〔註 123〕〈復〉，光緒二十五年十二月初三日，收入中國社會科學院近代史研究所、中國第一歷史檔案館合編，《籌筆偶存》，頁 65。

〔註 124〕〈彭游擊、季桂芬會秉〉，光緒二十五年十二月初九日，收入中國社會科學院近代史研究所、中國第一歷史檔案館合編，《籌筆偶存》，頁 77。

〔註 125〕〈彭金山等爲高密李金榜拆毀鐵路窩鋪事致袁世凱等電〉，光緒二十五年十二月初一日，收入中國第一歷史檔案館編輯部編，《義和團檔案史料續編》上冊，頁 497。

〔註 126〕〈袁世凱爲即調濰防隊赴高密彈壓事致季桂芬等電〉，光緒二十五年十二月初二日，收入中國第一歷史檔案館編輯部編，《義和團檔案史料續編》上冊，頁 497-498。

〔註 127〕〈袁世凱爲奉旨即著極力保護事致季桂芬等電〉，光緒二十五年十二月初四

此外，袁世凱向高密縣民出具告示、曉以利害：

> 凡與各國商訂條約事件，均是奉旨批准互換，斷非士民所敢阻止。爾等不遵條約，即是違背諭旨，予人口實、有損邦交，是以爾等一人之微、而失朝廷威信之重。……五月大呂莊互毆一案，德國派兵入境查辦，轟斃底洞莊、劉戈莊農民二十餘名，書院器物毀失無存、團局槍械搜刮殆盡，爾士民等反賠償銀三千四百五十餘兩，至今猶覺痛心。
>
> 爾等須知，多滋一回事、即多吃一次虧，稍明此理者，不待諄諄勸諭。

袁世凱一面告誡百姓條約不容侵犯，一面勸告鄉民，與外國衝突有害無益。此外，袁世凱於告示中表明，德國開辦膠濟鐵路係以條約為依據，所制訂之暫行章程八條也已經曉諭在案，如鄉民認為鐵路建設將妨礙生計，應據實稟告辦理，與鐵路公司商辦，不應自行演砲撞鐘、為難公司。曹州教案條約中既然明訂兩國應迅速訂立合同，袁世凱承諾事件結束後必派員與公司訂立詳細合同，希望鄉民從速自行解散，倘若仍抗拒不從，即照聚眾抗官律例嚴加懲辦。〔註128〕

季桂芬下鄉瞭解實情後，發現鐵路公司擅自變更路線，而高密一帶確曾發生水患，民眾乃歸咎於鐵路。目前鐵路已鋪設至張家大莊附近，但鐵路公司不肯與鄉民協商解決問題。鐵道以北水患較輕，各莊已先後具結不生事端，水患較重的鐵路以南地區雖尚未具結，但張家大莊已聲言絕不抗官。〔註129〕季桂芬等一面依照袁世凱指示照會葉世克，一面運用仕紳力量勸解滋事百姓，一面決定俟濰縣援軍抵達後，於1月8日進駐高密縣城。〔註130〕

季桂芬於1900年1月6日下鄉宣讀電旨，〔註131〕地方領袖趙姓貢生同意於日內領李金榜等人進城投案，季桂芬擬同意以不追究責任換取李金榜等

日，收入中國第一歷史檔案館編輯部編，《義和團檔案史料續編》上冊，頁498。

〔註128〕〈曉諭高密告示〉，光緒二十五年十二月初四日，收入中國社會科學院近代史研究所、中國第一歷史檔案館合編，《籌筆偶存》，頁67-68。

〔註129〕〈高密縣稟〉，光緒二十五年十二月初五日，收入中國社會科學院近代史研究所、中國第一歷史檔案館合編，《籌筆偶存》，頁70-71。

〔註130〕〈彭金山等為已遵旨辦理高密鐵路案事致袁世凱等電〉，光緒二十五年十二月初五日，收入中國第一歷史檔案館編輯部編，《義和團檔案史料續編》上冊，頁498。

〔註131〕〈季桂芬為已下鄉宣讀諭旨具結免究事致袁世凱等電〉，光緒二十五年十二月初六日，收入中國第一歷史檔案館編輯部編，《義和團檔案史料續編》上冊，頁499。

具結不再滋事，之後再研究善後問題，〔註132〕同時向袁世凱請示，是否能致電德國，要求寬限三星期以便處理，請德國勿派兵前來。袁世凱認為地方既已安靜，則並無必要致電鐵路公司。〔註133〕

德國山東鐵路公司總辦錫樂巴（Heinrich Hildebrandt）對於袁世凱同意調派軍隊赴高密維持治安一事甚為滿意，決定派遣代表赴高密商辦，袁世凱即以候補知府石祖芬對於交涉素有經驗，經辦去年高密大呂莊民眾滋事一案時處置迅速得宜，札飭石祖芬會同膠州直隸州知府曹榕、以及季桂芬等辦理善後事宜。〔註134〕

1月11日，事態突然產生變化，高密鄉紳與德國代表先後造訪季桂芬。鄉紳要求季桂芬先提出善後方案後始願具結，季桂芬認為善後不出鐵路改道、豁免濠里各莊錢糧兩途，但兩項均無法接受；德國代表要求季桂芬派兵駐守張家大莊，否則即自行調軍隊前往。季桂芬決定於次日下鄉勸說鄉民就範，請袁世凱指示一旦鄉民拒不從命後的處理方針。〔註135〕

德國代表面見季桂芬後，隨即命令鐵路工人開工，彭金山率隊赴梁家埠工地保護工人，張家大莊等則聚眾三千餘人前往抗爭，不許工人修路、並開砲示威，彭金山未獲指令前不敢遽行鎮壓，乃保護洋人撤回，〔註136〕公司所屬木架又被孫文、李金榜、孫成書等率眾拆毀，公司方面責怪地方官保護不力，欲自行調兵保護。季桂芬見情勢危急，當日深夜再度電請袁世凱指示機宜〔註137〕。袁世凱令季桂芬等一面婉勸德商暫緩開工，一面要求群眾解散，

〔註132〕〈季桂芬為民眾已解散等事致袁世凱等電〉，光緒二十五年十二月初七日，收入中國第一歷史檔案館編輯部編，《義和團檔案史料續編》上冊，頁499-500。

〔註133〕〈批〉，光緒二十五年十二月初九日，收入中國社會科學院近代史研究所、中國第一歷史檔案館合編，《籌筆偶存》，頁77-78。

〔註134〕〈為札委查辦事〉，光緒二十五年十二月十三日，收入中國社會科學院近代史研究所、中國第一歷史檔案館合編，《籌筆偶存》，頁88-89。

〔註135〕〈彭金山等為民眾欲鐵路改道或豁免錢糧事致袁世凱等電〉，光緒二十五年十二月十一日，收入中國第一歷史檔案館編輯部編，《義和團檔案史料續編》上冊，頁500。

〔註136〕〈彭金山為高密張家大莊民民眾開礦阻路事致袁世凱等電〉，光緒二十五年十二月十一日，收入中國第一歷史檔案館編輯部編，《義和團檔案史料續編》上冊，頁500-501。

〔註137〕〈季桂芬為李金榜孫文等聚眾阻路事致袁世凱等電〉，光緒二十五年十二月十一日，收入中國第一歷史檔案館編輯部編，《義和團檔案史料續編》上冊，頁501。

一面阻止德國出兵，一面請曹榕速往處理。〔註138〕同時令季桂芬出具曉諭，令鄉民不得妄生事端，承諾將來若因鐵路建設導致水災，屆時必奏請朝廷豁免錢糧。〔註139〕爲免事態擴大至不可收拾，袁世凱仍令武衛右軍先鋒隊左翼翼長夏辛酉分撥兵力至高密、濰縣駐守。〔註140〕

　　爲求從速解決紛爭，德國政府決定介入。駐華德使克林德（baron Clemens Ketteler）正式照會總署，要求中國立即解決高密居民聚眾阻礙造路一事，否則即不能不派德兵前往維持秩序。總署以袁世凱責無旁貸、令其從速籌辦，「如有不聽開導、故意違抗，即將爲首滋事之人嚴拏懲辦，免致釀成事端、轉難收拾」，袁世凱乃責成曹榕、季桂芬等遵照辦理。〔註141〕曹榕本此意旨，於次日立即下鄉宣導，發覺群眾聚集目的似已不在阻止鐵路開工，演變成「藉端聚眾、挾免錢糧」之勢，且情勢仍在惡化中，不論嚴懲、勸離均甚棘手，〔註142〕袁世凱乃令曹榕再度出示曉諭，保證將來如發生水災必當蠲免錢糧，復令彭金山將部隊移駐公司附近，「如終不聽諭、敢來攻焚，惟有相機抵禦、認眞保護」，〔註143〕意即要求彭金山先採守勢，不主動出兵鎮壓群眾。

　　曹榕於接獲指令後立即下鄉宣導，但群眾並不肯解散、反而要求前往省城陳情。〔註144〕期間袁世凱曾數度以電報向軍機處請示機宜，但軍機處顯然

〔註138〕〈袁世凱爲勸德暫緩開工設法解散民眾事覆彭金山等電〉，光緒二十五年十二月十二日，收入中國第一歷史檔案館編輯部編，《義和團檔案史料續編》上冊，頁501-502。

〔註139〕〈袁世凱爲飭即出示曉諭事致季桂芬電〉，光緒二十五年十二月十二日，收入中國第一歷史檔案館編輯部編，《義和團檔案史料續編》上冊，頁502。

〔註140〕〈袁世凱爲已飭夏辛酉軍前赴高密等地致季桂芬電〉，光緒二十五年十二月十四日，收入中國第一歷史檔案館編輯部編，《義和團檔案史料續編》上冊，頁502。

〔註141〕〈袁世凱爲總署飭即嚴拏路案首要事致曹榕等電〉，光緒二十五年十二月十五日，收入中國第一歷史檔案館編輯部編，《義和團檔案史料續編》上冊，頁503。

〔註142〕〈曹榕等爲高密已成聚眾挾免錢糧之勢事致袁世凱電〉，光緒二十五年十二月十六日，收入中國第一歷史檔案館編輯部編，《義和團檔案史料續編》上冊，頁503。

〔註143〕〈袁世凱爲著即出示並飭彭金山認眞保護事覆曹榕電〉，光緒二十五年十二月十六日，收入中國第一歷史檔案館編輯部編，《義和團檔案史料續編》上冊，頁504。

〔註144〕〈曹榕等爲高密縣民希冀進省具呈事致袁世凱電〉，光緒二十五年十二月二十日，收入中國第一歷史檔案館編輯部編，《義和團檔案史料續編》上冊，頁518。

對其目前採取的嚴密控管、靜觀其變策略甚為不滿。1 月 20 日，軍機處廷寄一道措辭嚴厲的上諭，令其不得再採取觀望策略：

> 奉旨：袁世凱電均悉。高密百姓抗阻德人修路，固應嚴挐懲辦。惟聚眾已至兩旬，該撫身膺疆寄，不能設法勸諭解散、分別首從懲治，乃意存推諉、請速示機宜？殊不知此等事機、頃時變幻，朝廷何能遙制？設遷延日久、德人竟以兵至，多傷民命、咎將歸誰？著該撫迅速相度情形、妥籌辦理。無挾非用兵不可之見、至失國家固結民心本意，是為至要。欽此。〔註 145〕

總署著眼於德人出兵後必多傷民命，希望袁世凱迅速解決此一棘手問題，但又要求袁世凱不可打定非用兵不可的決心，表面上授以處理全權，實際上卻是推卸責任。來自國內外的雙重壓力使袁世凱不得不做出抉擇，因而一改先前兩面安撫的處理方針，決心對高密阻工群眾採取強硬態度，除要求曹榕等對李金榜、孫成書、孫文等人應如何緝拿歸案提供意見外，〔註 146〕另擬就一份措辭強硬的告示，譴責滋事群眾為暴民，決定不再姑息，但為使民怨減至最低，因而將責任全歸於李金榜等三人，要求曹榕等人應立即貼出告示，限李金榜等三人進城具結，要求群眾三日內立即解散，則可加恩免罪，否則即嚴加懲辦。〔註 147〕

李金榜等三人見袁世凱態度轉趨強硬，雖不敢進城具結，亦不願解散群眾，反而再開出「鐵路向北邊移五里即可了事」條件。〔註 148〕袁世凱眼見情況難以善了，決心採取嚴厲手段，預計於期限屆滿後革去李金榜功名，要求曹榕等人一面將三名首犯分別懸賞、生死不論，一面選派精兵設法捉拿、或逕行暗殺。待除去李金榜等人後，則立即出具安民告示，以免民眾疑懼不安。〔註 149〕

〔註 145〕〈御史鄭炳麟摺〉，光緒二十六年四月初三日，收入故宮博物院明清檔案部編，《義和團檔案史料》上冊，頁 84-85。

〔註 146〕〈袁世凱為奉旨緝辦路案首要事致曹榕等電〉，光緒二十五年十二月二十一日，收入中國第一歷史檔案館編輯部編，《義和團檔案史料續編》上冊，頁 519。

〔註 147〕〈袁世凱為給送示稿事致曹榕等電〉，光緒二十五年十二月二十一日，收入中國第一歷史檔案館編輯部編，《義和團檔案史料續編》上冊，頁 519-520。

〔註 148〕〈季桂芬等為張家大莊又有聚眾等事致袁世凱電〉，光緒二十五年十二月二十一日，收入中國第一歷史檔案館編輯部編，《義和團檔案史料續編》上冊，頁 520。

〔註 149〕〈袁世凱為限滿即將李金榜等革衿拿辦事致曹榕等電〉，光緒二十五年十二月二十三日，收入中國第一歷史檔案館編輯部編，《義和團檔案史料續編》上冊，頁 521-522。

　　即使袁世凱決定採取強硬態度，逼迫李金榜等三人出面投案，德國方面顯然仍不滿意。錫樂巴再度向袁世凱施壓，表示因高密阻工一事遲遲無法解決，公司仍有請德國政府自行派兵前來保護之意。〔註150〕曹榕邀請高密縣訓導單蔭堂以身家為李金榜等三人作保，允諾鐵路改道，令其先具結不再滋事。李金榜、孫文往見曹榕後，堅持須先與群眾商議後始能決定，因逾限未回覆，曹榕等乃於1月29日設計擒獲李金榜。〔註151〕袁世凱對此頗為欣慰，除獎賞有功人員外，另令曹榕告知李金榜，保證監禁期間無性命之憂，但若餘黨仍繼續鬧事，即不得不先誅李金榜以為警戒。〔註152〕

　　李金榜被擒後，餘黨仍堅守張家大莊不出，季桂芬令李金榜致函其叔父，請孫文、孫成書赴高密縣城具結歸案，如此可以代求免死。兩孫請耆老代轉，表示須有地方仕紳承諾入城後不被扣押、始敢投案。〔註153〕袁世凱承諾如兩孫逃避，或群眾具結解散、永不滋事，即不予追究，如仍聚眾抗拒、伺機生事，則必當嚴拿懲辦，〔註154〕但兩孫則仍置之不理。群眾對於德人的仇視心理亦有增無減，公司派員由青島前赴南柳、途經高密時，即使曹榕派兵保護，仍與孫文所率群眾發生流血衝突，導致鄉民二死一傷，因張家大莊群眾並無解散之意，曹榕等決定設法直接逮捕兩孫歸案。〔註155〕單蔭堂兩度前往勸說，群眾堅持鐵路改道前絕不解散，甚至願集資助工、只求鐵路改道。〔註156〕

　　袁世凱對鄉民的冥頑不靈也頗無奈，甚至表示如德國願改道，個人亦願

〔註150〕〈袁世凱為張家莊莊眾如具結解散即可免究事覆曹榕等電〉，光緒二十六年正月初二日，收入中國第一歷史檔案館編輯部，《義和團檔案史料續編》上冊，頁526-527。

〔註151〕〈曹榕等為誘獲李金榜並洋員傷人事致袁世凱電〉，光緒二十五年十二月二十九日，收入中國第一歷史檔案館編輯部編，《義和團檔案史料續編》上冊，頁521-522。

〔註152〕〈袁世凱為嘉獎彭金山等並飭解散餘眾事致曹榕等電〉，光緒二十五年十二月三十日，收入中國第一歷史檔案館編輯部編，《義和團檔案史料續編》上冊，頁522。

〔註153〕〈季桂芬為已令李金榜函告莊眾具結事致袁世凱電〉，光緒二十五年十二月三十日，收入中國第一歷史檔案館編輯部編，《義和團檔案史料續編》上冊，頁523。

〔註154〕同註150。

〔註155〕〈曹榕等為民眾圍攻南柳德公司事致袁世凱等電〉，光緒二十六年正月初四日，收入中國第一歷史檔案館編輯部編，《義和團檔案史料續編》上冊，頁529。

〔註156〕〈單蔭堂為高密鄉民堅求改路事致袁世凱等電〉，光緒二十六年正月初八日，收入中國第一歷史檔案館編輯部編，《義和團檔案史料續編》上冊，頁533。

捐資助工息事。〔註157〕為求從速結案，令山東登萊青道李希杰會同武衛右軍
先鋒隊左翼翼長孫金彪前往高密，與曹榕等人會合辦理路案。〔註158〕並派遣
前泰安府知府姚釗，與錫樂巴商討鐵路改道可能。錫樂巴拒絕更改路線，並
表示將於 2 月 7 日動工，但同意暫時不請德國出兵，由袁世凱自行調派軍隊
監視滋事群眾。〔註159〕

　　袁世凱接獲姚釗回報後，對於解決高密阻工問題擬定基本方針。依照曹
州教案條約內容，應設立德華公司管理山東省造路、開礦事宜，並訂定詳細
章程以資辦理，但屢次致電德國總督葉世克、要求派員赴濟南訂立章程，葉
世克均未回覆。為求徹底解決現在及將來可能發生的阻工問題，袁世凱將策
略分為治標、治本兩途。治本方面，決定要求德國暫停鐵路工程，待章程訂
定後再會同辦理，並隨工程進度逐步派兵彈壓。治標方面，分別致電葉世克
與錫樂巴，要求改用原勘定路線修築鐵路，並請葉世克派員會同李希杰、孫
金彪商議，待德員抵達高密後，即本此意旨要求暫停工程以待訂章，改回原
路以平爭議。〔註160〕

　　季桂芬認為，就德國現築路線觀之，要求德國改道有兩個難題待解決，其
一為德國原勘路線有南北兩道，南道與現道相距過遠，恐無法接軌；其二為北
道雖相距不遠、改道較無問題，但恐引起途經居民不服。較妥善的方法為先令
單蔭堂要求紳民自行指定路線後與德人商議、再由官、紳、民統籌補貼改道費
用。〔註161〕袁世凱同意接受，〔註162〕但李希杰擔憂一旦德國同意改回原勘道

〔註157〕〈袁世凱為擬捐銀以助工爭事覆單蔭堂電〉，光緒二十六年正月初九
　　　　日，收入中國第一歷史檔案館編輯部編，《義和團檔案史料續編》上冊，
　　　　頁 533。
〔註158〕〈袁世凱為飭赴高密籌結路案事致李希杰等電〉，光緒二十六年正月初五日，
　　　　收入中國第一歷史檔案館編輯部編，《義和團檔案史料續編》上冊，頁 530。
〔註159〕〈姚釗為陳述與德員會談情形並請貝填絮事致袁世凱電〉，光緒二十六年正月
　　　　初七日，收入中國第一歷史檔案館編輯部編，《義和團檔案史料續編》上冊，
　　　　頁 530-531。
〔註160〕〈袁世凱為指示商談路案機宜事致李希杰等電〉，光緒二十六年正月初八日，
　　　　收入中國第一歷史檔案館編輯部編，《義和團檔案史料續編》上冊，頁 532-533。
〔註161〕〈季桂芬為請由紳民自指路基與德妥商事致袁世凱電〉，光緒二十六年正月初
　　　　九日，收入中國第一歷史檔案館編輯部編，《義和團檔案史料續編》上冊，頁
　　　　534-535。
〔註162〕〈袁世凱為姑允紳民指道商辦並應慎重事覆季桂芬電〉，光緒二十六年正月十
　　　　一日，收入中國第一歷史檔案館編輯部編，《義和團檔案史料續編》上冊，頁
　　　　536。

路，該處百姓必定不服；若德國不同意改道，只能仰賴袁世凱與德國重定詳細章程後再開工。為免除後患，李希杰懇請派遣幹練專員會同地方官妥為辦理。〔註163〕袁世凱表示已奏調蔭昌前來商訂章程，要求李希杰等表面上與德國磋商，以為緩兵之計，實際上則認真設法解散民眾，以免德國介入。〔註164〕

李希杰等人抵達高密、與季桂芬等會商後，決定仍令單蔭堂前往附近各村莊曉諭百姓，另令彭金山駐守張家大莊附近重要據點，再由濰縣調派軍隊進駐高密，待單蔭堂曉諭各莊就緒後即展開逮捕行動。〔註165〕單蔭堂於2月9日再度往濠里各村勸導，孫成書見情勢不利，已萌生退意，乃於次日赴張家大莊等處勸眾人解散，同意由德國目前指定路線築路。〔註166〕

高密阻工事件在李金榜被擒、孫成書萌生退意後，本已出現轉圜契機，但2月11日下午，突有數百人前往魯家廟，欲拆毀公司分局，與駐守官兵發生衝突後，多名百姓受傷逃逸。此次衝突雖無法證實是否為濠里群眾主導，但仍引起德國相當不滿，孫金彪一面由濰縣調派部隊至高密，一面令單蔭堂再下鄉宣導，一面向袁世凱請示處理方針。〔註167〕袁世凱雖奉有嚴拿懲辦上諭，但並不願對民眾採取強硬手段，此由袁世凱不顧旨意，屢次要求曹榕、季桂芬、單蔭堂等，以勸導、具結方式解決此案可見一斑。袁世凱雖有心迴護，但部分民眾之冥頑不靈亦令其漸失耐心，決定如頑民仍執迷不悟，即「分別首從、嚴挐懲辦」，如群眾再有搶略行為，軍隊即行鎮壓，「斷不可聽其搶略、貽人口實」。〔註168〕

〔註163〕〈李希傑等為改道不易惟有重訂詳細章程事致袁世凱電〉，光緒二十六年正月十一日，收入中國第一歷史檔案館編輯部編，《義和團檔案史料續編》上冊，頁537。

〔註164〕〈袁世凱為飭即認真解散民眾事致孫金彪等電〉，光緒二十六年正月十二日，收入中國第一歷史檔案館編輯部編，《義和團檔案史料續編》上冊，頁538。

〔註165〕〈李希傑等為擬飭營進紮張家大莊附近等事致袁世凱電〉，光緒二十六年正月初九日，收入中國第一歷史檔案館編輯部編，《義和團檔案史料續編》上冊，頁534。

〔註166〕〈孫金彪等為阻路首要孫成書已勸眾解散事致袁世凱電〉，光緒二十六年正月十一日，收入中國第一歷史檔案館編輯部編，《義和團檔案史料續編》上冊，頁536。

〔註167〕〈孫金彪等為民眾拆毀魯家廟德公司分局事致袁世凱電〉，光緒二十六年正月十二日，收入中國第一歷史檔案館編輯部編，《義和團檔案史料續編》上冊，頁538-539。

〔註168〕〈袁世凱為高密民眾如再攻掠即相機鎮壓事致李希傑等電〉，光緒二十六年正月十三日，收入中國第一歷史檔案館編輯部編，《義和團檔案史料續編》上冊，頁539。

　　魯家廟事件發生後次日，葉世克致電袁世凱，譴責中國官兵放任高密民眾拆毀鐵路設備，表示目前已派遣軍隊赴膠州駐紮，如阻工問題遲遲無法解決，德國將逕行出兵。〔註169〕袁世凱接電後立即轉告總署，說明群眾圍攻魯家廟，高密居民不肯聽勸，鐵路公司不肯改道等情形，請總署代為照會克林德，要求葉世克不可逕行出兵，需從長計議、以免使衝突加劇。〔註170〕

　　為此，袁世凱一日之內，三度致電李希杰、孫金彪，說明德國既已出兵，此時唯有派員赴膠州婉勸德國暫停。〔註171〕迅速鎮壓並逮捕滋事群眾，〔註172〕以及約束中國兵丁不與德國生事等，〔註173〕同時將曹榕、季桂芬、彭金山等分別懲處，〔註174〕以為轉圜餘地。

　　總署依袁世凱要求照會克林德後，克林德認為德國人員目前悉數至膠州城內避難，中國官兵既無力控制群眾，自應調遣德軍保護德人。〔註175〕但德國方面顯然亦不樂見問題持續惡化，葉世克於正月15日派遣慕興立（Heinrich Mootz）等人赴高密，雙方協商後相互讓步，孫金彪保證一旦高密群眾再犯、必定出兵抵禦後，慕興立等同意暫緩軍事行動，〔註176〕公司方面同時承諾將鐵路路線改為原勘北道路線向南或北移數里內之處，希望李希杰等於三日內與高密民眾商訂後再議。〔註177〕當晚德兵三百餘人陸續抵達膠州，曹榕告以高密民眾經　14

〔註169〕〈袁世凱為德兵至膠飭即嚴為彈壓民眾事致李希傑等電〉，光緒二十六年正月十四日，收入中國第一歷史檔案館編輯部編，《義和團檔案史料續編》上冊，頁541。

〔註170〕〈袁世凱為請照會德使勿遽派兵隊事致總署電〉，光緒二十六年正月十四日，收入中國第一歷史檔案館編輯部編，《義和團檔案史料續編》上冊，頁540-541。

〔註171〕〈袁世凱為飭即派員赴膠挽阻德兵事致李希傑等電〉，光緒二十六年正月十四日，收入中國第一歷史檔案館編輯部編，《義和團檔案史料續編》上冊，頁541。

〔註172〕同註165。

〔註173〕〈袁世凱為德兵抵膠望約束各營事致李希傑等電〉，光緒二十六年正月十四日，收入中國第一歷史檔案館編輯部編，《義和團檔案史料續編》上冊，頁542。

〔註174〕〈袁世凱為處分高密路案辦理不力各員事致曹榕等電〉，光緒二十六年正月十四日，收入中國第一歷史檔案館編輯部編，《義和團檔案史料續編》上冊，頁542。

〔註175〕〈袁世凱為總署飭查羅家廟公司被劫情形事致李希傑等電〉，光緒二十六年正月十四日，收入中國第一歷史檔案館編輯部編，《義和團檔案史料續編》上冊，頁542-543。

〔註176〕〈孫金彪等為高密縣民欲毀路請添營防範事致袁世凱電〉，光緒二十六年正月十五日，收入中國第一歷史檔案館編輯部編，《義和團檔案史料續編》上冊，頁542。

〔註177〕〈李希傑等為陳述德員來高查勘到情形事致袁世凱電〉，光緒二十六年正月十五日，收入中國第一歷史檔案館編輯部編，《義和團檔案史料續編》上冊，頁545。

日逮捕後，應已知所畏懼，要求德軍暫不前往高密，獲得同意。〔註178〕

　　袁世凱努力居中協調、試圖阻止德國出兵之時，高密居民卻無視危險，傳出欲乘夜拆毀鐵路消息。〔註179〕孫金彪漏夜前往查探，當場與聚集群眾發生衝突，逮捕五、六十名滋事者。〔註180〕袁世凱下令對首要份子嚴刑審訊、按律治罪，次要者枷號示眾，脅從者取保具結後釋放，並追繳公司失物，〔註181〕同時同意鐵路公司復工。〔註182〕為免高密一帶軍力單薄，袁世凱又調派吳長純、段芝貴率部增援。〔註183〕

　　袁世凱對於為何採取強硬剿辦措施提出解釋：

> 我不緝辦，德兵必來縱兵焚殺、多害無辜，婦孺良民均被殃及，能無痛心？而緝辦又多係愚民，無知抵法、久抱不忍。然權其輕重緩急，實逼處此，不得不抵禦拏辦，以保良民。〔註184〕

對袁世凱而言，安撫群眾目的在於不欲令事態擴大，此時決定採取強硬手段，目的亦出於不願落人口實，以阻止德國出兵。亦即，袁世凱處理高密阻工事件的最高原則，在於盡量避免給德國出兵藉口。

　　袁世凱一改先前安撫高密群眾態度，對滋事者施以嚴懲，甚至進一步調派軍隊前來，對高密群眾起了相當大的震撼作用。單蔭堂於 2 月 16 日再度下鄉宣導時，已有部分民眾態度軟化，不再堅持要求鐵路改道，同意由原勘路

〔註178〕〈曹榕為陳述抵膠禁阻德兵事致袁世凱電〉，光緒二十六年正月十五日，收入中國第一歷史檔案館編輯部編，《義和團檔案史料續編》上冊，頁545-546。

〔註179〕〈孫金彪等為高密縣民欲毀路請添營防範事致袁世凱電〉，光緒二十六年正月十五日，收入中國第一歷史檔案館編輯部編，《義和團檔案史料續編》上冊，頁 543。

〔註180〕〈孫金彪為飭部拏獲西鄉一帶毀路民眾事致袁世凱電〉，光緒二十六年正月十五日，收入中國第一歷史檔案館編輯部編，《義和團檔案史料續編》上冊，頁543-544。

〔註181〕〈袁世凱為指示分別懲辦被拏鄉民是覆李希傑等電〉，光緒二十六年正月十五日，收入中國第一歷史檔案館編輯部編，《義和團檔案史料續編》上冊，頁544。

〔註182〕〈袁世凱為膠境安靜可允動工事覆曹榕電〉，光緒二十六年正月十六日，收入中國第一歷史檔案館編輯部編，《義和團檔案史料續編》上冊，頁 546。

〔註183〕〈袁世凱為所撥各隊到後可以調用事致李希傑等電〉，光緒二十六年正月十八日，收入中國第一歷史檔案館編輯部編，《義和團檔案史料續編》上冊，頁 547。

〔註184〕〈袁世凱為已飭夏辛酉撥營前往拏辦毀路民眾事致李希傑等電〉，光緒二十六年正月十六日，收入中國第一歷史檔案館編輯部編，《義和團檔案史料續編》上冊，頁 546-547。

線向北稍微修改即可，〔註185〕且已有 25 莊莊長當面具結永不滋事。〔註186〕
但張家大莊居民則始終不服，趁曹榕陪同慕興立前往范家鄉勘驗路線，途經
張家大莊時施放大砲，雖無人受傷，但慕興立對此極為不滿，經孫金彪再三
承諾嚴拏首犯後，慕興立同意暫不函請膠州駐軍前來。〔註187〕孫金彪於次日
將開砲之嫌犯趙隠榮、劉優義逮捕，並搜出槍砲等證物。〔註188〕

　　正在起出證物時，張家大莊以北之雷家莊附近又聚集群眾數百人、並施放
大砲，彭金山前往迎擊，民眾即四散逃去。季桂芬於次日親自下鄉勒交人犯，
保證絕不株連他莊後，雷家莊於 23 日具結永不再犯。〔註189〕張家大莊六姓族
長亦於 26 日同意具結。〔註190〕至 2 月底時，高密各莊已經大致安靜，惟主犯
之一孫文尚在逃。〔註191〕至 3 月 2 日，下濠里 70 餘莊均先後具結永不再犯。
〔註192〕袁世凱認為地方已大致安靖，核准錫樂巴於 3 月 9 日午時開工，同時要
求德軍於是日退回膠州。〔註193〕此外，針對肇事各犯，袁世凱決定孫成書不予

〔註185〕〈孫金彪等為濠裏各莊已具結解散等事致袁世凱電〉，光緒二十六年正月十八
　　　　日，收入中國第一歷史檔案館編輯部編，《義和團檔案史料續編》上冊，頁
　　　　547-548。

〔註186〕〈單蔭堂為濠裏各莊已具結事致袁世凱等電〉，光緒二十六年正月十八日，
　　　　收入中國第一歷史檔案館編輯部編，《義和團檔案史料續編》上冊，頁 548。

〔註187〕〈孫金彪等為張家大莊礮擊德人已飭查拏事致袁世凱電〉，光緒二十六年正月
　　　　二十一日，收入中國第一歷史檔案館編輯部編，《義和團檔案史料續編》上冊，
　　　　頁 553。

〔註188〕〈袁世凱為飭即查拏孫文及張莊放礮之人事致李希傑等電〉，光緒二十六年正
　　　　月二十二日，收入中國第一歷史檔案館編輯部編，《義和團檔案史料續編》上
　　　　冊，頁 554。

〔註189〕〈李希傑等為據實陳明張莊等莊眾滋鬧情形事致袁世凱等電〉，光緒二十六年
　　　　正月二十六日，收入中國第一歷史檔案館編輯部編，《義和團檔案史料續編》
　　　　上冊，頁 562-563。

〔註190〕〈季桂芬為陳述辦理張莊具結情形事致袁世凱電〉，光緒二十六年正月二十七
　　　　日，收入中國第一歷史檔案館編輯部編，《義和團檔案史料續編》上冊，頁
　　　　565-566。

〔註191〕〈孫金彪為高密各莊安靜並已嚴拏孫文事致袁世凱電〉，光緒二十六年正月二
　　　　十九日，收入中國第一歷史檔案館編輯部編，《義和團檔案史料續編》上冊，
　　　　頁 566。

〔註192〕〈孫金彪等為濠裏各莊具結並議定路址事致袁世凱電〉，光緒二十六年二月初三
　　　　日，收入中國第一歷史檔案館編輯部編，《義和團檔案史料續編》上冊，頁 567。

〔註193〕〈袁世凱為准定期開工暨轉達駐膠德兵撤退事致曹榕等電〉，光緒二十六年二
　　　　月初七日，收入中國第一歷史檔案館編輯部編，《義和團檔案史料續編》上冊，
　　　　頁 568。

追究，李金榜與開砲之趙隰榮、劉優義兩人依舊監禁，孫文不予寬貸，1 月 14 日擒獲之張莊五名、姚莊二名滋事份子酌量責罰後予以保釋。〔註194〕

二、簽署中德往來三項章程

高密阻工事件發生後不久，克林德即向總署表示事件發生原因在於地方官侵蝕地價，導致百姓不服滋事；〔註195〕季桂芬則表示，德人拖欠鐵路沿線墳塋遷葬費用在前，又任意改變路線、傷及水利在後，請袁世凱轉知總署，要求德國派員徹查；〔註196〕錫樂巴則堅稱路案起因為季桂芬煽惑百姓、不肯領取地價補償所致。因雙方各執一詞，袁世凱乃令曹榕查明後回報。〔註197〕曹榕查明後表示此案確係德人違約引起，理由有三：季桂芬於公司丈量土地、遷移墳墓時不願偏袒公司，因而與錫樂巴交惡；高密縣境 40 餘鄉里中，僅西北張家大莊有聚眾抗爭情形，季桂芬顯然並未煽惑百姓生事；公司承諾之地價、遷葬費用於案發前即未發放，有電報為憑。〔註198〕季桂芬另電詳述公司方面違約剋扣地價與遷葬費用，以及修築路線不肯會同勘查、以致屢屢改道等情形。〔註199〕

當高密阻工事件越演越烈，德國甚至擬自行出兵鎮壓時，錫樂巴自青島前赴濟南面見袁世凱，望能居中協調，因與袁世凱素未謀面，託張之洞居間介紹，張之洞建議袁世凱稍事籠絡之意，如此較易使其就範，〔註200〕袁世凱以錫樂巴尚未抵達，俟見面後自當示以籠絡，但也認為因高密民風未開，德

〔註194〕 〈袁世凱為分別懲辦李金榜等人事致曹榕等電〉，光緒二十六年二月二十日，收入中國第一歷史檔案館編輯部編，《義和團檔案史料續編》上冊，頁 570。

〔註195〕 〈袁世凱為總署飭查高密路案緣由事曹榕電〉，光緒二十五年十二月二十九日，收入中國第一歷史檔案館編輯部編，《義和團檔案史料續編》上冊，頁 521。

〔註196〕 〈季桂芬為路案起因實係德人違約改到所致事致袁世凱電〉，光緒二十五年十二月三十日，收入中國第一歷史檔案館編輯部編，《義和團檔案史料續編》上冊，頁 522-523。

〔註197〕 〈袁世凱為飭查高密路案起釁源由事致曹榕等電〉，光緒二十六年正月初二日，收入中國第一歷史檔案館編輯部編，《義和團檔案史料續編》上冊，頁 526。

〔註198〕 〈曹榕等為高密路案確係德人違約所致事覆袁世凱等電〉，光緒二十六年正月初三日，收入中國第一歷史檔案館編輯部編，《義和團檔案史料續編》上冊，頁 527-528。

〔註199〕 〈季桂芬為德人修路違約查有確據事覆袁世凱電〉，光緒二十六年正月初三日，收入中國第一歷史檔案館編輯部編，《義和團檔案史料續編》上冊，頁 528-529。

〔註200〕 〈致濟南袁撫台〉，光緒二十六年正月二十六日，收入苑書義、孫華峰、李秉新主編，《張之洞全集》第十冊，卷 232，〈電牘 63〉，頁 7906。

國又意存威脅，認為「必須訂立詳妥章程，始免梗阻」〔註201〕似此，袁世凱將高密阻工事件的根本原因，歸咎於未明訂詳細章程則殆無疑義。

為求徹底杜絕未來仍可能發生的衝突，袁世凱於高密事件尚未完全辦結時，即奏請調派記名副都統廕昌赴山東會辦路礦章程事宜，〔註202〕也向山東鐵路公司發出通告：若不願商訂章程，即禁止鐵路繼續鋪設。1月27日，錫樂巴與總督特派觀察員布德樂（Baron Treusch von Buttlar, Buttlar-Brandenfels）同時抵達濟南，會議即行展開。由袁世凱、廕昌代表與議，〔註203〕因袁世凱不諳德文，議約實際上由廕昌主持，條文則由袁世凱進行駁改。〔註204〕

談判進行之初，袁世凱態度即相當堅決，表明山東省對於鐵路的保護問題，必須以遵守中德間相關條約規定為前提下才能順利進行。〔註205〕會中袁世凱向錫樂巴等提示預擬之交涉章程、鐵路章程、礦務章程，分別就山東省境內中德人民往來與司法管轄、鐵路鋪設、礦藏開採等問題提出相對應之規範。雙方交涉再三，始議定交涉章程7款、煤礦章程20款、鐵路章程28款。其中除鐵路章程經錫樂巴簽認後立即實施外，交涉、路礦章程需另由葉世克、山東礦務公司總辦米海里司米德簽押後方能實施。〔註206〕

袁世凱所提三項章程之基本精神在於：

> 查會商各章大綱有四：曰，收回地權也；曰、挽回利權也；曰、示
> 以限制也；曰、期於便民也。自租割膠澳，我之地權已削，而尺寸
> 在所必爭；自興辦各礦，我之利權復失，而錙銖在所必較；不示以
> 限制，則彼族得步以進步，勢將後患滋深；不期於便民，則百姓敢
> 怒不敢言，久之鬱極必逞。故開議之始，必思斟酌盡善、遺憾不留。
> 然而得失所分、利害攸繫，在我固不能事事遷就，在彼亦斷不能一

〔註201〕〈袁撫台來電〉，光緒二十六年正月二十八日，收入苑書義、孫華峰、李秉新主編，《張之洞全集》第十冊，卷232，〈電牘63〉，頁7907。

〔註202〕〈軍機大臣面奉諭旨〉，光緒二十六年正月初十日，《光緒宣統兩朝上諭檔》，二六，頁16下。

〔註203〕〈山東巡撫袁世凱奏辦理高密阻修鐵路暨進程鐵路章程緣由摺〉，光緒二十六年三月十九日，田濤主編，《清朝條約全集》，第貳卷，頁1099下。

〔註204〕〈為札飭事〉，光緒二十六年二月二十一日，收入中國社會科學院近代史研究所、中國第一歷史檔案館合編，《籌筆偶存》，頁171。

〔註205〕（德）余思凱著，孫立新譯、劉新利校，《在『模範殖民地』》膠州灣的統治與抵抗，1897-1914年中國與德國的相互作用》，頁140。

〔註206〕〈山東巡撫袁世凱奏辦理高密阻修鐵路暨進程鐵路章程緣由摺〉，光緒二十六年三月十九日，田濤主編，《清朝條約全集》，第貳卷，頁1099下。

　　一聽從，惟視力所能爭者爭之，理所應爭者爭之。若爲理之所應爭、
　　而爲勢所不能爭，則惟以熟權審處、通盤籌計，使無失乎緩急輕重
　　之宜而已。〔註207〕

袁世凱未出任山東巡撫前，即已提出辦理洋務時之事後補救策略，此時則將
補救方式與步驟具體化。對袁世凱來說，訂立章程的根本目的在於「爭」，希
望能藉由章程的訂立，讓中國爭回部分因條約而失去的利權，使百姓瞭解政
府的底限何在、使外國瞭解所享有的條約權利並非漫無限制，不致於因條約
內容的不夠完備而給予對手隨意解釋的空間。但袁世凱也體認到「爭」並非
樣樣可爭，雙方必然存在認知上的差異，因此爭取權利時仍分輕重緩急，保
留相當的談判空間，先爭力所能爭者、次爭理所應爭者，不執著於非爭回某
項權利，不因執著於爭回某項權利而損及整體利益。因此，袁世凱對於其所
提出的三項章程底本，各自設立所欲「爭」的目標，以達到事後補救的目的。

　　以規範中德人民往來、司法案件審理爲目的所提出之〈中德山東膠澳交
涉簡明章程〉，袁世凱所提原案共 11 款，大要爲：重要交涉案件由山東巡撫、
德國總督會辦，詞訟、界務與一般交涉則由山東巡撫派遣交涉官、德國總督
派遣辦理官，按條約及各通商口岸通行約章、彼此秉公平行辦理。德人入山
東遊歷，須請領兩國會印護照，赴山東以外遊歷，則由煙台口岸發給護照，
租界內關於華民之禁令，須與交涉官議妥後始得公告。租界內與華人有關之
民刑訴訟，以及租界內外華民訴訟，均由山東巡撫指派之交涉官擁有司法管
轄權。租界內華德訴訟案件，德人由辦理官傳訊，會同山東交涉官各按本國
律令審斷，如未牽涉德人，德方不得干涉。德國官員不得祖護德國人犯，華
人犯死、流以上重罪依中國法律論處，租界外罪犯逃至青島華民居所時，由
交涉官逕行逮捕、逃至德人居所時則知會辦理官交出人犯，租界內華人對德
人行兇、德兵可逮捕，租界外德人對華人行兇、華兵可逮捕。無法解決之重
大案件由總署、駐華德使處理，未盡事宜則依照中德條約規定辦理，每年底
可商改。

　　布德樂則堅持應依中德〈膠澳租界條約〉第一條第三款、「德所租之地，
租期未完、中國不得治理，均歸德國管轄、以免兩國爭端」規定辦理，對於
袁世凱所提交涉章程中，凡涉及德租界內司法管轄權問題之條款一概不議。

〔註207〕〈山東巡撫袁世凱咨總理衙門文〉，光緒二十六年三月初二日，田濤主編，《清
　　　　朝條約全集》，第貳卷，頁 1111 下。

袁世凱爭之再三，以條約明文規定如此、勢難挽回，不得不量爲變通，議定
〈中德山東膠澳交涉暫行簡明章程〉七款，於 3 月 21 日會同廕昌簽署，布德
樂則僅草簽，待攜回青島後由葉世克決定是否正式簽署。〔註208〕（兩項章程
内容參見附錄 5、附錄 6）。

　　新章程中之第一、第五、第六三款與原章程之第一、第十、第十一三款
内容相同。新章程第二款爲護照發放辦法，與原章程第二款相較，將護照有
效期限由六個月延長爲一年。新章程第三款規範租界內外人民互控處理辦
法，係將原章程第四至七款合併簡化，原章程規定除與華人無關案件外，山
東該管官員均得參與案件審理，德國不得干涉與德人無關案件，新章程則改
爲由中德會商辦理。新章程第四款規定租界外罪犯逃避租界內時引渡辦法，
與原章程第八款相較，原章程規定查明後交涉官即可派員逕行拘捕，新章程
則規定須由東海關道提出引渡人犯要求。新章程第七款規定章程修改辦法，
約定修改章程內容時須由山東巡撫、德國膠州總督會同商辦。〔註209〕

　　葉世克接獲條文後，向克林德報告條文內容，克林德認爲部分條文規定
（如護照簽發）有侵犯德國駐青島總督職權之嫌，但葉世克則以與山東維持
良好關係爲考量重點，乃於 1900 年 5 月 28 日函覆袁世凱，同意接受此暫行
章程，僅於細部進行文字修正。葉世克同意指派官員負責中德人民交涉事宜；
護照問題同意袁世凱所提方案；案件審判方面，同意青島德人牽涉與山東省
境內路礦相關的訴訟案件，在中國法庭推廣至山東前得適用德國法律，中德
雙方上述官員將出席聽證，以便調查迅速展開；判決將在青島法院進行，德

〔註208〕〈山東巡撫袁世凱咨總理衙門文〉，光緒二十六年三月初二日，田濤主編，《清
　　　　朝條約全集》，第二卷，頁 1111 下。

〔註209〕袁世凱於 1900 年 4 月 1 日繕摺呈報時，因葉世克尚未同意〈中德山東膠澳交
　　　　涉暫行簡明章程〉，因此僅奏報原擬之 11 款〈中德山東膠澳交涉簡明章程〉。
　　　　〈中德山東膠澳交涉暫行簡明章程〉目前並未發現中文文本，德文文本係由
　　　　布德樂轉譯爲德文後，由廕昌驗證文句與中文無異。德文本參見〈Die
　　　　Verkehrsbestimmungen des Gouverneuren von Shandong, Yuan Shikai
　　　　（21.3.1900）〉，收入 herausgegeben von Mechthild Leutner; bearbeitet von Klaus
　　　　Muhlhahn, *Musterkolonie Kiautschou : die Expansion des Deutschen Reiches in
　　　　China : deutsch-chinesische Beziehungen 1897 bis 1914 : eine Quellensammlung,
　　　　Berlin : Akademie Verlag, c1997., pp. 321-322.* 筆者不諳德文，德文原文係透過
　　　　天主教輔仁大學圖書館（http://lib.fju.edu.tw/internet/dic_fs.htm）提供連結之
　　　　AltaVista Translation Service 服務轉譯成英文，網址爲
　　　　http://babelfish.altavista.com/tr。

國法律將保證判決公正，中國人民可提出抗告；爲迅速結案，中德雙方該管官員將在謙和、省事原則下出席；華籍犯罪逃入租界將予以拘留等。〔註210〕

　　比較原擬之〈中德山東膠澳交涉簡明章程〉與最後簽署之〈中德山東膠澳交涉暫行簡明章程〉，可發現袁世凱做出相當大的讓步。按原章程精神，袁世凱著重者爲會審案件，意在爭取司法管轄權，如完全實現，則德人雖仍擁有治外法權與領事裁判權，但除租界內與華人無關之民刑訴訟外，山東省該管官員均得共同參與，事實上將山東巡撫部院的管轄權延伸至租界內，布德樂堅持反對也就不難想像。爲免因過於強調山東巡撫部院的管轄權，反而使德國因損及條約權益而拒絕簽署，袁世凱放棄對於司法管轄權的堅持，轉而要求山東該管官員對於涉及租界內外人民之司法案件，均有權與德國會商辦理，實際上擴大中國在膠澳租借地的權利，但又不影響德國的條約利益。袁世凱所謂「理之所應爭、而爲勢所不能爭，則惟以熟權審處、通盤籌計，使無失乎緩急輕重之宜」，在此案件中一覽無遺。

　　即使袁世凱與葉世克均有意令中德在膠澳地區的交涉事宜明文化，因德國外交部堅決反對，雙方始終未簽署正式協定。但山東與膠澳仍信守暫行條例、按其規定處理相關事務。〔註211〕

　　至於以規範鐵路鋪設、礦藏開採爲目的提出之〈中德膠濟鐵路章程〉、〈中德山東礦務公司章程〉，錫樂巴堅稱路、礦早經條約允許建造、開採，爲中國讓予德國之權利，因此對於袁世凱預擬之章程內容態度極爲保留，凡涉及德國權利部分多要求刪改。其中關於德人於開辦前需預先繪製地圖，由山東巡撫核定、節制，以及要求山東亦可分享路礦經營利潤等條文，錫樂巴均堅持不允。談判多日，雙方始於 3 月 21 日達成共識，袁世凱自認「雖不能盡如原擬各條，而已屬爭得過半」，方與廕昌共同簽押。

　　以鐵路權利而言，〈中德膠澳租界條約〉中原本僅規定允許德國造鐵路，由德商、華商各自集資設立德商華德公司、各自派員管理。〈中德膠濟鐵路章程〉

〔註210〕葉世克覆函全文，參見〈Schreiben das Gouverneurs von Kiautschou, Jaeschke, an den Houverneur von Shandong, Yuan Shikai（28.5.1900）〉, Qingdao, den 28. Mai 1900，收入 herausgegeben von Mechthild Leutner; bearbeitet von Klaus Muhlhahn, *Musterkolonie Kiautschou : die Expansion des Deutschen Reiches in China : deutsch-chinesische Beziehungen 1897 bis 1914 : eine Quellensammlung, Berlin : Akademie Verlag, c1997, pp330-331.*

〔註211〕（德）余思凱著，孫立新譯、劉新利校，《在『模範殖民地』膠州灣的統治與抵抗，1897-1914 年中國與德國的相互作用》，頁 141-142。

則確立公司組織、運作方式、鐵路建築規則、營運管理辦法、人員管理辦法等。
內容包括華商集資達 10 萬兩以上即可參與公司經營；中國有權參與分公司營
運；探勘路線、買地、動工前須呈報山東巡撫，由中國官員會同辦理；不可傷
及水道、民田、墳塋、祠廟等；除主幹線之外不得另造支線；公司人員往來山
東須持有兩國官員會印護照；採購物資須按本地市價購買；膠澳百里界外之護
路兵由山東巡撫派遣；膠澳百里界外不得載運外國軍隊、軍械；造路時須聘用
沿線各村居民、並與之交易、按本地慣例給予工資；公司於租界外聘用之華人
犯罪時由中國地方官審辦、亦不可袒護洋人；修路、看路工人需聘用各段本地
殷實住戶；意外事故損傷華人生命財產時需照價賠償；行車安全堪慮時需先停
駛；公司要求山東巡撫派兵保護時須給付兵丁津貼；租界外之地權歸山東巡撫
管理；將來中國可以出價贖回等項，相較於租界條約中的規定，袁世凱設法讓
修築鐵路的規則明文化，使中國能合法介入鐵路修造、經營等事項，確保德國
不至於漫無限制主張條約權利。（章程條文參見附錄 7）。

　　至於礦權，依據〈中德膠澳租界條約〉規定，鐵路沿線 30 華里內許德商
採煤、可華德合辦公司、須另議章程。〈山東華德礦務公司章程〉則將雙方權
利義務明文化，如煤礦公司先由德人經營，華人招股合計十萬兩以上時得參
與公司經營；探勘、開採礦藏時須與山東所派官員會辦；不可損及省屬、或
國有建築物；須優先聘用礦場附近居民、採購礦場附近物資；所有建築工事
需會同中國官紳商辦；如必不得已傷及廟宇、墳塋時，須事先知會、並提出
賠償；要求山東巡撫派兵保護時，須給付兵丁津貼；公司須依市價採購物料；
開採礦苗不可傷及百姓、民產，否則須照價撫卹或賠償；公司所聘洋人須請
領中德會印憑單、出外遊歷須請領中德會印護照，否則中國地方官不負保護
之責；非經山東巡撫允許，不得開採鐵路沿線三十里外礦苗，三十里界內已
開採華礦可議價收購、或折領公司股票；礦場附近居民可以優惠價購買煤礦；
租界之外由山東巡撫擁有司法管轄權，華人由中國地方官審辦，洋人依條約
辦理；中國將來可出價購回等。藉由章程的訂立，德國模糊解釋的空間被降
至最低，中國取得公司經營、管理的實際參與權，公司興辦任何事項均須與
山東巡撫商議、取得當地官紳、百姓同意始能進行，對於化解民眾疑慮有相
當正面的幫助。（章程內容參見附錄 8）。

　　袁世凱自述其所以要求德國必須訂立詳細章程之原因為：

　　　自上年以來，德人造路用地，或妨民生計、或搢發價值，甚至派員

勘驗礦產、試採煤斤，西人紛至遝來、任意投往，並不請領會印護
照，竟持葉世克之印文執照遍行內地。遇有可採之礦，不先謀諸地
主，擅自開鑿，又迭因細故傷斃人命，居民積怨、屢生事端。而膠
澳一帶向無中國辦理交涉之員，遂亦無從稽查防範，該處匪徒恃西
人爲護符、借青島作逃藪，往往黃夜結夥駕舟、沿海搶掠，地方官
吏莫可如何。每遇租界內外詞訟案件，德員一味偏袒界內人民、不
肯拿交，動至案無結束，是我之地權利權大半爲彼侵奪，遇事漫無
限制、恣意欺虐吾民，若非妥定章程，爲患伊於胡底？〔註212〕

袁世凱於 1899 年 4 月 4 日進呈〈強敵構畔侵權亟宜防範摺〉時，雖尙未巡撫
山東，但對於德國在山東的種種作爲早已了然於胸。就任以來，因高密阻工
事件所暴露出的條約不足以規範山東省官員、德國人民、中國百姓三方面行
爲之缺點又一覽無遺，更加強其以訂定章程作爲爭取利權方式的決心。由其
自述訂立章程後希望獲致的結果，可以發現要求德國必須就路礦、司法管轄
權等事項訂立完整章程之目的在於事後補救，「嗣後事案有所依據，或者補救
一分、當有一分之益」。〔註213〕即使德國依約應享有路礦權利，仍能藉章程規
定對德國的條約權利進行控管與補救。

　　鐵路章程簽訂後，袁世凱札飭萊州府、即墨、膠州、高密、昌邑、濰縣等
鐵路預定路線沿線各地方官，表示已令候補知府石祖芬會同辦理膠濟鐵路事
宜，因章程尙未刊印完成，先抄交一份給鐵路途經各府縣，令各地方官出示曉
諭，務必使境內民眾咸知章程已頒行，今後一切相關事宜均秉持章程，由專員、
仕紳、公司會同辦理。而各府縣須於鐵路鋪設至轄區時，會同石祖芬查照章程，
與德人妥愼商辦，〔註214〕不得因已派有專員負責交涉，即推諉責任，亦不得各
執成見。同時，爲便於在百里環界外調遣軍隊，特命石祖芬兼任行營營務處，
遇有彈壓、保護事宜時，得就近調派附近各處營兵。〔註215〕

　　至於鐵路沿線府縣須頒行之告示，袁世凱亦已預擬完成。告示中詳述章

〔註212〕〈山東巡撫袁世凱咨總理衙門文〉，光緒二十六年三月初二日，田濤主編，《清
　　　　朝條約全集》，第貳卷，頁 1112 上。
〔註213〕田濤主編，《清朝條約全集》，第二卷，頁 1112 上。
〔註214〕〈爲札發萊州府，即、膠、高、昌、濰五州縣〉，光緒二十六年二月二十一日，
　　　　收入中國社會科學院近代史研究所、中國第一歷史檔案館合編，《籌筆偶存》，
　　　　頁 171。
〔註215〕〈爲札委、知事〉，光緒二十六年二月二十八日，收入中國社會科學院近代史
　　　　研究所、中國第一歷史檔案館合編，《籌筆偶存》，頁 184-185。

程訂立至頒佈過程，認為山東境內阻工事件發生原因為法規不夠完備，地方官未明白曉諭百姓，購地無一定準則，訟棍從中教唆等，將阻工事件定位為民眾不得不出而保衛身家財產，而訂立章程目的正為「保衛爾等身家、擴充爾等利益」，對於章程效力、鐵路建造原因、鐵路歸屬權、購地補償給付方式等問題一一解釋，希望化解民眾疑慮。但也同時警告民眾爾後需遵守章程，將來如仍聚眾阻工，亦絕不寬貸。〔註216〕

礦務章程簽訂後，袁世凱即將中、德文章程各一份，派專人送交山東華德礦務公司，礦務總辦米海里司米德於 3 月 17 日簽押，3 月 28 日將簽押完成之章程送抵山東巡撫衙門互換。〔註217〕袁世凱將礦務章程送交善後局，令其按照版式刻印 1000 本，以便頒發各屬。〔註218〕隨後指定候補知府方燕申會同勘辦礦務，表示因方燕申「曾經隨使出外洋有年，辦事亦甚和平結實」，要求司米德轉告所屬礦務員，此後礦務公司處理相關事宜時，需透過方燕申、並按章程規定進行。〔註219〕繼而將刊印完成之礦務章程發送相關各官署，發給礦場附近各州、營、鎮、百姓等，通令一體遵行。〔註220〕

中德山東礦務章程訂定後，未幾拳亂大作，袁世凱因而未能呈報總署，〔註221〕然仍依據章程內容處理路礦問題。1900 年 4 月 11 日，袁世凱奏報朝廷，指濠里莊民再度聚集，購置槍砲、焚燬部分鐵路設施。由於時當鐵路章程議定未久，且發生地點又接近膠澳，為免落人口實，甚至釀成更大衝突，乃令按察使胡景桂前往當地設法解決，〔註222〕如群眾確有抗官情形，即嚴加緝拿。〔註223〕胡景桂於 3 月 21 日抵達高密，經訪查結果，認定係鐵路公司不

〔註216〕〈山東告示〉，光緒二十六年二月二十二日，收入中國社會科學院近代史研究所、中國第一歷史檔案館合編，《籌筆偶存》，頁 171-173。

〔註217〕〈覆函〉，光緒二十六年三月二十八日，收入中國社會科學院近代史研究所、中國第一歷史檔案館合編，《籌筆偶存》，頁 226。

〔註218〕〈為札飭事〉，光緒二十六年四月初四日，收入中國社會科學院近代史研究所、中國第一歷史檔案館合編，《籌筆偶存》，頁 234。

〔註219〕〈致礦務總辦米海裏司米德〉，光緒二十六年四月二十日，收入中國社會科學院近代史研究所、中國第一歷史檔案館合編，《籌筆偶存》，頁 253-254。

〔註220〕〈為札發事〉，光緒二十六年四月二十二日，收入中國社會科學院近代史研究所、中國第一歷史檔案館合編，《籌筆偶存》，頁 256-257。

〔註221〕田濤主編，《清朝條約全集》，第二卷，頁 1105 下。

〔註222〕〈袁世凱奏高密縣又復聚眾已派大員查辦事片電〉，光緒二十六年三月十二日，收入中國第一歷史檔案館編輯部編，《義和團檔案史料續編》上冊，頁 586-587。

〔註223〕〈為札飭事〉，光緒二十六年三月十一日，收入中國社會科學院近代史研究所、

遵守章程，屢屢改道、妨礙濠里地區水利、毀壞田園、墳塋，未事先發給地價，所雇華工欺壓鄉民等，以致民眾積怨未除，逃犯孫文乃乘機聚眾再起，並燒毀公司部分設施。該地地方官為避免事態擴大，立即出兵鎮壓，鐵路公司亦立即停工。〔註224〕經呈報後，袁世凱授予胡景桂調處全權，令其就近督同官紳與德員會商，另令石祖芬依據章程要求鐵路公司賠償，不可遷就了事。〔註225〕胡景桂向袁世凱請准疏通濠里附近河道，撥銀五千兩撫卹高密災民，〔註226〕又會同石祖芬與鐵路公司交涉後，公司承諾照章程辦理，改善施工方法與條件，同時決定將濠里一段鐵路向北遷移一、二里。濠里居民乃再度具結息事，而首謀之孫文、常傳欽、李玉科亦落網，袁世凱認為高密地方民心浮動，但若能鐵路公司、鄉民都能遵守定章、應不至於再起爭端、〔註227〕隨後要求石祖芬，將來遇有公司不按章程辦理情形時必須據理力爭，〔註228〕另以辦理高密事件處置不當為由，請旨將候補知縣季桂芬摘去頂戴、留省察看。〔註229〕高密阻工事件至此乃告一段落。〔註230〕

小　結

　　袁世凱駐朝10年，致力於強化中國對朝鮮宗主權，但終歸失敗，返國後將所見所聞以及對於時局的理解，具體呈現於1895年8月20日呈遞之條陳

　　　　　中國第一歷史檔案館合編，《籌筆偶存》，頁199-200。

〔註224〕〈附片〉，光緒二十六年四月十八日，收入中國社會科學院近代史研究所、中國第一歷史檔案館合編，《籌筆偶存》，頁247-248。本文係《袁世凱奏議》中所收〈臬司查辦高密縣民滋事情形摺〉之原稿，參見天津社會科學院歷史研究所編，廖一中、羅眞容整理，《袁世凱奏議》，頁135-136。

〔註225〕〈批〉，光緒二十六年三月二十七日，收入中國社會科學院近代史研究所、中國第一歷史檔案館合編，《籌筆偶存》，頁223。

〔註226〕〈按察司稟〉，光緒二十六年四月初二日，收入中國社會科學院近代史研究所、中國第一歷史檔案館合編，《籌筆偶存》，頁228-229。

〔註227〕〈山東告示〉，光緒二十六年二月二十二日，收入中國社會科學院近代史研究所、中國第一歷史檔案館合編，《籌筆偶存》，頁171-173。

〔註228〕〈敬啓者〉，光緒二十六年四月二十日，收入中國社會科學院近代史研究所、中國第一歷史檔案館合編，頁250。

〔註229〕〈知縣季桂芬請摘頂戴留省察看片〉，光緒二十六年四月二十一日，收入天津社會科學院歷史研究所編，廖一中、羅眞容整理，《袁世凱奏議》，頁135。

〔註230〕〈批〉，光緒二十六年四月二十日，收入中國社會科學院近代史研究所、中國第一歷史檔案館合編，《籌筆偶存》，頁253。

中，在外交上強烈主張應以武力爲後盾，又以破除積習、用新人行新政爲富國強兵基礎，外交人事方面則建議應設立職業外交官制度。隨著外交形勢日益惡化，袁世凱發展出自求改善、遵守約章、事後補救的觀念，藉此杜絕外人藉口干涉，抗拒外人違反約章行爲，挽回部分失去的利權。

袁世凱於小站練兵時期雖已發展出外交觀念，但因無與外國辦理交涉權力，因此尚未能進一步落實爲政策，亦無從驗證其可行與否。就任山東巡撫後，針對朝廷對其強硬手腕的疑慮，以及部分言官的不信任，袁世凱再提出調和民教策略，以律例、約章爲中心，要求官員、平民、教士、教民等均需遵守，官員辦案時需依律持平辦理，百姓需依法申訴，教士需遵守條約與中國法度。在一切依律辦理的原則下，「守法」不再是中國單方面的責任，中國雖有義務遵守公法約章，外人亦有義務遵守約章規定與中國法律。對袁世凱而言，約章自此由對中國的消極束縛，轉化爲規範外人行爲的積極助力。

卜克斯案爲袁世凱自朝鮮歸國以來，所面對的第一個重大外交事件，對於驗證其外交觀念的轉變與效果具有指標性意義。袁世凱於處理案件時能遵守法度、持平辦理，對於英國提出之審判案件、懲治官員、撫卹死者、公佈案情種種要求，在不違反律例、公法的前提下一一處理，卒使英國無辭可藉。此案件的成功處理，證明其「守法」的對外交涉策略確實可以有效實施，也在往後成爲袁世凱處理對外交涉案件時的基本策略之一。

與卜克斯案幾乎同時發生的高密阻工案，則考驗袁世凱對於路礦權利是否能有所堅持。案發初期，袁世凱既同情民眾因對鐵路認識不足而引起恐懼，也認可德國依約應享有的築路權力，因而採取兩面安撫策略，希望百姓與外人能相互容忍。但連番曉諭之下，鄉民仍不聽制止，德人亦有出兵意圖，袁世凱乃不得不採取強硬措施，迫使百姓遵守法律。另一方面，袁世凱將問題歸結到德國依約享有路礦權利，卻未訂定相關章程以規範權利行使方式，因而要求德國必須就路、礦、中德人民來往訂立詳細章程。

此時袁世凱在遵守約章的前提下，將事後補救觀念具體化，就力所能爭、理所應爭之權利盡量爭取，如勢所難爭，亦不欲設立場，仍以大局爲重，希望在不破壞外國已享有之條約權利下，以詳細章程限制權利行使方式，以便在實質上進行補救。路、礦、人民來往等三項章程的訂立，山東省官員可透過章程進行實質上的參與或監督，使德國在山東的權利不再漫無限制。

第二章　庚子前期袁世凱的力守和局

　　袁世凱出任山東巡撫初期，雖因其手握重兵招致朝中言官疑懼與屢次彈劾，但在其遵守約章、自求改善、事後補救等諸般策略運用下，中外、民教之間紛爭雖未能盡數消弭，但已不至於釀成大禍。

　　義和團源起山東、大作於直隸。1900 年 6 月，載漪、剛毅等守舊派逐漸主導朝政，各地義和團開始大舉進入北京，榮祿、許景澄等主剿派意見未被慈禧太后接收，朝廷立場日趨強硬，〔註1〕終於 6 月 21 日令董福祥領軍包圍東交民巷使館區，同時對各國宣戰。

　　德國公使克林德、日本使館書記生杉山彬被害，各國使館被董福祥所部包圍，朝中屢次嚴旨令袁世凱派兵增援、或組織民團北上助戰，盛宣懷等又有策動袁世凱出兵勤王意圖。袁世凱身為山東巡撫，對內不能使德國條約利益受損而釀成事端，對外不能不顧朝廷派兵助戰旨意而置身事外，民教衝突尚未完全消弭，拳民仍然伺機而動，一旦處置稍有失當，山東將難以避免捲入戰爭，由其於 1900 年 12 月 6 日致盛宣懷電文中，自述其「自五月來，拒拳黨、剿拳匪、誅王大臣所派募拳之員三人，請保使、劾禍首、並設法為各使通電、艱險備嘗、幾遭不測……」等語，〔註2〕可見其處境之艱難，絕非局外人所能想像。

　　袁世凱三女袁靜雪於回憶其父時，提及乃父自認為在「山東巡撫任內，

〔註1〕　廖一中，〈"東南互保"與袁世凱〉，《貴州社會科學》，1994 年第 4 期，總第 130
　　　　期，頁 96。

〔註2〕　〈袁慰帥來電〉，光緒二十六年十月 15 日，收入盛宣懷，《愚齋存稿》（台北：
　　　　文海出版社，民國 52 年 6 月初版）上冊，卷 47，〈電報 24〉，頁 1069 下。

一共做了兩件大事，一件是剿辦山東境內的所謂『拳匪』，另一件是在八國聯軍入侵時期『保境安民』」。〔註3〕剿辦拳匪方面，袁世凱對內以剿拳為釜底抽薪之計，但並不一味壓抑良民，而採取平衡民教措施。保境安民方面，袁世凱始終拒絕朝野、中外各界對其出兵參戰或平亂的要求，以免因此激怒德國，並再三要求各地方官以條約公法對待德人。

實際上，袁世凱所為並非僅止於保境安民，在促請朝廷下旨剿匪、回鑾方面亦出力甚多，甚至居於主導地位，希望為將來的議和創造有利的環境。本章將依次論述袁世凱在庚子初期所做出的種種努力及其為此所其採行之策略。

第一節　以嚴禁拳匪消弭民教衝突

義和團源自白蓮教與民間秘密結社，首先興起於山東，起初行事低調，直到1898年冠縣爆發拳民鬧教、打教事件後，聲勢日漸高漲，在山東省西北地區不斷發展，逐漸形成以朱紅燈、心誠和尚為首的團體。1898-1899年間，山東西北部各縣拳民蜂起，地方官無法確實掌握動向，團民的打教、鬧教引起山東西北部各縣傳教士不滿，認為巡撫毓賢有意縱容，美國公使康格（Edwin H. Conger）數度照會總署，請咨行毓賢採取有效措施保護教堂、教士，毓賢雖設法逮捕朱紅燈與心誠和尚，反令拳民更加激憤，攻打教堂事件有增無已，康格乃強烈要求將毓賢撤職，暗示可改派袁世凱接替，希望袁世凱所部武衛右軍能使山東恢復秩序。〔註4〕

袁世凱署理山東巡撫後，教案一時之間並無減少跡象，即使出具告示要求官、民、教各方應善自調處，並宣示嚴格禁拳，諭令拳匪勿再生事，但教案仍舊發生。〔註5〕當袁世凱接獲軍機處寄發、1900年2月19日上諭，令直

〔註3〕袁靜雪，〈我的父親袁世凱〉，收入吳長翼編，《八十三天皇帝夢》（北京：文史料出版社，1985年3月第1版第2次印刷），頁9。

〔註4〕關於義和拳在山東的早期發展，參閱李德征等著，《義和團運動史》（台北：漢京文化事業股份有限公司，民國76年3月20日活版一刷），頁57-87。

〔註5〕依袁世凱於1900年1月19日呈報總署的數據來看，由袁世凱就任之日（1900年12月26日）起，至呈報之日止，山東省濟南府、東昌府、泰安府、臨清直隸州等17州縣，共發生17起教案，以呈報人國籍分，其中10起由法國教士呈報、4起由美國教士呈報、3起無呈報人資料。以發生時間分，5起發生在袁世凱出具告示之後。參見〈袁世凱呈濟東泰臨各屬教案清摺〉，光緒二十五年十二月十九日，收入中國第一歷史檔案館編輯部編，《義和團檔案史料續編》，上冊，頁509-518。原摺僅開列清單，數據為筆者自行統計。

隸、山東督撫出示曉諭、嚴格禁拳後，除通令所屬州縣隨時嚴密查禁外，另決定採行東昌府知府洪用舟先前建議之編寫歌謠於鄉間傳唱方式，編製〈勸諭百姓各安本分勿立邪會歌〉一首，令各屬於轄區內各莊張貼曉諭，並令各地方官督同鄉紳、董事等，於城鄉、市鎮等商民來往集會場所，派遣講生將歌詞切實講解、反覆勸導，同時抄交各私塾以教授生徒，「務使里黨傳播、婦孺周知」，[註6] 希望透過淺顯易懂的方式，令百姓明白拳匪之害，從根本上阻斷拳匪招募途徑。（歌詞全文參見附錄9）

　　袁世凱平息民教衝突的努力，在部分外籍人士眼中顯然仍不足夠，特別是美國公使康格。康格向總署反映山東省仍有官員包庇拳民，即使總署告以袁世凱確實嚴格剿拳，並曾兩度出示曉諭禁拳，仍不能令其滿意，認為拳匪滋擾地方情形並未改善，臨清、龐莊、高唐、夏津、平原等各州縣仍每日演拳、恐嚇教民，夏津縣令屠乃勳、高唐縣令李恩祥、平原縣令承泗人明知拳匪首腦姓名、仍不加緝捕，顯有刻意包庇之嫌，要求總署應迅速查明。[註7]

　　對此，袁世凱表示就任以來，對拳民採取嚴禁、捕拿、要求解散等處理方式，對教堂採取派兵巡守等保護措施，對被匪徒滋擾之教民、平民均給予撫卹，所屬各州縣均認真緝捕匪徒，且匪徒被捕後均有案卷可考，並無包庇拳匪情事。康格所言夏津、高唐、平原各州縣教案，涉案人等經審訊後證實均為良民，不能聽憑康格一面之詞而株連善良。[註8] 至於康格所指各處地方已安靜許久，並無每日演拳、恐嚇教民情事，亦無地方官刻意包庇情形，康格應是受到該處傳教士誤導，以為案件仍未辦結。

　　袁世凱初就任時曾告誡屬下官員，遇教案時要依律持平辦理，不可因教士隻字片語即傳喚良民到案說明。當自己面對來自外國的壓力時，其作法亦復如是：

> 地方官辦理案件，必須證供確鑿、情真罪當，始可分別按律懲辦、以成信讞，斷不能憑人一面之詞遽加刑誅。如該使但憑教士等所述，即欲設法辦理，想亦無法可設，徒招紛擾、永無了期，尤恐該教民

〔註6〕〈總署收署山東巡撫袁世凱〉，光緒二十六年二月十一日，收入中央研究院近代史研究所編印，《中美關係史料》，光緒朝四，頁2630-2633。

〔註7〕〈總署收美使康格函〉，光緒二十六年二月二十三日，收入中央研究院近代史研究所編印，《中美關係史料》，光緒朝四，頁2638-2639。

〔註8〕〈咨覆總署〉，光緒二十六年三月初一日，收入中國社會科學院近代史研究所、中國第一歷史檔案館合編，《籌筆偶存》，頁190-191。

等輾轉尋仇、以快報復，前嫌未釋、後患日滋，殊與平民教民兩有妨損。……〔註9〕

袁世凱依舊堅持其守法策略，除非證據確鑿始按律懲辦，絕不因一面之詞而貿然行事，以免民教之間相互報復，導致心結越積越深。

1900年4月，義和團組織首度進入北京、設立壇口，至5月初時已有在北京城內張貼乩語等情形。〔註10〕因義和團發展有越演越烈之勢，原籍山東的御史鄭炳麟於5月1日上摺，建請朝廷將各地義和團收為官用。鄭炳麟以為直魯兩省遍地皆拳，應歸因於「教民恃洋人為護符，欺壓良民，官不為直理，百姓遂以仇教為名，聳動眾聽，爭相趨附」，拳民雖良莠不齊，但其本意只為保護身家、並非作奸犯科，朝廷雖應遏止拳民作亂，但若直接以鎮壓方式解決直魯兩省拳患，對被迫入拳的善良百姓而言並不公平，況且外國必將乘機出兵干涉，如日本出兵高麗故事。為避免事態不可收拾，最好的處理方式為「因其私團而官練」，具體方法為飭下直隸總督、山東巡撫，令其派遣素有名望之道府大員擔任團練局總辦，另擇官聲卓著人員分別掌理，實務上可聯數村為一小團，合一縣為一大團，「寬其既往、責其將來，不易其名、仍悉其舊」，但開辦之時必須聲明備禦敵之用，不許相率挑釁、亦不可私下鬥毆，必須保衛教堂，不可刻意與教堂為難，以免外人有所藉口，相較於目前直魯兩省所採行的出示嚴禁或出兵鎮壓，以朝廷名義收拳民為團練，既不費民間分文，又可收箝制之效，可使「民教得以相安，永無相爭之日」。〔註11〕

朝廷顯然認為鄭炳麟的建議頗有可行之處，當日即由軍機大臣廷寄上諭，將鄭炳麟原摺抄給閱看，令裕祿、袁世凱等就地方情形妥善籌議後覆奏，務須做到「毋任聚眾滋事、致起釁端，亦不得強勉從事、徒資紛擾」。〔註12〕袁世凱詳細研究後，於5月19日回奏，一一駁斥鄭炳麟所言，認為其建議必不可行：

該拳會聚眾游行，每於數百里外劫取財物，不得謂之為保護身家：

〔註9〕 〈總署收山東巡撫袁世凱文〉，光緒二十六年三月初十日，收入中央研究院近代史研究所編印，《中美關係史料》，光緒朝四，頁2645-2647。

〔註10〕 李文海、林敦奎、林克光編著，《義和團運動史事要錄》（山東：齊魯書社，1986年12月第1版第1次印刷），頁100-101。

〔註11〕 〈御史鄭炳麟摺〉，光緒二十六年四月初三日，收入收入故宮博物院明清檔案部編，《義和團檔案史料》上冊，頁84-85。

〔註12〕 〈軍機大臣字寄直隸總督裕、山東巡撫袁〉，光緒二十六年四月初三日，收入中國第一歷史檔案館編，《光緒宣統兩朝上諭檔》二六，頁84下。

焚殺擄贖、抗官拒兵，不得謂之非作奸犯科；掠害平民、騷擾地方，
不得謂之爲專仇洋教。本無伎倆、屢戰輒敗，安足以備大敵？瞽不
畏法、尋釁滋事，安望其保教堂？

袁世凱於奏摺中詳述義和團源流，表示義和團雖託名練拳，實則「演訟符咒，
詭稱神靈附體，舞槍操棒，行類瘋癲」，脅迫無知良民入拳，橫行鄉里、作惡
多端、四處搶掠教民、與正規民團相抗，行徑實無異於匪徒，聲勢雖然浩大，
但一遇實戰即潰不成軍。自去年 11 月赴任以來，歷經反覆曉諭、禁止、鎮壓，
拳民聲勢已經衰竭，並無鄭炳麟所言山東遍地皆拳情形。如派遣府道大員與
地方紳士督辦由拳民改編的團練，一則深明大義之地方鄉紳必不肯爲；再則
鄉紳不瞭解符咒，即使有意願辦理亦無從措手；三則辦理團練勢需經費，百
姓必因此而增加負擔，四則收拳民爲團練，無異於承認拳民合法地位，恐將
導致拳勢不可收拾。總之，袁世凱認爲以拳會內在本質與外在行事而言，「宜
嚴禁預防，未可權宜遷就」，不可因其假託仇教而受誤導。〔註 13〕

袁世凱奏覆後，隨即於次日再度札飭所屬各府州縣，以又有外來拳匪爲
由，令各地方官迅速榜示所屬百姓，遇有外來拳匪入境時，許其拿獲後解交地
方官、或就近押送至各處防營，如此不但可抵銷過去曾加入拳會之罪責，每拿
獲匪徒一名再加賞銀百兩、頒授七或八品功牌，即使被捕匪徒反指捕拿百姓實
爲拳匪時亦不予株連，「務使外匪無藏匿之所，拳民有自新之機」，〔註 14〕希望
藉重賞令民眾勇於舉發拳匪，使拳匪因百姓不支持而不敢入境。

1900 年 6 月 6 日，朝廷發佈上諭，明白表示「教民拳民均爲國家赤子，
朝廷一視同仁」之意，相信不肖匪徒以入教爲名欺壓良善，並非教士所願，
指責地方官未能持平辦理民教衝突，以致拳會蜂起。朝廷雖能體諒拳會「練
藝保身、守護鄉里」，但其拆毀鐵路、焚燒教堂行爲則於法不容，因此特令軍
機大臣、兼任順天府尹趙舒翹勸諭拳民解散，交出煽動人心、擾害地方之奸
民，「若再執迷不悟，即係叛民」，一旦大兵圍剿，將追悔無及。〔註 15〕一時

〔註 13〕朝廷對袁世凱的意見表示許可，令其「隨時察看情形，分別辦理，以杜萌亂」。
〈奏陳嚴禁拳民私團官練摺〉，光緒二十六年四月二十一日，收入國立故宮博
物院故宮文獻編輯委員會編，《袁世凱奏摺專輯》第一冊，頁 46-49。
〔註 14〕〈爲札飭事〉，光緒二十六年四月二十二日，收入中國社會科學院近代史研究
所、中國第一歷史檔案館合編，《籌筆偶存》，頁 257。
〔註 15〕〈內閣奉上諭〉，光緒二十六年五月初十日，收入中國第一歷史檔案館編，《光
緒宣統兩朝上諭檔》二六，頁 120 上-120 下。

之間，朝廷似乎已經下定決心痛剿拳匪。但僅隔半個月後，朝廷卻一改對各國忍讓態度，下旨對各國宣戰。上諭中歷數各國教士在中國囂張跋扈情形，認此爲各地仇視教會教民起因，朝廷對此始終遷就忍讓、未曾失禮於外國，但外國卻不知感激，咄咄逼人，中國忍讓已達極限，「與其苟且圖存，貽羞萬古，孰若大張撻伐，一決雌雄」，「彼仗詐謀、我恃天理，彼憑悍力、我恃人心」，諭令臣民奮勇殺敵者重賞、臨陣退縮者則嚴誅，〔註16〕同時諭令各省督撫召集義和團以抗外國，並將封存軍械整理修復後備民團領用。〔註17〕

拳亂即將爆發前夕，袁世凱即已認定拳匪爲肇禍主因。縉紳大老多視拳匪爲義民，以爲可以依靠拳匪滅洋人，因而對拳匪百般縱容，此時剿匪恐不足以救急。〔註18〕面對朝廷態度驟然轉變，考量山東自其就任以來嚴厲禁拳已有小成，一旦遵旨招募義和團，則無異前功盡棄、使拳民死灰復燃，乃決定按兵不動、秘而不宣，〔註19〕採取陽奉陰違策略。

對內，袁世凱表面上不再公開要求屬下官員禁拳，於 6 月 26 日札飭所屬各府州縣，申明山東民教關係由相互欺凌、獄訟，進而發展成鬥毆、搶掠、甚至焚殺，小可以累身家，大則引起中外紛爭，而民教之間所以仇恨糾結，「雖曰積仇有以激之，而實則會匪有以惑之」。山東與直隸情形相若，直隸民教衝突引發各國派兵來華可以爲鑑，山東自應戒愼恐懼。解決山東問題首先應「平民教積仇」，欲平民教積仇則應「只分良莠、不分民教」，善良百姓均由官方派員保護、刁民則一體嚴辦，無須分其是民是教。即使是教民觸犯法律，也應嚴加懲辦，從而化解民教積怨。〔註20〕然而札飭發出後，袁世凱隨即以私人名義致函各道府，請其飭下所屬州縣認眞查辦拳匪，表示直隸拳匪聲勢已成，鄰近直隸之武定府、東昌府、曹州府等地匪徒漸盛，如聽任其與直隸境

〔註16〕〈內閣奉上諭〉，光緒二十六年五月二十五日，收入中國第一歷史檔案館編，《光緒宣統兩朝上諭檔》二六，頁 121 上-121 下。

〔註17〕〈軍機大臣字寄各直省將軍督撫〉，光緒二十六年五月二十五日，收入中國第一歷史檔案館編，《光緒宣統兩朝上諭檔》二六，頁 145 上-145 下。

〔註18〕〈袁撫台來電〉，光緒二十六年五月二十二日，收入苑書義、孫華峰、李秉新主編，《張之洞全集》第 10 冊，卷 233，〈電牘 64〉，頁 7978。

〔註19〕〈東撫袁來電並致江鄂督盛京堂〉，光緒二十六年五月二十七日，收入李鴻章，《李鴻章全集》(海口：海南出版社，1997 年。據光緒三十一年（1905）五月金陵刻本影印。)，第八冊：電稿（1894-1901 年），卷 22，頁 4085 上。

〔註20〕〈爲札飭事〉，光緒二十六年五月三十日，收入中國社會科學院近代史研究所、中國第一歷史檔案館合編，《籌筆偶存》，頁 269。

內拳匪勾結，勢將震動全局；威海衛駐有英軍、膠澳駐有德軍，如任由匪徒焚掠教堂、路礦，殺害洋教士、洋工程師、教民，則英德兩國必執爲口實、派兵保護，從而大舉進入內地。屆時即使各地方官以身殉國，已上不能保守疆土、下不能保全百姓，亦無以卸失職之責。〔註21〕

即使袁世凱表明剿拳目的在於避免外國藉口生事，從而確保山東安全，但仍須顧慮抗旨問題。6月30日，袁世凱奏陳山東因今年豐收，良民並無結團聚眾情形，目前境內遊手好閒者多係土匪，四出劫掠、抗官作惡，必須善加處理，以免「未得禦侮之實，而內地官民已先受其害」，屆時不但無法籌餉接濟官軍、更不可能抵禦洋兵。爲保全山東起見，袁世凱擬責成各府州縣認眞舉辦團練，派遣官員前往沿海五府招募義勇子弟，如有匪徒冒充義民滋事，即照章查辦，「於籌辦民團之中仍寓分別良莠之意」，使民團完全受官府控制。〔註22〕

進呈奏摺當日，袁世凱即本此意旨通飭各級官員，表示值此國家危難之際，義民必然爭先前往迎擊敵軍，必不肯騷擾地方，因此到處擾害地方者必是土匪無疑，遵從命令往天津前敵助戰者爲拳民，回竄內地滋擾即是土匪。各州、縣等應於接獲命令後，一面立即出示曉諭，使鄉里百姓等能確實辨別拳民、土匪；一面會同各防營速派員偵察，遇有冒充拳民之土匪即嚴拿懲辦，敢有拒捕者照土匪例格殺勿論，「以別良莠而維全局」。〔註23〕此令一下，山東境內拳民敢不離境者，不論騷擾對象爲教民或良民，一概被視爲土匪，欲免除殺身之禍，唯有赴直隸助戰一途。

爲儘速解決境內拳匪問題，袁世凱頒行《嚴禁拳匪暫行章程》，章程共計八款：

　　　一、禁止拳匪，□在各州縣勤加訪查，認眞緝辦，以遏亂萌。嗣後
　　　　　倘在該境內有拳匪設廠教習者，即將該管州縣照縱匪例從嚴參
　　　　　辦。

　　　一、禁止拳匪，並須責成該莊長首事地保，令其隨時稟報。如有拳

〔註21〕〈致各道府督飭州縣辦匪〉，光緒二十六年六月初二日，收入中國社會科學院近代史研究所、中國第一歷史檔案館合編，《籌筆偶存》，頁270-271。

〔註22〕袁世凱的解釋爲朝廷所接受，令其「認真籌辦、務收實效」。參見〈奏明東省籌辦民團情形摺〉，光緒二十六年六月初四日，收入國立故宮博物院故宮文獻編輯委員會編，《袁世凱奏摺專輯》（一），頁74上-75下。

〔註23〕〈札飭〉，光緒二十六年六月初四日，收入中國社會科學院近代史研究所、中國第一歷史檔案館合編，《籌筆偶存》，頁278-279。

匪設廠教習，□□徇隱不報，經官查明，即將該莊長首事拿獲監禁一年，地保監禁三年，倘地保與匪相通，及在官人役與匪通氣，查獲訊明，即行正法。

一、父兄縱聽子弟學習邪拳，除將其子弟正法外，該父兄拿獲禁監三年。

一、拳匪設廠聚眾教練之處，經官查出，即將該廠毀平。如在人家聚設，除將該廠毀平外，勿論何人家產，仍將其家產充公具報。

一、如有人告發拳匪設廠之家，經官查獲後，驗訊明確，即將該犯家產提出，一半賞給告發之人，一半充公。其有拿獲設廠匪首，即送案者，將該犯家產全數賞給。

一、村內設有拳廠之鄉人，如慮拳匪報復，不敢出名告發，應即通知莊長首事地保，密報到官，以憑拿辦，倘知而不報，致釀成焚殺重案，定將該鄉右提案嚴辦。窩留者與匪犯同罪。

一、此項禁章，係為嗣後習拳者而設，其從前拳匪除著名匪首及曾犯焚搶重案者，仍應查拿外，其餘被脅之愚民，如無案犯，但能悔過自新，一概從寬免究。亦不准差役地保藉端擾累株連。

一、倘有挾仇誣告，希圖分賞者，查訊毫無實據，即行反坐科罪，決不寬貸。〔註24〕

由內容可知，設立此章程目的在於在創造不利於習拳的環境，各級地方官、地方耆老、甚至習拳者親屬均有主動舉報義務，知情不報者或監禁、或與拳匪同罪；告發者可獲拳匪財產至少半數；拳廠一經舉發一概毀平，甚至要求各屬「如拿獲土匪、確定並無枉縱，即行就地正法」，對不肯離開山東之拳民不予寬貸，對於無前科之棄拳平民則不予追究。〔註25〕在袁世凱釜底抽薪政策之下，拳民如非棄拳、即須離境，在山東已無可容身處。

　　袁世凱再次確定其剿拳方針後，屬下官員當已明白其決心無可動搖，因而一改以往消極保守態度，轉而支持其分別良莠的剿拳方針。如德州縣知縣何金齡即認為若從此對拳民採姑息態度，「勢必內外勾結，遍地是拳，不可

〔註24〕吉田良太郎編著、八詠樓主人編著，《西巡回鑾始末記》（台北，學生書局，1973 年），卷四，頁 132-133。

〔註25〕〈東昌府稟〉，光緒二十六年七月初七日，收入中國社會科學院近代史研究所近代史資料編輯室編，《山東義和團案卷》（山東：齊魯書社，1981 年 4 月第 1 版第 2 次印刷）下冊，頁 372。

收拾」，補救辦法唯有「無論其拳不拳，但問其匪不匪」，一旦查明確係土匪，或爲不肯改過自新之拳民，一概加以痛剿，此外也需以清查保甲防堵外來匪徒；〔註 26〕禹城縣令許源清認爲「欲求靖內之方、須籌盡善之道」，解決之法有二，其一爲「不剿而剿」，建議袁世凱可諭令拳民盡數前往京、津一帶助戰，並派兵押送拳民離境，「匪眾畏離鄉土，必不復起」，其二爲「剿之而懲一儆百」，不肯離境的拳民勒令解散歸農，如不肯解散者，則公告周知，使百姓皆知其爲罪無可逭之匪徒後再加以剿滅，「可以一擊而散」。〔註27〕由官員態度的轉變，可以推定山東巡撫縱容與否，對於拳民的發展有絕對的影響性，毓賢放任、官員從之，拳匪始終不能根絕；袁世凱嚴禁、官員和之，拳勢始衰。

袁世凱對於拳民雖主張嚴厲剿辦，但爲免予人偏袒教民印象，同時保護教民免遭攻擊，京津一帶拳亂擴大後，袁世凱表示拳亂「推原禍始，蓋由教民平日狐假虎威、欺凌平民，怨毒日積、一決橫流，以致於此」，既然拳亂之肇始者實爲教民，欲徹底消弭拳亂，只有釜底抽薪，因此於 1900 年 7 月初令山東布政使張人駿通飭所屬各府州縣「將境內教民即刻勒令悉數反教，並取具永遠不再習教甘結」，既無教民，則不會再產生民教衝突，同時令平民「以後不准藉口仇教妄事殺掠」，違者以土匪章程嚴辦。〔註28〕

袁世凱原意僅諭令教民出教，張人駿卻擴大辦理，除通令各州縣，強迫

〔註 26〕　〈德州稟〉，光緒二十六年六月初八日，收入中國社會科學院近代史研究所近代史資料編輯室編，《山東義和團案卷》下冊，頁 797。

〔註 27〕　〈禹城縣稟〉，光緒二十六年六月十五日，收入中國社會科學院近代史研究所近代史資料編輯室編，《山東義和團案卷》上冊，頁 266-267。

〔註 28〕　〈長山縣稟〉，光緒二十六年六月二十四日，收入中國社會科學院近代史研究所近代史資料編輯室編，《山東義和團案卷》上冊，頁 181-182。此札飭原文筆者並未發現，李守孔於其〈清季山東之教案與拳亂〉一文中引述袁世凱〈致各地反教飛咨〉底稿，內容與長山縣稟引述之袁世凱札飭大致相同，但李守孔並未註明該底稿出處與發佈日期。據肥城縣令於光緒二十六年十二月二十四日稟中有「本年六月間各州縣張貼告示，飭令教民反教」，另禹城縣令於光緒二十六年六月十五日稟中提到「至於教民盡勒反教，誠釜底抽薪之策」，則當可確定袁世凱此項札飭至遲於光緒二十六年六月十五日以前即已發佈。參見李守孔，〈清季山東之教案與拳亂〉，收入中華文化復興運動編輯委員會編，《中國近代現代史論集》（台北：台灣商務印書館，民國75年）第13編，頁43；〈肥城縣稟〉，光緒二十六年十二月二十四日，《山東義和團案卷》下冊，頁 527；〈禹城縣稟〉，光緒二十六年六月十五日，收入中國社會科學院近代史研究所近代史資料編輯室編，《山東義和團案卷》上冊，頁 267。

教民出教、並具結保證不再信教之外，同時沒收所有教堂房產。〔註 29〕此令一下，各州縣隨即展開強迫教民出教行動，方法和緩者有之、手段激烈者有之、置之不理者亦有之，各地教民也反應不一。如長山縣令徐致愉出示曉諭後，境內教民有出外逃避者、有寧死不屈者，經再三勸導後，雖總計有百餘教民反教，但仍有人不願具結，均遭枷號遊街示眾；〔註 30〕陵縣境內教民不願反教，濟南府知府盧昌詒要求縣令錢應顯邀請耆老一同前往勸諭，不從者聽其自便；〔註 31〕茌平縣令豫咸表示自拳民仇教以來，已有不少教民自願反教，官府向來不加干涉，袁世凱札飭一下，教民自動自發具結反教情形更加踴躍；〔註 32〕清平縣令王錫光則並未要求轄內教民具結出教。〔註 33〕

　　袁世凱迫令教民反教的行動，引起各國駐煙台領事疑慮與不滿，美國領事法勒（John Fowler）、英國領事譚得樂（J. Noel Tratman）、法國領事博麥遜（C. de Pommayrac）於 1900 年 7 月 17 日聯名致電袁世凱，表示萊州府及其所屬掖縣張貼詬罵洋人告示，勒令所有教民具結反教，將各教堂、房屋、器具等充公，並逮捕多名教民、甚至加以刑求、迫其出教，要求袁世凱解釋此舉是否出自其授意。〔註 34〕雖然袁世凱確曾召集所屬各府州縣守令，當面交代其勒令教民反教，〔註 35〕但並未指示以逮捕、刑求、沒收財產等方式進行，因此外人詰問時，袁世凱除澄清自己從未勒令教民永遠反教，目前已將掖縣一事交付查辦，要求該縣將張貼反教告示收回外，〔註 36〕亦表示地方官員擔

〔註29〕〈關於山東最近所發生事件的報告〉，1900 年 9 月 19 日，收入胡濱譯，《英國藍皮書有關義和團運動史料選譯》，頁 365。

〔註30〕〈長山縣稟〉，光緒二十六年六月二十四日，收入中國社會科學院近代史研究所近代史資料編輯室編，《山東義和團案卷》上冊，頁 181-182。

〔註31〕〈陵縣稟〉，光緒二十六年七月十四日，收入中國社會科學院近代史研究所近代史資料編輯室編，《山東義和團案卷》上冊，頁 318。

〔註32〕〈茌平縣稟〉，光緒二十六年七月十五日，收入中國社會科學院近代史研究所近代史資料編輯室編，《山東義和團案卷》上冊，頁 397。

〔註33〕光緒二十六年十二月初九日，山東義和團案卷上冊，頁 426。

〔註34〕〈英、美、法領事來電〉，光緒二十六年六月 22 日，收入中國社會科學院近代史研究所、中國第一歷史檔案館合編，《籌筆偶存》，頁 317。

〔註35〕陵縣縣令於 1900 年 8 月 9 日稟中稱「查前奉撫憲面諭，通飭各屬凡有教民，即日悉數勒令反教」，可知此舉確出於袁世凱授意。參見〈陵縣稟〉，光緒二十六年七月十四日，收入中國社會科學院近代史研究所近代史資料編輯室編，《山東義和團案卷》上冊，頁 318。

〔註36〕〈復電〉，光緒二十六年六月二十二日，收入中國社會科學院近代史研究所、中國第一歷史檔案館合編，《籌筆偶存》，頁 318。

心暴徒乘機鬧教、引起動亂，因此勸告教徒暫時出教，並將教產置於山東地方官員保護之下，使拳民無法藉口生事，此外別無他意。〔註37〕

　　為免事態擴大，袁世凱致電萊州府知府裘訓臣，請其查明後收回勒令教民反教告示，〔註38〕另以私函說明拳亂以來，經與俄、美、日等國全力周旋，已蒙各國同意：如能解散拳黨，並保護在華使臣、洋商、教士、教民，則願為中國出力轉圜，因此目前「仍遇事照約妥慎籌辦，不予人以口實，庶幾易於收束」。對於沒收教會財產一節，可以保護教會為名解釋；至於令教民反教一事則只可勸說、不可用強。總之，列強不犯山東、山東也不可故意挑釁，「我輩委屈圖全，上以保疆域、下以免生民鋒鏑之苦」，希望裘訓臣令所屬州縣辦理。〔註39〕

　　勒令教民出教之本意為官方暫時看管教會財產，表面上教民受到裁抑，實際上並非真正要將教產查封充公，而是「隱寓保護之意」。〔註40〕為防止各州縣執行過當，袁世凱於1900年8月1日正式下達指令，不許各地方官以幾近威逼方式迫令教民具結反教，「教民雖奉西教，仍是中國子民，但使安分守法，從教悔教、悉聽其便」，令教民反教僅是一時權宜之計，匪徒雖以鬧教為名，實則平民亦深受其害，如不解決匪徒問題，即使令教民全數出教仍於事無補；更何況面對教案時必須預留交涉地步，以免將來外人藉機要脅。因此，袁世凱要求所屬須保護安分守法之教民，有聚眾以自保者勒令解散，是否出教聽其自便，收回所有要求教民出教告示及諭單等；然對於聚眾搶劫、抗官拒捕之教民亦要求「按律從嚴懲辦」，以杜絕口實。〔註41〕

　　此外，為安撫外國、教民不滿情緒，以及預防將來事定、洋教士重回山東後的賠償風潮，袁世凱決定對拳亂期間被擾、被害教民提供補償，因先前公告實施之〈嚴禁拳匪暫行章程〉中規定舉發者可得拳匪財產半數，以拳匪財產補

〔註37〕　〈關於山東最近所發生事件的報告〉，1900年9月19日，收入胡濱譯，《英國藍皮書有關義和團運動史料選譯》，頁366。
〔註38〕　〈電〉，光緒二十六年六月二十二日，收入中國社會科學院近代史研究所、中國第一歷史檔案館合編，《籌筆偶存》，頁318。
〔註39〕　〈致萊州府〉，光緒二十六年六月二十二日，收入中國社會科學院近代史研究所、中國第一歷史檔案館合編，《籌筆偶存》，頁317-318。
〔註40〕　〈批〉，光緒二十六年六月二十三日，收入中國社會科學院近代史研究所、中國第一歷史檔案館合編，《籌筆偶存》，頁325。
〔註41〕　〈為札飭事〉，光緒二十六年七月初七日，收入中國社會科學院近代史研究所、中國第一歷史檔案館合編，《籌筆偶存》，頁377。

償教民乃成爲袁世凱推行方案，即「追贓拿賊」，地方官應負責任爲「嚴拿匪犯到案，向該匪犯追贓著賠」，不負損害賠償責任。〔註42〕局勢大致底定後，袁世凱令各州縣官親自下鄉查驗被害者戶口，將所有匪徒財產之半數查封變賣作爲撫恤金；如境內無匪產可以查封，仍須查明被害戶口，等候查核。〔註43〕將拳民財產沒入作爲撫卹金來源，不但可使殘餘拳民不敢再藉故生事，更可使被害教民失去要求懲辦拳民立場，無形中消弭因賠償問題而可能引起的爭端。

拳亂大作時，袁世凱爲使外國人士生命財產損失降至最低，令辦理路礦洋員、洋教士遷至煙台，並責令各地方官將教堂財產充公，藉以保護，但路礦機器、材料散處各地，教堂亦不可能處處保護，因此損失仍甚爲慘重。事後，賠償問題一如預期，成爲各國關注焦點之一。德國針對山東省內路礦機器損失，共開列洋銀50餘萬元，袁世凱一面派員商談，一面派員修復受損的機器、追回爲民眾搶略之物品，最後議定賠償鐵路公司銀11萬兩、賠償礦務公司銀1萬2千3百餘兩。〔註44〕

至於教會損失，德國方面，曹州府以賠償銀4萬兩作結、其餘兗州、沂州、濟南各府亦分別賠償錢萬餘串或數千緡不等。英國損失教堂三所，均附設醫院，袁世凱遣唐紹儀與英國傳教士商談，以銀3萬8千兩作結。美國損失濰縣附近教堂一座、房屋數百間，初估損失銀10萬餘兩，唐紹儀與傳教士狄樂播（Robert M. Mateer）商議後，以銀4萬5千兩作結。其餘如傳教士租賃民房作爲講堂、教民被劫掠等問題亦次第商議。〔註45〕法國方面因牽涉範圍廣達30餘州縣，毓

〔註42〕〈爲照會事〉，光緒二十六年三月初七日，收入中國社會科學院近代史研究所、中國第一歷史檔案館合編，《籌筆偶存》，頁195-196。〈中法天津條約〉第36款爲「將來大法國人在通商各口地方，爲中國人陷害、凌辱、騷擾，地方官隨在彈壓、設法防護。更有匪徒狂民欲行偷盜、毀壞、放火大法國房屋、貨行、及所建各等院宅，中國官或訪聞、或領事官照會，立即飭差驅逐黨羽、嚴拏匪犯，照例從重治罪，將來聽憑向應行追贓著賠者著償」，第34條爲「遇有大法國商船在中國洋面被洋盜打劫，附近文武官員一經聞知，即上緊緝拏、照例治罪，所有贓物無論在何處搜獲、及如何情形，均繳送領事官轉給事主收領。倘承緝之人或不能獲盜、或不能全起贓物，照中國例處分，但不能賠償」，參見田濤主編，《清朝條約全集》，上冊，頁226上-226下。

〔註43〕〈清平縣稟〉，光緒二十六年十月二十二日，收入中國社會科學院近代史研究所近代史資料編輯室編，《山東義和團案卷》，上冊，頁423。

〔註44〕〈奏報辦理交涉議結各案摺〉，光緒二十七年四月初十日，收入國立故宮博物院故宮文獻編輯委員會編，《袁世凱奏摺專輯》（二），頁254下-255下。

〔註45〕同上註，頁255下-256下。

賢任內索賠數額已達銀 69 萬兩，兼計庚子損失後、索賠數額達銀 100 餘萬兩，唐紹儀與法國主教陶萬里再三商議後，以銀 17 萬 9 千兩作結。〔註46〕

第二節　以安撫德國維持山東平靜

　　拳亂期間，除民教衝突足以影響山東安危之外，德國態度亦為重要關鍵。拳亂初起時，德國政府對於山東省是否受影響、以及受影響的程度相當關心，雖然認為山東省秩序大致良好，〔註47〕但隨著局勢發展，德國外交部開始認為拳亂將日益危及德國在山東的利益；〔註48〕在海軍部保證德國勢力範圍內處於完全太平狀態，所有利益絕對未受威脅，傳教士與鐵路、礦場所雇用之德人均安全無事，公路、鐵路與海港建設均能順利進行下，外交大臣布洛夫（Adam Heinrich Dietrich, baron von Bulow）向德皇威廉二世（Friedrich Wilhelm Viktor Albert von Hohenzollern）建議，若德國向山東進兵，將迫使掌握中國最精銳部隊的袁世凱倒向主戰派，同時也不願因出兵山東而導致列強仿效，再度引發中國瓜分風潮，以致於影響德國在華商業發展。〔註49〕威廉二世雖然認為應佔領濟南府、掌握運河，以確保德國利益，但面對袁世凱所部兩萬餘精兵，也承認對於軍事佔領並無絕對把握。〔註50〕

　　拳亂將作未作之際，袁世凱即已對「釁端已成、大局將裂」憂心忡忡，〔註51〕雖深知中國「以一服八、斷無勝理」，〔註52〕然因消息隔絕，京中情

〔註46〕〈道員唐紹儀請交軍機處記名簡放片〉，光緒二十七年十月初三日，收入光緒二十七年 10 月初 3 日，收入天津社會科學院歷史研究所編，廖一中、羅真容整理，《袁世凱奏議》（上），頁 367。

〔註47〕〈外交大臣布洛夫伯爵奏德皇威廉二世公文〉，1900 年 5 月 29 日，收入孫瑞芹譯，《德國外交文件有關中國史料選譯》（北京：商務印書館，1960 年 3 月第 1 版第 1 次印刷），第二冊，頁 2。

〔註48〕〈外交大臣布洛夫伯爵致海軍參謀總長狄特立克斯上將〉，1900 年 7 月 12 日，收入孫瑞芹譯，《德國外交文件有關中國史料選譯》，第二冊，頁 45。

〔註49〕〈外交大臣布洛夫伯爵上德皇威廉二世電〉，1900 年 7 月 22 日，收入孫瑞芹譯，《德國外交文件有關中國史料選譯》，第二冊，頁 59。

〔註50〕〈威廉二世諭外交大臣布洛夫伯爵電〉，1900 年 7 月 22 日，收入孫瑞芹譯，《德國外交文件有關中國史料選譯》，第二冊，頁 67-68。

〔註51〕〈袁慰帥來電〉，光緒二十六年五月十九日，收入盛宣懷，《愚齋存稿》上冊，卷 35，〈電報 12〉，頁 834 下。

〔註52〕〈袁撫台來電〉，光緒二十六年五月二十二日，收入苑書義、孫華峰、李秉新主編，《張之洞全集》第 10 冊，卷 233，〈電牘 64〉，頁 7978。

形無從得知，即使派員分路查探，仍無法掌握確切訊息，亦無法瞭解朝廷究竟有何對策，僅能盼望朝廷不為拳民所挾制。〔註53〕

　　1900 年 6 月 15 日，天津城內發生大火，電報通訊中斷，〔註54〕外省督撫與朝廷間聯絡斷絕，各省雖仍可將電文由海線發送至海蘭泡，再由東三省轉發至京、津，然不僅時效上無法掌握，費用也過於昂貴，若能將各省電文發至泊頭，由袁世凱自德州調遣馬隊轉送至天津，一日內即可將電文轉至北京。〔註55〕當泊頭電報局於 6 月 18 日晚間被毀後，〔註56〕至 6 月 23 日為止，各省通往北京電報僅剩保定一線可通，〔註57〕山西巡撫毓賢又不肯保護電線，〔註58〕山東境內電報線路成為南北之間互通消息唯一管道，〔註59〕朝廷電旨雖可由保定轉寄各省，但需時約五至八日，〔註60〕遠不如交由袁世凱轉遞為速。〔註61〕因此不僅國內各省電文由山東代轉，各地領事寄北京駐使電文也

〔註53〕〈袁撫台來電〉，光緒二十六年五月二十二日，收入苑書義、孫華峰、李秉新主編，《張之洞全集》第 10 冊，卷 233，〈電牘 64〉，頁 7984。

〔註54〕〈朱寶奎、周萬鵬致盛宣懷函〉，光緒二十六年五月二十日，收入陳旭麓、顧廷龍、汪熙主編，《義和團運動・盛宣懷檔案資料選輯七》（上海：上海人民出版社，2001 年 6 月第 1 版第 1 次印刷），頁 63。

〔註55〕〈盛宣懷致袁世凱電〉，光緒二十六年五月二十一日，收入陳旭麓、顧廷龍、汪熙主編，《義和團運動・盛宣懷檔案資料選輯七》，頁 64。「泊頭」即天津府西南部之「泊頭鎮」，距山東所屬、位於直魯邊境之德州約 50 公里，距北京約 250 公里，於 1896 年設置電報局，參見「泊頭政務網」網址為 http://www.botou.gov.cn/detail.asp?t_id=1105。

〔註56〕〈朱寶奎、周萬鵬致盛宣懷函〉，光緒二十六年五月二十四日，收入陳旭麓、顧廷龍、汪熙主編，《義和團運動・盛宣懷檔案資料選輯七》，頁 63。

〔註57〕〈盛宣懷致武昌、漢口等電局電〉，光緒二十六年五月二十七日，收入陳旭麓、顧廷龍、汪熙主編，《義和團運動・盛宣懷檔案資料選輯七》，頁 82。

〔註58〕〈盛宣懷致劉坤一、張之洞等電〉，光緒二十六年六月十四日，收入陳旭麓、顧廷龍、汪熙主編，《義和團運動・盛宣懷檔案資料選輯七》書，頁 118。

〔註59〕〈盛宣懷致袁世凱電〉，光緒二十六年六月十四日，收入陳旭麓、顧廷龍、汪熙主編，《義和團運動・盛宣懷檔案資料選輯七》，頁 116。

〔註60〕〈盛宣懷致劉坤一、張之洞等電〉，光緒二十六年六月十四日，收入陳旭麓、顧廷龍、汪熙主編，《義和團運動・盛宣懷檔案資料選輯七》，頁 116。

〔註61〕依盛宣懷所述，若透過保定電報局代轉，一來一往之間約需六、七日。但如透過袁世凱以六百里加急文書代遞，兩日即可送到北京。參見〈盛宣懷致總理各國事務衙門、軍機處電〉，光緒二十六年六月十五日，收入陳旭麓、顧廷龍、汪熙主編，《義和團運動・盛宣懷檔案資料選輯七》，頁 118；〈盛宣懷致李經義電〉，光緒二十六年七月二十一日，收入陳旭麓、顧廷龍、汪熙主編，《義和團運動・盛宣懷檔案資料選輯七》，頁 191。

循此管道，〔註 62〕袁世凱處於東南各省與京、津間電報轉送要衝，得以掌握各地動態，地位乃日益重要。

　　山東近在直隸之側，袁世凱的動向對於山東、乃至直隸的安危有絕對的影響性，因此動向備受國內外關注。1900 年 6 月 17 日，袁世凱接獲直隸總督裕祿電報，轉告朝廷於 6 月 15 日所頒發上諭，令其親自、或派遣得力將領統兵赴京。袁世凱認為山東外有英德窺伺，內有匪徒為患，拳民蜂起後各地教士紛紛求救，將兵力盡數抽調北上恐使山東內憂外患立即爆發，加上已調遣7000 名兵力分赴青州、濰縣、直東駐防，目前僅能就近湊集 3000 人，可派遣孫金彪、龔元友統帶，立即開拔赴京，另再抽調數營親自統帶赴德州駐紮，一方面可立即馳援、一方面可兼顧山東。〔註 63〕但袁世凱甫令軍隊出發，即接獲裕祿轉來，令其以山東防務為重、無需派兵北上上諭，乃令孫金彪等返回山東。〔註 64〕隨後，因大沽砲台被攻陷、戰況危急，朝廷又令帶兵北上，袁世凱表示軍隊來回奔波，既易疲病相乘，一旦與沿途拳會遭遇，難保不生事端，且孫金彪原帶各營訓練不足、難以禦敵；目前德軍因高密阻工事件未能解決、已派兵巡弋高密一帶，自己守土有責，不能因馳援他省而使山東防務空虛，因此無法出兵。〔註 65〕朝廷極為不滿，要求袁世凱令孫金彪統領原帶各營赴天津，不許再藉故拖延，〔註 66〕同時另旨命其飭令曹州鎮總兵龍殿揚迅速召集義和團勇，給予糧餉、軍械，星夜兼程北上助戰。〔註 67〕面對朝

〔註 62〕　〈盛宣懷復白藻泰函〉，光緒二十六年七月十八日，收入陳旭麓、顧廷龍、汪熙主編，《義和團運動・盛宣懷檔案資料選輯七》，頁 187。此外，密碼電文亦透過濟南電報局轉遞北京，參見〈盛宣懷致各電局電〉，光緒二十六年七月十五日，收入陳旭麓、顧廷龍、汪熙主編，《義和團運動・盛宣懷檔案資料選輯七》，頁 180。

〔註 63〕　〈遵旨揀派總兵孫金彪等帶兵北上摺〉，光緒二十六年五月二十三日，參見天津社會科學院歷史研究所編，廖一中、羅真容整理，《袁世凱奏議》上冊，頁138-139。

〔註 64〕　〈遵旨將前派北上各營調回原防摺〉，光緒二十六年五月二十九日，參見天津社會科學院歷史研究所編，廖一中、羅真容整理，《袁世凱奏議》上冊，頁141-142。

〔註 65〕　〈復陳東省防務日緊兵力難分未能援津情形摺〉，光緒二十六年六月初二日，參見天津社會科學院歷史研究所編，廖一中、羅真容整理，《袁世凱奏議》上冊，頁 138-139。

〔註 66〕　〈軍機大臣字寄山東巡撫袁〉，光緒二十六年六月初五日，收入中國第一歷史檔案館編，《光緒宣統兩朝上諭檔》二六，頁 162 上-162 下。

〔註 67〕　〈軍機大臣字寄山東巡撫袁〉，光緒二十六年六月初二日，收入中國第一歷史

廷壓力，袁世凱雖表示孫金彪原領四營已回原青州、濰縣各地駐防，抽調北上緩不濟急，且恐德國乘虛而入，山東全局將因此瓦解，但仍同意派遣登州鎮總兵夏辛酉率領所部六營兵力赴津助戰。〔註68〕

袁世凱本人並無參戰意願，雖然同意派軍北上，且令夏辛酉於 7 月 7-9 日開拔，但夏辛酉所部係駐紮魯東，距天津相去遙遠，至 7 月 18 日部隊主力始越過直魯邊境，抵達滄州，但天津已於 14 日為聯軍攻陷。〔註69〕至此，朝廷似已查知袁世凱有意避戰，嚴令奏報夏辛酉所部行蹤，並要求夏辛酉不得「意存觀望、逗留不進」，抵津後立即與馬玉崑合攻聯軍、收復天津，〔註70〕隨後甚至剝奪袁世凱對夏辛酉的指揮權，將其歸撥李秉衡統領。即使夏辛酉最後投入戰爭，武衛右軍主力仍舊駐紮山東，袁世凱也始終未招募團勇北上助戰。

袁世凱除拖延派兵入京時程、拒絕招募團勇，以免山東捲入戰爭之外，對於上海道盛宣懷所提之出兵勤王構想也不予贊同。〔註71〕盛宣懷正致力於東南互保之際，眼見聯軍即將抵達北京，判斷兩宮此時當為主戰派脅逼，陷於剿撫兩難困境中，一旦聯軍入京，可能演變成兩宮為群臣脅持出走局面。目前李鴻章、張之洞、劉坤一正對外聯絡各國、籌畫東南互保事宜，督撫中以袁世凱軍力最強，「禦外患固不足、靖內亂則有餘」，建議袁世凱不妨以禦敵為名奉召入京，實際上進行剿匪、保護兩宮、清君側等行動，〔註72〕袁世

　　　檔案館編，《光緒宣統兩朝上諭檔》二六，頁 156 上。龍殿揚係安徽壽州人，於光緒二十五年接替萬本華擔任曹州鎮總兵，參見孫葆田等撰，《山東通志》(台北：華文書局，民國 58 年)，卷 52‧職官志第四‧國朝職官表二，頁 1822 下。

〔註68〕〈遵旨派總兵夏辛酉督隊兼程赴津摺〉，光緒二十六年六月初九日，天津社會科學院歷史研究所編，廖一中、羅真容整理，《袁世凱奏議》上冊，頁 154-156。

〔註69〕〈津郡失陷飭總兵夏辛酉帶隊改道入京摺〉，光緒二十六年六月二十四日，天津社會科學院歷史研究所編，廖一中、羅真容整理，《袁世凱奏議》上冊，頁 175。

〔註70〕〈遵旨非飭夏辛酉帶與馬玉崑等會合攻剿片〉，光緒二十六年六月二十五日，天津社會科學院歷史研究所編，廖一中、羅真容整理，《袁世凱奏議》上冊，頁 177。

〔註71〕盛宣懷，字杏蓀，江蘇龍溪人，1844 年出生，26 歲即入李鴻章幕府擔任文案、隨侍左右，屢受李鴻章提攜。1896 年以四品京堂候補，督辦鐵路總公司事務，乃於上海成立鐵路總公司。拳亂之際，盛宣懷正在上海考察商務，對於東南互保一事出力甚大。參見馬昌華主編，《淮系人物列傳——文職、北洋海軍、洋員》，頁 123-129。

〔註72〕〈寄袁慰帥〉，光緒二十六年六月初二日，收入盛宣懷，《愚齋存稿》上冊，卷 36，〈電報 13〉，頁 851 下-852 上。

凱認爲不宜操之過急，〔註73〕此時李秉衡、鹿傳霖已奉召進京，事情或有轉機，因而不願出兵干預。〔註74〕

盛宣懷爲說服袁世凱出兵勤王，說以「合肥老矣，旋轉乾坤、中外推公」，如袁世凱依然觀望不前，拳亂一旦波及山東，將使其同時受朝臣、外國、土匪三方勢力所逼，因而進退失據等半推崇、半警告言詞，〔註75〕但袁世凱依舊以兵力不足爲由婉拒。〔註76〕盛宣懷仍不放棄，引述 5 月 30 日榮祿覆沿江五省督撫電文中，對於拳民充斥軍隊與王公大臣左右、自己與慶親王、王文韶等無力挽回時局的痛心疾首，以及 30 日電旨中對於拳民「剿之，則恐禍起肘腋，只可用之，徐圖挽救」的無奈，試圖以兩宮有心清君側，卻苦於無人能救爲由說服袁世凱出兵，〔註77〕但袁世凱仍堅持不允。日本駐上海領事小田切萬壽之助甚至向盛宣懷表示，奉日本外務部指示，請劉、張、盛三人說服袁世凱單獨出兵，或配合日軍鎭壓拳匪，袁世凱依然不從。〔註78〕駐外使節方面，如駐日李盛鐸由日本外務部得知德國即將派兵來華，爲免日後難以收拾，亦建議袁世凱派兵入京救使，〔註79〕袁世凱仍以不敢擅自率兵北上加以拒絕。〔註80〕

自中外開戰以來，榮祿所統領之武衛軍幾已全數投入戰爭，武衛右軍則因隨袁世凱移防山東而置身事外，僅夏辛酉率領六營兵力北上而已。因主力部隊仍在袁世凱掌握中，一旦奉召參戰，必然爲戰爭投下巨大變數，因此其動向甚受外國關注。當東南互保形成後，英國駐漢口總領事霍必瀾（Pelham Laird Warren）曾致電袁世凱，勸告其仿效劉、張等人，在山東省內維持秩序，

〔註73〕〈袁慰帥來電〉，光緒二十六年六月初三日，收入盛宣懷，《愚齋存稿》上冊，卷 36，〈電報 13〉，頁 845 下。

〔註74〕〈袁慰帥來電〉，光緒二十六年六月初五日，收入盛宣懷，《愚齋存稿》上冊，卷 36，〈電報 13〉，頁 856 下。

〔註75〕〈寄東撫袁慰帥〉，光緒二十六年六月十八日，收入盛宣懷，《愚齋存稿》上冊，卷 37，〈電報 14〉，頁 873 下-874 上。

〔註76〕〈又〉，光緒二十六年六月十九日，收入盛宣懷，《愚齋存稿》上冊，卷 37，〈電報 14〉，頁 874 下。

〔註77〕〈又〉，光緒二十六年六月二十日，收入盛宣懷，《愚齋存稿》上冊，卷 37，〈電報 14〉，頁 876 上-876 下。

〔註78〕〈又〉，光緒二十六年六月十三日，收入盛宣懷，《愚齋存稿》上冊，卷 36，〈電報 13〉，頁 869 下。

〔註79〕〈寄東撫袁慰帥〉，光緒二十六年六月初十日，收入李鴻章，《李鴻章全集》電稿，卷 23，頁 4102 下。

〔註80〕〈東撫袁來電〉，光緒二十六年六月十一日，收入李鴻章，《李鴻章全集》電稿，卷 23，頁 4103 上。

獲袁世凱同意。〔註81〕對列強而言，袁世凱決定奉詔參戰，所部兩萬餘精兵投入戰爭，以列強當時在華軍隊規模而言，恐將使中國全境捲入戰火，〔註82〕因此其餘各國對於山東省態度亦甚為關切。〔註83〕袁世凱派遣山東登萊青道李希杰與駐煙台各國領事商議，同意仿東南互保之例出示曉諭，派兵保護口岸、教堂，將境內各地洋人護送至煙台暫避，並言明損失照價全數賠償，〔註84〕駐上海各國領事仍不放心，要求袁世凱明確表態、詳示辦法。〔註85〕

袁世凱深知中國絕無勝算，為免山東捲入戰火，所採取的策略為盡量避免激怒德國，不予德國出兵藉口。依據中德膠澳租界條約規定，離膠澳海平面100華里內，許德國官兵任意過境。平度、膠州、即墨、高密等四州縣均在百里環界內，一旦情勢不穩，德兵隨時可以出面干預，必須設法杜絕百姓向德軍挑釁行為，以免使德國有藉口可以出兵。袁世凱於1900年8月19日致函四州縣地方官，表明目前大局已不堪設想，一旦山東有事，則局面更難收拾，令其務必隨時留意，防止愚民妄加挑釁，則德國「自無隙可乘」。〔註86〕

袁世凱的憂慮隨即獲得驗證機會。1900年7月30日，德兵20餘名欲進入即墨城，因引起百姓騷動，即墨縣令王萬珪下令關閉城門、拒絕德軍進入，德軍因而槍殺趙姓民眾一名。袁世凱於8月24日獲悉此事後，對王萬珪關閉城門舉動深表不以為然，認為對於外國雖不可不防，但「防之在無形，而待之必有禮」。德軍既未違約，則中國應事事以約章待之，「使其無隙可乘、無釁可挑，彼自廢然思返」。如動輒關閉城門，使德國誤以為我有猜防之心，則彼將心生猜疑，即使小事亦可能釀成大事。德軍依約本有入城權利，此次要求過境人數僅

〔註81〕〈代總領事霍必瀾致索爾茲伯理侯爵函〉，1900年7月1日，收入胡濱譯，《英國藍皮書有關義和團運動資料選譯》（北京：中華書局，1980年5月第1版第1次印刷），頁61。

〔註82〕〈代總領事霍必瀾致索爾茲伯理侯爵函〉，1900年7月5日，收入胡濱譯，《英國藍皮書有關義和團運動資料選譯》，頁123。

〔註83〕〈寄東撫袁中丞〉，光緒二十六年六月初八日，收入盛宣懷，《愚齋存稿》上冊，卷37，〈電報14〉，頁866上。

〔註84〕〈袁慰帥來電〉，光緒二十六年六月十一日，收入盛宣懷，《愚齋存稿》上冊，卷37，〈電報14〉，頁867下-868上。

〔註85〕〈寄濟南袁撫帥〉，光緒二十六年六月十一日，收入盛宣懷，《愚齋存稿》上冊，卷37，〈電報14〉，頁868下-869上。

〔註86〕〈致平度、膠州、即墨、高密公函〉，光緒二十六年七月二十五日，收入中國社會科學院近代史研究所、中國第一歷史檔案館合編，《籌筆偶存》，頁426。

20餘人,其非有意生事至為明顯,自當以禮待之,軍隊過境時應事先探查、預告,使百姓不致驚恐,入境時由地方官員接見帶兵官、處處以禮相待,使其無法藉口生事,〔註87〕並以此告誡平度、膠州、即墨、高密四縣縣令,表示「當此時局艱危,凡事當先求其在我者,我不予以之空隙,彼自無隙可乘」,應隨時曉諭所屬百姓、不可妄生驚懼。〔註88〕袁世凱隨後函覆德國總督葉世克,表示關閉城門一事非即墨縣令擅作主張、而是出於安撫百姓驚恐情緒,已要求日後必須以禮相待,但袁世凱也同時要求葉世克,將來如在派員進內地時,需事先一、兩日告知該地地方官,使其有時間曉諭民眾,以免引起疑懼。〔註89〕

9月5日,即墨城外又生事端,兩名德國武官隨帶20兵士兵,在即墨附近被約5百名執旗民眾圍攻,德軍還擊造成3、40餘名民眾死亡,葉世克派兵駐紮即墨,要求王萬珪認真處理聚眾攻擊德軍事件,請袁世凱派員赴膠州或即墨會同辦理。〔註90〕袁世凱認為王萬珪應不至於縱容拳匪,且葉世克語氣尚稱和緩,決定派遣萊州府知府裘訓臣赴膠州,查明滋事群眾究係拳匪或團練,同時要求百里環界內各州縣一律停辦團練。〔註91〕

除致力與山東境內德軍維持良好關係,不使德軍有藉口出兵外,袁世凱也極為關注境外德軍的動向。山東雖支持互保運動,可視為互保範圍之內,〔註92〕但因始終未正式加入,為免外人因不明就裡而產生誤會,袁世凱也努力將山東維持秩序的成果傳達予德軍。當張之洞於8月28日會晤德國駐漢口領事祿理瑋(Dr. Grünenwald)時,已提及「山東袁中丞明事理、能剿匪」,建議其遇事可與袁商辦,祿理瑋對此反應不惡。〔註93〕袁世凱要求張之洞將袁有能力保全山

〔註87〕〈致膠、即、平、高四縣〉,光緒二十六年七月三十日,收入中國社會科學院近代史研究所、中國第一歷史檔案館合編,《籌筆偶存》,頁439。

〔註88〕〈致即墨、膠州、高密、平度〉,光緒二十六年八月十九日,收入中國社會科學院近代史研究所、中國第一歷史檔案館合編,《籌筆偶存》,頁482-483。

〔註89〕〈覆葉大臣〉,光緒二十六年八月十六日,收入中國社會科學院近代史研究所、中國第一歷史檔案館合編,《籌筆偶存》,頁470。

〔註90〕〈德督葉世克電〉,光緒二十六年八月十三日,收入中國社會科學院近代史研究所、中國第一歷史檔案館合編,《籌筆偶存》,頁464-465。

〔註91〕〈致萊州府裘〉,光緒二十六年八月十三日,收入中國社會科學院近代史研究所、中國第一歷史檔案館合編,《籌筆偶存》,頁465-466。

〔註92〕呂秋文,《義和團事變期間東南互保運動之研究》(台北:台灣商務印書館,民國77年4月2版),頁199。

〔註93〕〈致上海李中糖、盛京堂,江寧劉制臺、濟南袁撫台〉,光緒二十六年八月初五日,收入苑書義、孫華風、李秉新主編,《張之洞全集》第10冊,〈電牘69〉,

東平安，匪徒定可盡力剿平，袁與德駐山東文武官員相處融洽等情形代爲轉告穆默，〔註94〕同時建議李鴻章可順祿理瑋語意，向德國外交部致謝，並請沿海督撫聯名致電德國外交部，一方面答禮、一方面使德國無從反覆。〔註95〕

張之洞本袁世凱之意，將「山東袁撫台保護洋人最爲實力，亦與各督撫同心，亦望貴大臣於山東諸事與袁和衷商辦，當能彼此有益」函告穆默。〔註96〕此時德國外交部將預擬之議和條件告知穆默，其中包含佔領山東個別地點、直至一切要求均被履行，以及要求袁世凱在德國同意前不得調動軍隊、或在山東增設防務等。〔註97〕穆默回電中期望「凡有各國人民及產業之省亦必須保護」，其中指明山東對德國而言特別重要，〔註98〕袁世凱乃請張之洞轉告穆默，山東始終努力維持秩序，剿辦拳匪亦有成效卓著，目前境內尚稱安靜，承諾仍將一本初衷竭力治理地方，按照約章保護德國條約權益與德人產業。〔註99〕

袁世凱同時致函沂州府知府胡建樞，表示傳聞德國將派兵 2 萬 7 千來華，今後內地交涉需格外愼重，請通飭所屬各州縣保護教堂及德國人民，以免另生事端。〔註100〕另通飭濟南、東昌、泰安、武定、臨清、沂州、兗州、曹州、濟寧、登州、萊州、青州等各府州縣，表示「本部院日夕籌維，以爲維持大局，其要先在保全東境，保全東境，其要先在斷絕匪蹤」，命令各就地方情形捕拿業經擊散之小股匪徒，房產全數充公，有必要時不妨酌量焚燬，悔改者不予追究，限各府州縣於文到 5 日內回覆辦理情形，緝捕匪徒不力者將從嚴查辦。〔註101〕

頁 8254。

〔註94〕〈東撫袁來電並致江鄂督盛京堂〉，光緒二十六年八月初七日，收入李鴻章，《李鴻章全集》第八冊：電稿（1894-1901 年），卷 25，頁 4159 下。

〔註95〕〈東撫袁來電並致江鄂督〉，光緒二十六年八月初七日，收入李鴻章，《李鴻章全集》電稿，卷 25，頁 4163 上。

〔註96〕〈致上海德國駐京欽差穆大臣〉，光緒二十六年八月初十日，收入苑書義、孫華風、李秉新主編，《張之洞全集》第 10 冊，卷 238，〈電牘 69〉，頁 8268。

〔註97〕〈外交副大臣李福芬男爵致駐北京公使穆默電〉，1900 年 9 月 5 日，收入孫瑞芹譯，《德國外交文件有關中國史料選譯》，第二冊，頁 111。

〔註98〕〈致上海李中堂、盛京堂，江寧劉制台，濟南袁撫台〉，光緒二十六年八月十六日，收入苑書義、孫華風、李秉新主編，《張之洞全集》第 10 冊，卷 238，〈電牘 69〉，頁 8275。

〔註99〕〈袁撫台來電〉，光緒二十六年八月二十日，收入苑書義、孫華風、李秉新主編，《張之洞全集》第 10 冊，〈電牘〉70，頁 8282。

〔註100〕〈致沂州府〉，光緒二十六年八月十九日，中國社會科學院近代史研究所、中國第一歷史檔案館合編，《籌筆偶存》，頁 482。

〔註101〕〈札〉，光緒二十六年八月十九日，中國社會科學院近代史研究所、中國第一

　　張之洞應袁世凱所請草擬電文一份，預備與劉坤一聯名致送上海各國總領事，請其代轉北京各國公使與聯軍各國統帥，電中極力稱道袁世凱自拳亂以來剿匪、保教、護租界、聯名請懲辦禍首等種種努力，商請各國領事居中協調，請聯軍勿分兵南下山東，以免山東百姓無辜受累。〔註102〕此時袁世凱依據情報判斷，聯軍部分兵隊轉折向南，意在從旁護衛主力部隊，防止拳匪乘機斷聯軍後路，並非有意南下，建議張之洞暫緩發電，俟確定聯軍動向後再發出，〔註103〕旋因駐日公使李盛鐸來電指稱俄、德兵有意南下挑釁，以便有藉口可攻山東，〔註104〕袁世凱思考一日後，認為聯軍確實動向雖仍無法掌握，但無法排除南下可能，乃將張之洞所擬電文加以修正，文中不指明俄、德，也不指明聯軍將進犯德州，以免激使其惱羞成怒，請張之洞託盛宣懷轉交各國總領事，視其反應如何。

　　在剿辦拳匪問題上，張之洞原電文以「查自拳匪作亂以來，山東袁中丞保護租界及教士、教民最為出力」說明袁世凱對於保護外人的用心，袁世凱則修改為「袁中丞首先嚴禁，保護租界」；對於袁世凱強力剿拳的成果，張之洞只以「拳匪終不能過德州一步」帶過，袁世凱則加以詳述：

　　　境內現均平靖，在東各國洋商、教士、及他處避難往東者，此次未
　　　傷一人，實為東北各省所未有，想為各國官民所共諒。

對於山東現在情形及一旦聯軍進兵山東後果，張之洞並未提及，僅說明德州在山東境內而已。袁世凱則強調一切平靜：

　　　山東境內實無匪可剿，即偶有蠢動，東省兵力足以彈壓。各國出兵
　　　以剿匪救使為名，素不雠視山東，似無侵入東境之理。萬一傳聞非
　　　虛，恐宵小乘間竊發，地方糜爛必將甚於直境，非數十年不克復原，
　　　與各國利益亦大有損礙。〔註105〕

　　　　歷史檔案館合編，《籌筆偶存》，頁484-485。
〔註102〕〈致江寧劉制台、上海盛京堂、天津李中堂、濟南袁撫台〉，光緒二十六年閏
　　　　八月十一日，收入苑書義、孫華風、李秉新主編，《張之洞全集》第10冊，〈電
　　　　牘71〉，頁8327。
〔註103〕〈袁撫台來電〉，光緒二十六年閏八月十三日，收入苑書義、孫華風、李秉新
　　　　主編，《張之洞全集》第10冊，〈電牘71〉，頁8328。
〔註104〕〈李欽差來電〉，光緒二十六年閏八月十三日，收入苑書義、孫華風、李秉新
　　　　主編，《張之洞全集》第10冊，〈電牘71〉，頁8337。
〔註105〕〈袁撫台來電〉，光緒二十六年閏八月十五日，收入苑書義、孫華風、李秉新
　　　　主編，《張之洞全集》第10冊，〈電牘71〉，頁8337-8338。

與張之洞預擬電文相比較，張之洞始終將主題圍繞於洋兵將進德州上，並未凸顯袁世凱付出的心力，袁世凱於修正版電文中則採取軟硬兼施語氣，既特別強調自己為保護外人所做出的種種努力，包括率先禁拳、保護租界，山東境內洋人全數無恙，直隸拳匪完全被阻絕於山東之外，聯軍並無入山東理由；也說明山東一旦有事，其勢將比直隸更為嚴重，對各國利益將產生極大損害，希望一方面使聯軍感於其種種努力而覺無需出兵，一方面使聯軍懾於事後影響而不敢出兵。

然而德國欲出兵山東傳言甚囂塵上，即使德國駐上海總領事克納貝（Dr. W. Knappe）表示德國並無意進兵山東〔註106〕，竇納樂亦表示北京外交圈中從未有任何一國提起向山東進軍的問題，〔註107〕袁世凱仍決定預作準備，令德州地方官豎立界牌，派翻譯於界牌處守候，如德兵有入界之意，除偕同地方官出迎阻擋之外，同時電請煙臺、膠州洋員出面協助，若仍不能阻止，「惟有盡守土之責」，〔註108〕將在迫於無奈之下與德軍開戰。

因和議遲遲無法開始，德軍進犯山東傳聞始終不斷，袁世凱身為山東巡撫，以鎮壓境內拳匪為保護山東不受聯軍侵犯的手段，一旦山東仍不能倖免，袁世凱被迫興兵抵抗，則過去的所作所為即完全失去意義；如放任德軍進入山東，袁世凱不能守衛疆土，恐亦難逃國法制裁，不論何種情形均非樂見，乃請盛宣懷與德國領事商議、設法勸阻。〔註109〕為使袁世凱安心，德國駐上海總領事向盛宣懷保證德國並無意進兵山東、聯軍統帥瓦德西（Alfred Graf von Waldersee）也表示尚有能力約束各國不犯山東。〔註110〕

然即便德國官方再三保證，聯軍行動仍無停止跡象。袁世凱接獲線報，表示德兵已前進至安陵，距離德州僅六十里〔註111〕。因軍事衝突已迫在眉

〔註106〕〈盛宣懷致劉坤一、張之洞等電〉，光緒二十六年閏八月十九日，收入陳旭麓、顧廷龍、汪熙主編，《義和團運動‧盛宣懷檔案資料選輯七》，頁314-315。

〔註107〕〈竇納樂爵士致索爾茲伯理侯爵電〉，1900年10月12日，收入胡濱譯，《英國藍皮書有關義和團運動資料選譯》，頁350。

〔註108〕〈袁世凱致劉坤一、張之洞等電〉，光緒二十六年九月初三日，收入陳旭麓、顧廷龍、汪熙主編，《義和團運動‧盛宣懷檔案資料選輯七》，頁340。

〔註109〕〈袁慰帥來電〉，光緒二十六年十月十五日，收入盛宣懷，《愚齋存稿》上冊，卷47，〈電報24〉，頁1069下-1070上。

〔註110〕〈寄江鄂東三督撫帥〉，光緒二十六年十月十六日，收入盛宣懷，《愚齋存稿》上冊，卷47，〈電報24〉，頁1071上。

〔註111〕〈袁世凱致劉坤一、張之洞等電〉，光緒二十六年十月十六日，收入陳旭麓、顧廷龍、汪熙主編，《義和團運動‧盛宣懷檔案資料選輯七》，頁436。

睫，袁世凱再度致電穆默，強調自己就任以來保全山東的努力，對德國官民的友善，聲明自己於拳亂以來即竭力保護洋人性命產業，並認真剿辦拳匪，現在地方平靜如常，口岸商務日益興旺，高密鐵路、濰縣礦務均已開工，外籍傳教士亦陸續返回。一旦外國軍隊入境，勢必導致人心騷動，匪徒亦有藉口生事，則山東全局將因此瓦解，德國利益必生重大損害，希望藉助德國力量阻止他國軍隊入侵。並提及德皇曾承諾不派兵入山東，期待德國依然遵守承諾。〔註112〕

對於袁世凱的憂慮，葉世克、連梓、德國主教安治泰（John Baptist Anzer）均一再向袁世凱保證德國無意進兵山東。〔註113〕穆默則電復袁世凱，表示已將袁世凱要求全數轉告聯軍統帥瓦德西，鑑於袁世凱始終設法壓制山東義和團運動，保護外人，穆默認為外兵並無進入山東理由，此說應屬空穴來風。〔註114〕終袁世凱撫魯之日，德國始終未增兵山東。

第三節　以自行剿匪阻止聯軍進兵

拳亂初期，地方督撫所關心者首先為東南互保，不使東南半壁捲入戰爭，其次則為救援被圍困的各國公使。袁世凱雖身處電報轉送要衝，但因撫魯未久、資歷不深，顯得人微言輕，加上經營重心為保持山東民教和諧，不使山東無端捲入戰爭，因而並未積極參與由張之洞、劉坤一主導的救使問題，但對於各國公使能否獲救仍甚為關心。

袁世凱於1900年6月27日、7月14日、7月15日四度代遞、或代繕摺呈遞各督撫單銜、或聯名奏請保全各國公使電稿，加上久歷外交事務，深知公使能否保全對於局勢發展有絕對影響。李鴻章奉旨北上議和，於抵達上海後接獲美國駐上海總領事古納（John Goodnew）轉交美使康格函電，表示已將英國使館遇襲不止，求救甚急訊息轉告各國及前敵各將，「似各國兵臨城下，非救使一端可了局」；另接獲駐俄公使楊儒電報，表示俄國對於中國軍隊越境尋仇極度不滿，「俄廷大怒，恐東三省非我所有」，請袁世凱預擬奏摺代

〔註112〕〈袁撫台來電〉，光緒二十六年十月十五日，收入苑書義、孫華風、李秉新主編，《張之洞全集》第10冊，卷242，〈電牘73〉，頁8447-8448。

〔註113〕〈袁世凱致劉坤一、張之洞等電〉，光緒二十六年十月十八日，收入陳旭麓、顧廷龍、汪熙主編，《義和團運動・盛宣懷檔案資料選輯七》，頁441。

〔註114〕同上註。

奏。〔註 115〕袁世凱認爲李鴻章語氣太過嚴重，現在主戰派已成騎虎難下之勢，太過急躁只會促使其手段更趨激烈，反而無法達到救使目的，建議刪改各國兵臨城下、俄國將佔據東三省等語句，以免橫生枝節。〔註 116〕李鴻章認同袁世凱意見，請其逕行修正後上奏。〔註 117〕

修稿期間，袁世凱接獲駐美公使伍廷芳來電，請代轉美國國書。袁世凱閱後，認爲美國僅要求中國告知各國駐京使臣現在情形，希望中國准許各國公使與本國通信，希望朝廷飭令各大員與聯軍會同救援使館，甚至表示美國願在各國同意接受下出面調停等，〔註 118〕認爲美國語氣較他國平和，將來排解紛爭還須由此入手，且各國公使中僅美國公使能與母國聯絡，美國政府即表示願出面調停，如令各國公使均向母國報平安，則願調停者應當不只美國，請飭總署妥籌商辦。〔註 119〕

除參與救使之外，袁世凱更關心的問題是剿匪。袁世凱於 1900 年 6 月 6 日起，曾三度致函榮祿、請示機宜。〔註 120〕榮祿甫於 6 月 7 日銷假，接獲袁世凱信函後，對於因朝廷姑息而致拳匪蔓延，外人因而情急自衛深表憂心，認爲目前辦法惟有「急治其標」。如中國能自行剿匪，則洋兵不致於妄動，則良民不至於受拳匪所累，拳匪也將因官兵追剿而有所收斂，不但可以保全良民，無形中亦保全拳民。此外，榮祿向袁世凱表示慈禧亦深知此意，袁世凱據此認定慈禧表面上雖附和拳民，實際上卻贊成剿辦，從而堅定其剿拳決心。〔註 121〕

〔註 115〕〈寄東撫袁慰帥〉，光緒二十六年六月二十五日，收入李鴻章，《李鴻章全集》電稿，卷 23，頁 4117 下。

〔註 116〕〈東撫袁來電〉，光緒二十六年六月二十六日，收入李鴻章，《李鴻章全集》電稿，卷 23，頁 4118 上。

〔註 117〕〈寄東撫袁慰帥〉，光緒二十六年六月二十六日，收入李鴻章，《李鴻章全集》電稿，卷 23，頁 4118 上。

〔註 118〕〈據出使美國大臣伍廷芳來電代奏摺〉，光緒二十六年七月初一日，天津社會科學院歷史研究所編，廖一中、羅眞容整理，《袁世凱奏議》上冊，頁 184-185。

〔註 119〕〈請令各國公使發安電回國片〉，光緒二十六年七月初一日，天津社會科學院歷史研究所編，廖一中、羅眞容整理，《袁世凱奏議》上冊，頁 185。

〔註 120〕〈又〉，光緒二十六年五月二十五日，收入盛宣懷，《愚齋存稿》上冊，卷 35，〈電報 12〉，頁 838 下。

〔註 121〕〈致袁世凱函〉，光緒二十六年五月十七日，收入杜春和、耿來金、張秀清編，《榮祿存札》（濟南：齊魯書社，1986 年 12 月第 1 版第 1 次印刷），頁 410-411。原函並未註明日期，編者認爲應做於光緒二十六年六、七月間，但榮祿於信函中表示三月起請假六十餘日，「今月十一日始力疾銷假，而拳洋之釁已成」，按時間推算當在 1900 年 6 月 7 日。函中又稱「今日已請旨，飭宋慶速赴近畿

　　袁世凱對內嚴格要求所屬州縣戮力剿匪，對外也努力促使朝廷下旨，以為剿匪行動建立合法性。袁世凱於 7 月上旬得知使館仍然保全，而拳民已散去大半，建議應趁此時機聯名奏請剿匪，如此對將來中外議和應有所幫助。〔註 122〕李鴻章對於由朝廷降旨剿匪不感樂觀，認為如能使拳匪自然解散亦為解決方案。〔註 123〕

　　1900 年 7 月 14 日，袁世凱等聯名上奏，請朝廷明降諭旨，飭令直隸境內督撫、練兵大員等相機剿辦境內亂匪、亂兵，〔註124〕但遭到軍機處寄諭嚴加訓斥，令各督撫必須認真籌備戰事，如疆土有失，「惟該督撫等是問」，〔註125〕但袁世凱並未因此放棄建請剿匪。當得知 1900 年 7 月 22 日，軍機處廷寄劉坤一等上諭中，要求各督撫不可主動向外國挑釁，同時應將朝廷保護各國使臣決心向各口岸領事宣示，以「共籌備救之方，以維大局」後，袁世凱即於 7 月 27 日致函慶親王，建議應以剿匪杜外人之口，〔註126〕同時另電李鴻章，說明以當前情勢，中國絕不可能盡滅各國，將來終必歸於和平，但「和」必須由剿匪入手，建議應向朝廷詳細說明匪並無戰力，僅以仇教之名行劫殺之實，「誤國殃民、罪不容誅」，正可以自行剿匪作為解套方式。剿匪時先申明禁令，「令脅從者解散、違者兵制之、首者誅之」，並以此為由要求各國停火。〔註127〕

　　由電文中可知，袁世凱已經瞭解，將來停戰後終須與各國議和，但議和前必須創造有利條件，剿匪即為必要條件之一。即使確定應先剿匪，但袁世凱對於初撫魯時，即因作風強硬導致接連被參奏一事記憶猶新，因此仿照處

　　　　助剿」，朝廷要求宋慶令馬玉崑統帥武衛左軍赴京剿拳係在 1900 年 6 月 11
　　　　日，則本函寫作日期當為是日。袁世凱於 6 月 6 日起三度致函榮祿，而該書
　　　　所收榮祿致袁世凱函亦為三封，以時間推算，當即榮祿針對袁世凱信函之回
　　　　覆。
〔註122〕〈東撫袁來電並致江鄂督盛京堂〉，光緒二十六年六月十四日，收入李鴻章，
　　　　《李鴻章全集》電稿，卷 23，頁 4106 上。
〔註123〕〈寄東撫袁慰帥〉，光緒二十六年六月十五日，收入李鴻章，《李鴻章全集》
　　　　電稿，卷 23，頁 4106 上。
〔註124〕〈時局危迫謹合辭敬陳四事摺〉，光緒二十六年六月十八日，天津社會科學院
　　　　歷史研究所編，廖一中、羅真容整理，《袁世凱奏議》，頁 161-162。
〔註125〕〈軍機大臣字寄沿江沿海各督撫〉，光緒二十六年六月二十三日，收入中國第
　　　　一歷史檔案館編，《光緒宣統兩朝上諭檔》二六，頁 210 上。
〔註126〕〈又〉，光緒二十六年七月初七日，收入盛宣懷，《愚齋存稿》上冊，卷 38，
　　　　〈電報 15〉，頁 899 上-899 下。
〔註127〕〈東撫袁來電並致盛京堂江鄂督〉，光緒二十六年七月初二日，收入李鴻章，
　　　　《李鴻章全集》電稿，卷 24，頁 4125 下-4126 上。

理高密阻工案方法，提出循序漸進的剿匪步驟，先出示禁令、次要求解散、不服者再出兵剿辦，給予拳民改過自新的機會，既可使拳民反彈減至最低，也能在相當程度上化解主戰派朝臣疑慮。

依據李鴻章、張之洞的判斷，袁世凱以剿匪阻進兵的建議與各國意見相合。張之洞建議由地方督撫聯銜奏請降密旨剿匪，推李鴻章、劉坤一主稿，〔註128〕李鴻章聯絡盛宣懷擬稿上奏，〔註129〕盛宣懷即擬定一份奏稿，建請朝廷實行保使、保教、剿匪、賑災四事，以免各國軍隊到齊後事態不可收拾。〔註130〕

盛宣懷將擬稿發送李鴻章、劉坤一、張之洞、袁世凱等人後，各人反應不一。李鴻章將其中字句略做修正、強調應解除使館之圍，以及中國現在已經民不聊生後，〔註131〕劉坤一認為措辭得體，請邀集各省會銜繕發；〔註132〕張之洞則認為需附片聲明各省教堂現仍為拳匪騷擾。〔註133〕

以剿匪阻進兵雖為袁世凱所發起，且盛宣懷奏稿中剿匪一項係秉持袁世凱之意所擬，〔註134〕但袁世凱對於盛宣懷所擬奏稿並不完全贊同，認為主戰派在李秉衡奉召入京之後聲勢復振，為免刺激主戰諸人，奏摺用語必須「婉轉易入、與事有濟」，修正其中用詞過於激烈之處，以免主戰派生玉石俱焚之心。〔註135〕袁世凱所指字句過激處，當為稿中引述各國駐華領事指控毓賢、李秉衡、河南巡撫裕長等人殺害教士、教民之語。張之洞接電後態度趨於保

〔註128〕〈盛京堂來電〉，光緒二十六年七月初三日，收入苑書義、孫華風、李秉新主編，《張之洞全集》第 10 冊，〈電牘 68〉，頁 8188-8189。

〔註129〕〈寄江鄂督東撫〉，光緒二十六年七月初四日，收入李鴻章，《李鴻章全集》電稿，卷 24，頁 4127 上-4127 下。

〔註130〕〈盛京堂來電〉，光緒二十六年七月初五日，收入苑書義、孫華風、李秉新主編，《張之洞全集》第 10 冊，〈電牘 68〉，頁 8195-8197。

〔註131〕〈劉峴帥來電〉，光緒二十六年七月初四日，收入盛宣懷，《愚齋存稿》上冊，卷 38，〈電報 15〉，頁 894 下。

〔註132〕〈劉峴帥來電〉，光緒二十六年七月初四日，收入盛宣懷，《愚齋存稿》上冊，卷 38，〈電報 15〉，頁 894 下。

〔註133〕〈致濟南袁撫台、上海李中堂、盛京堂，江寧劉制台〉，光緒二十六年七月初五日，收入苑書義、孫華風、李秉新主編，《張之洞全集》第 10 冊，〈電牘 68〉，頁 8195。

〔註134〕〈寄劉峴帥張香帥袁慰帥〉，光緒二十六年七月初五日，收入盛宣懷，《愚齋存稿》上冊，卷 38，〈電報 15〉，頁 895 上。

〔註135〕〈東撫袁來電並致盛京堂江鄂督〉，光緒二十六年七月初五日，收入李鴻章，《李鴻章全集》電稿，卷 24，頁 4129 下-4130 上。

守，請袁世凱萬勿發稿，如李鴻章堅持呈奏，張之洞表示不願列名，〔註136〕
但因李鴻章催促袁世凱從速繕發之故，〔註137〕袁世凱仍於 7 月 31 日上午以李
鴻章、劉坤一名義發出奏稿。〔註138〕

　　袁世凱繕發奏稿中，對於盛宣懷擬稿做了數處修正。其中關於剿匪部分，
盛宣懷原稿指稱「各省會州縣匪蠢動，商民輟業」，〔註139〕袁世凱則將其改為
「各省會州縣匪蠢動，歃盟結黨、勒索殺掠，四民輟業」，〔註140〕刻意將拳匪
之害誇大，希望朝廷下定決心、嚴加剿辦，並要求將肅清將對象擴大至亂民
散勇，以免拳民混入良民之中興風作浪、難以分辨，並向朝廷表明必須由剿
匪入手，否則「使不能送、兵不能止、和不能議、傅相亦不能往」，〔註141〕
不論救使、停戰、議和，均需由剿匪入手，匪不剿除，則永無安寧之日。

　　盛宣懷見袁世凱對於剿匪一事甚為堅持，建議袁世凱不妨自行擬奏後與
各督撫商議，〔註142〕然袁世凱已於慶親王覆函中對於剿匪一事以「任大責重，
既非菲材所能辦；而權柄操自朝廷，亦非臣下所敢自請」回應中，〔註143〕得
知此時再建請剿匪亦無用處，情勢「無可再望，少言為妙」，〔註144〕因而決定
暫時觀望，但仍堅信「此次滋事由於匪，不先剿匪，必無辦法」。〔註145〕

　　聯軍入京後，拳民雖已潰散，袁世凱仍強調剿匪的重要性，希望各督撫

〔註136〕〈致濟南袁撫台、江寧劉制台、上海盛京堂〉，光緒二十六年七月初六日，收
　　　　入苑書義、孫華風、李秉新主編，《張之洞全集》第 10 冊，〈電牘 68〉，頁 8200。
〔註137〕〈寄東撫袁慰帥〉，光緒二十六年七月初五日，收入李鴻章，《李鴻章全集》
　　　　電稿，卷 24，頁 4129 下。
〔註138〕〈袁慰帥來電〉，光緒二十六年七月初五日，收入盛宣懷，《愚齋存稿》上冊，
　　　　卷 38，〈電報 15〉，頁 898 上-898 下。
〔註139〕〈盛京堂來電〉，光緒二十六年七月初五日，收入苑書義、孫華風、李秉新主
　　　　編，《張之洞全集》第 10 冊，〈電牘 68〉，頁 8196。
〔註140〕〈袁慰帥來電〉，光緒二十六年七月初六日，收入盛宣懷，《愚齋存稿》上冊，
　　　　卷 38，〈電報 15〉，頁 898 下。
〔註141〕〈袁慰帥來電〉，光緒二十六年七月初七日，收入盛宣懷，《愚齋存稿》上冊，
　　　　卷 38，〈電報 15〉，頁 899 上。
〔註142〕〈寄袁慰帥〉，光緒二十六年七月初八日，收入盛宣懷，《愚齋存稿》上冊，
　　　　卷 38，〈電報 15〉，頁 899 下至 900 上。
〔註143〕〈又〉，光緒二十六年七月初七日，收入盛宣懷，《愚齋存稿》上冊，卷 38，
　　　　〈電報 15〉，頁 899 上-899 下。
〔註144〕〈袁慰帥來電〉，光緒二十六年七月初八日，收入盛宣懷，《愚齋存稿》上冊，
　　　　卷 38，〈電報 15〉，頁 900 上。
〔註145〕〈袁慰帥來電〉，光緒二十六年七月十五日，收入盛宣懷，《愚齋存稿》上冊，
　　　　卷 38，〈電報 15〉，頁 904 下。

嚴格管理軍隊，勿使軍隊與匪合流，否則洋兵一聞某處有匪，恐將立即出兵，東南互保將有破局危機。〔註146〕確定兩宮已經離京後，袁世凱致電盛宣懷、李鴻章、劉坤一、張之洞等，再度強調剿匪的重要性，認為兩宮倉皇出走之際，隨扈諸人意向雖不得而知，但兩宮想必已無定見，應乘機由各督撫聯名會奏、痛陳利害，或有改變兩宮心意機會。各國出兵理由為救使、剿匪，現聯軍攻陷北京後，使已救、而匪仍未剿，山西、直隸遍地皆匪，山西又有多名教士被害，聯軍進攻山西當在意料之中，山西不保、則陝西亦難支撐。〔註147〕由此可知，袁世凱始終認為問題癥結在剿匪一事上，匪不剿則無從創造有利條件，無法真正阻止聯軍進兵。又因謠傳此次與各國開戰原因之一為各國請太后歸政，袁世凱另請盛宣懷密告李鴻章，如能於開議時由各國聲明不干預兩宮家務事，議約將更易著手。〔註148〕

此議一出，李鴻章即告知袁世凱，以為須各國同意派全權代表後才能開議，此時焦急無濟於事。〔註149〕劉、張、盛等人雖表贊同，但無人願意領銜。盛宣懷自認無策可畫，建議由張之洞草擬會奏稿；〔註150〕劉坤一大表贊同，希望能趕在德軍抵達前從速結案，以為中國爭取一線生機，建議由李鴻章領銜邀集各省督撫聯名會奏；〔註151〕張之洞認為須先擬訂有效辦法，目前李鴻章已奏請添派慶親王、榮祿為全權，降旨令各省保境安民一項亦已託李鴻章奏請，請袁世凱至少需提供三條具體方法，同時請劉坤一擬稿；〔註152〕劉坤一接獲張之洞電報後，轉而認為李鴻章既已奉旨籌畫大局，張之洞所提其餘諸事應不成問題，「是

〔註146〕〈寄江鄂蘇浙皖川各督撫帥〉，光緒二十六年七月二十四日，收入盛宣懷，《愚齋存稿》上冊，卷39，〈電報16〉，頁916下。

〔註147〕〈東撫袁慰帥來電〉，光緒二十六年八月初四日，收入盛宣懷，《愚齋存稿》上冊，卷40，〈電報17〉，頁928上。

〔註148〕〈又〉，光緒二十六年八月初四日，收入盛宣懷，《愚齋存稿》上冊，卷40，〈電報17〉，頁928上-928下。

〔註149〕〈覆江督劉鄂督張東撫袁江鄂督〉，光緒二十六年八月初五日，收入李鴻章，《李鴻章全集》電稿，卷25，頁4156下。

〔註150〕〈寄江督劉峴帥〉，光緒二十六年八月初四日，收入盛宣懷，《愚齋存稿》上冊，卷40，〈電報17〉，頁929上-929下。

〔註151〕〈又〉，光緒二十六年八月初五日，收入盛宣懷，《愚齋存稿》上冊，卷40，〈電報17〉，頁930上。

〔註152〕〈致上海李中堂、盛京堂，濟南袁撫台、江寧劉制台〉，光緒二十六年八月初八日，苑書義、孫華峰、李秉新主編，《張之洞全集》第10冊，〈電牘69〉，頁8263。

目前要義已盡，此外暫難議及」，現在目標應放在儘速開議。〔註153〕

　　袁世凱接獲張之洞覆電後，認為加派全權大臣、保境安民、退兵、回鑾諸事雖已有要領，但必須等各國均同意退兵後始可議及回鑾事。剿匪一項，必須明降諭旨，將戰禍明白歸罪於拳匪，令各督撫調兵剿辦，或可藉此爭取與各國開議機會。至於張之洞所要求之提供具體辦法，袁世凱表示朝廷於 7 月 26 日諭旨中已有照常交涉意旨，其他辦法則「或不可言、或不能行」，婉拒張之洞要求。〔註154〕

　　由袁世凱電文中可發現，邀集地方督撫上奏的主要目的為請旨剿匪，將剿匪視為穩定局勢的必要手段。對袁世凱而言，回鑾、開議等各項條件成熟與否，端視剿匪能否有成，能否滿足列強最低要求，以免倉促開議後成為列強藉口，但張之洞等看法顯然並非如此。張之洞認為「此時以開議為最急，各國不開口，我何從知其最注意之所在？」，〔註155〕應先求開議、再逐步探知對方底線。

　　袁世凱對於各督撫只重視儘速與各國開議，卻不重視創造日後開議有利條件，既感不滿、復覺無奈。見自己提議不獲支持，袁世凱轉而希望李鴻章抵達天津後，能調集直隸現駐各防營進行剿匪工作，〔註156〕隨後向李鴻章提出具體剿匪辦法，表示直隸駐軍仍有相當數量未捲入戰爭，如肯一面出示曉諭，一面查明匪徒聚集處所，只需剿除其中數股匪徒，並逮捕首要份子，其餘匪徒必當聞風而逃，不必全部剿滅、即可收剿匪之效。〔註157〕

　　隨後，張之洞因接獲德國公使穆默來電，表示除非中國先懲辦禍首，否則德國目前無法接受停戰或開議，〔註158〕適荷蘭公使克羅伯（F. M. Knobel）

〔註153〕〈江督劉峴帥來電〉，光緒二十六年八月初九日，收入盛宣懷，《愚齋存稿》上冊，卷40，〈電報17〉，頁936下。

〔註154〕〈東撫袁慰帥來電〉，光緒二十六年八月初九日，收入盛宣懷，《愚齋存稿》上冊，卷40，〈電報17〉，頁937上。

〔註155〕〈致上海盛京堂〉，光緒二十六年八月初十日，收入苑書義、孫華風、李秉新主編，《張之洞全集》第10冊，〈電牘69〉，頁8269。

〔註156〕〈東撫袁來電〉，光緒二十六年八月十三日，《李鴻章全集》電稿，卷26，頁4173上。

〔註157〕〈東撫袁來電〉，光緒二十六年八月十七日，《李鴻章全集》電稿，卷26，頁4183上。

〔註158〕〈致上海李中堂、盛京堂，江寧劉制台，濟南袁撫台〉，光緒二十六年八月十六日，收入苑書義、孫華風、李秉新主編，《張之洞全集》第10冊，卷238，〈電牘69〉，頁8275。

將各國請太后歸政、嚴懲禍首後始許議和之立場密告李鴻章，〔註159〕張之洞對於剿匪乃轉趨積極，希望由各省督撫連銜奏陳，「請明旨痛剿拳匪」。〔註160〕因各督撫立場趨於一致，且朝廷已知拳民無能抗拒聯軍，乃一再嚴痛剿拳匪，拳匪終於全部瓦解。〔註161〕

第四節　以兩宮回鑾促使列強開議

早在宣戰之初，袁世凱即已探得兩宮有意西遷傳聞。〔註162〕聯軍逐步進逼、勢難阻擋，北京傳出兩宮將西幸避禍，洋兵已預備截擊消息後，李鴻章即與盛宣懷共擬一稿，希望兩宮切勿出京，並立即下旨派重臣就近與前敵各軍商議停戰，力邀各督撫會銜電奏，〔註163〕另以傳聞拳匪將護駕西幸，請劉、張速電袁世凱，促其繕發奏稿。〔註164〕張之洞的態度為不諫阻西幸，只諫阻拳匪護駕西幸，故不願列銜，〔註165〕袁世凱認為西幸與否兩宮應早有定見，因而亦不願附名。〔註166〕

其後袁世凱探得進一步消息，兩宮於聯軍入京前即已預備出京，決定由榮祿及董福祥隨扈、剛毅幫辦，留武衛軍守護北京，因榮祿力阻而尚未出發，〔註167〕然聯軍已於 8 月 15 日入京，各國使館已經解圍。〔註168〕張之洞得知

〔註159〕〈盛京堂來電〉，光緒二十六年八月十六日，收入苑書義、孫華風、李秉新主編，《張之洞全集》第 10 冊，卷 239，〈電牘 70〉，頁 8277。

〔註160〕〈致上海李中堂、盛京堂，江寧劉制台，濟南袁撫台〉，光緒二十六年八月十六日，收入苑書義、孫華風、李秉新主編，《張之洞全集》第 10 冊，卷 239，〈電牘 70〉，頁 8277-8278。

〔註161〕拳匪遭剿滅經過，參見戴玄之，《義和團研究》（台北：中國學術著作獎助委員會，1964 年 10 月），頁 166-168。

〔註162〕〈東撫袁來電〉，光緒二十六年五月二十四日，收入李鴻章，《李鴻章全集》電稿，卷 22，頁 4080 下。

〔註163〕〈李中堂、盛京堂來電〉，光緒二十六年七月十九日，收入苑書義、孫華風、李秉新主編，《張之洞全集》第 10 冊，卷 237，〈電牘 68〉，頁 8224-8225。

〔註164〕〈李中堂、盛京堂來電〉，光緒二十六年七月二十二日，收入苑書義、孫華風、李秉新主編，《張之洞全集》第 10 冊，卷 237，〈電牘 68〉，頁 8221。

〔註165〕〈致上海李中堂、盛京堂來電，江寧劉制台、濟南袁撫台〉，光緒二十六年七月十九日，收入苑書義、孫華風、李秉新主編，《張之洞全集》第 10 冊，卷 239，〈電牘 68〉，頁 8220。

〔註166〕〈袁撫台來電〉，光緒二十六年七月二十一日，收入李鴻章，《張之洞全集》第 10 冊，卷 237，〈電牘 68〉，頁 8222。

〔註167〕〈東撫袁來電並致江鄂督盛京堂〉，光緒二十六年七月二十五日，收入李鴻章，

後，即以劉、張會銜名義，致電英、法、俄、德、美、日本駐上海總領事，直言聯軍如不顧及兩宮安全，「則何以處南方之各督、撫」，請其轉告本國聯軍將領，於24小時之內出具進兵不致驚擾兩宮具體辦法，以安南方各督撫及各省民心。〔註169〕領事會議認定張之洞此電限時回覆、語帶恫嚇，〔註170〕張之洞乃急電解釋並無以東南互保威嚇各國之意。〔註171〕盛宣懷擬請駐英公使羅豐祿、駐日公使李盛鐸告知英、日兩國政府，劉、張等將與留京全權大臣共同籌商議約、剿匪、迎鑾事宜，亦將盡力維持東南互保。〔註172〕劉坤一對盛宣懷擬稿極為贊同，承諾將盡心盡力，〔註173〕張之洞則以兩宮尚未確定西行、外省督撫無權自任議約為由，刪去議約、迎鑾兩項。〔註174〕

　　長蘆鹽運使楊宗濂於8月17日自保定傳來消息，指兩宮於8月13日赴山西，留端郡王載漪、莊親王載勛、吏部尚書剛毅、兵部尚書徐用儀、戶部尚書崇綺等主戰派守京師。張之洞本擬邀集各省聯銜會奏，請派親信王大臣與各國商議停戰，請入衛各軍剿辦拳匪，請速頒諭旨令各省照常保護洋人，認為「前兩者條可以立時止兵、從容議約，後一條可以鎮定大局、轉危為安」。〔註175〕袁世凱接電後，以主張議和之吏部左侍郎許景澄、太常寺卿袁昶等人

《李鴻章全集》電稿，卷24，頁4143下。
〔註168〕〈東撫袁來電並致盛京堂江鄂督〉，光緒二十六年七月二十四日，收入李鴻章，《李鴻章全集》電稿，卷24，頁4142下。
〔註169〕〈致江寧劉制台〉，光緒二十六年七月二十三日，收入苑書義、孫華風、李秉新主編，《張之洞全集》第10冊，卷238，〈電牘69〉，頁8230。
〔註170〕〈盛京堂來電〉，光緒二十六年七月二十三日，收入苑書義、孫華風、李秉新主編，《張之洞全集》第10冊，卷237，〈電牘69〉，頁8231。
〔註171〕〈致上海英、法、俄、德、美、日本各國總領事〉，光緒二十六年七月二十三日，收入苑書義、孫華風、李秉新主編，《張之洞全集》第10冊，卷238，〈電牘69〉，頁8232。
〔註172〕〈寄劉峴帥張香帥〉，光緒二十六年七月二十四日，收入盛宣懷，《愚齋存稿》上冊，卷39，〈電報16〉，頁916下-917上。
〔註173〕〈又〉，光緒二十六年七月二十五日，收入盛宣懷，《愚齋存稿》上冊，卷39，〈電報16〉，頁917上。
〔註174〕〈致江寧劉制台、上海盛京堂〉，光緒二十六年七月二十五日，收入苑書義、孫華風、李秉新主編，《張之洞全集》第10冊，卷238，〈電牘69〉，頁8237。張之洞雖不敢自任，卻積極鼓勵李鴻章應自任議約大臣，以從速與各國開議，參見〈致上海李中堂、盛京堂，江寧劉制台〉，光緒二十六年七月二十六日，收入苑書義、孫華風、李秉新主編，《張之洞全集》第10冊，卷238，〈電牘69〉，頁8238-8239。
〔註175〕〈張香帥致李中堂各將軍督撫電〉，光緒二十六年七月二十六日，收入盛宣懷，

均遭處決之故，建議張之洞待局勢確定後再會奏較妥。〔註176〕

　　楊宗濂於 8 月 20 日表示崇綺已抵達保定，其餘四人確定留守。〔註177〕
袁世凱認為留守四人皆為主戰派，恐不易開議，但不開議則列強必侵擾各省、
或追擊兩宮，如此大局必然決裂，因李鴻章已獲派為全權，此時補救之道唯
有要求各國立即派員與李鴻章開議。〔註178〕

　　聯軍入京後，救使目的已達成，疆臣認為已有開議可能，李鴻章於 8 月
19 日請各國派員議和，各國條件雖不盡相同，但要求兩宮回鑾後始開議則為
共識，〔註179〕自此回鑾問題浮上檯面。袁世凱最初的態度為必須等各國均同
意退兵後始可議及回鑾事，〔註180〕但在探得太原行在傳出主戰派說服兩宮於
10 月 1 日啟鑾西幸之後，〔註181〕擔憂各國以兩宮西幸為由不肯撤兵，提議以
陝西回民與拳民亦相互攻殺，且有俄國勢力與回民結合為由委婉勸阻。〔註182〕
自此，袁世凱態度由不阻止兩宮西幸，轉而傾向希望兩宮回鑾。

　　張之洞自始即表明其立場為不敢阻止西幸，為免引起兩宮誤會，乃自行
擬就一份電稿，請兩宮勿再輕信主戰派，中國目前已敗相已定，再戰必將造
成瓜分局面，若早日議和，「京城必復、天津可還、東三省可退」，即使中國
元氣大傷，仍有休養生息機會，兩宮不論在晉、在陝，均需選擇忠純馴良將
領護衛左右，勿令董福祥、馬玉良等回軍掌握全局。〔註183〕張之洞徵求劉

　　　　《愚齋存稿》上冊，卷39，〈電報16〉，頁918下-919下。
〔註176〕〈袁慰帥來電〉，光緒二十六年七月二十七日，收入盛宣懷，《愚齋存稿》上
　　　　冊，卷39，〈電報16〉，頁919下-920上。
〔註177〕〈寄江鄂皖東督撫帥〉，光緒二十六年七月二十九日，收入盛宣懷，《愚齋存
　　　　稿》上冊，卷39，〈電報16〉，頁921下。
〔註178〕〈袁慰帥來電〉，光緒二十六年七月二十九日，收入盛宣懷，《愚齋存稿》上
　　　　冊，卷39，〈電報16〉，頁921下。
〔註179〕李國祁，《張之洞的外交政策》（台北：中央研究院近代史研究所，民國 73
　　　　年 5 月再版），頁 234-235。
〔註180〕〈東撫袁慰帥來電〉，光緒二十六年八月初九日，收入盛宣懷，《愚齋存稿》
　　　　上冊，卷40，〈電報17〉，頁937上。
〔註181〕〈袁撫台來電〉，光緒二十六年閏八月初五日，收入苑書義、孫華風、李秉新
　　　　主編，《張之洞全集》第10冊，卷239，〈電牘70〉，頁8306。
〔註182〕〈袁撫台來電〉，光緒二十六年閏八月初六日，收入苑書義、孫華風、李秉新
　　　　主編，《張之洞全集》第10冊，卷239，〈電牘70〉，頁8308-8309。
〔註183〕〈致江寧劉制台、濟南袁撫台、上海盛京堂〉，光緒二十六年閏八月初七日，
　　　　收入苑書義、孫華風、李秉新主編，《張之洞全集》第10冊，卷239，〈電牘
　　　　70〉，頁8310-8312。

坤一、袁世凱、盛宣懷意見，但盛、〔註184〕劉、〔註185〕袁均認為未切中西幸不利於開議之要旨，袁世凱更於修改時，將原稿加入主戰派以戰自保等內容，並質疑原稿中隱含支持西幸說詞之不當，〔註186〕認為兩宮西幸恐使開議一事節外生枝，請張之洞修正後速發。〔註187〕因不獲支持，張之洞另擬一份奏稿，強調防回、劾董兩事，但仍不敢諫阻西幸。〔註188〕張之洞閃爍其辭的態度不僅劉坤一無法認同，〔註189〕盛宣懷也無法接受，乃建議由李鴻章依據各督撫反對西幸言論單銜電奏。〔註190〕

　　袁世凱對張之洞始終不敢諫阻西幸一事更為不滿，除要求盛宣懷轉告李鴻章，請其會同榮、慶力阻，對於地方督撫應會奏諫阻一事亦甚為堅持，〔註191〕除邀請盛宣懷列銜外，〔註192〕也希望李鴻章勿於諫阻電文中以各督撫反對西幸為立論基礎，督撫應與李鴻章分別上奏、相互接應。〔註193〕此外，即使明知張之洞無意阻止，仍請其於奏稿中加入勸阻西幸文句。〔註194〕

　　袁世凱的態度獲得劉坤一支持，〔註195〕但張之洞仍深懷疑慮。〔註196〕

〔註184〕〈盛京堂來電〉，光緒二十六年閏八月初九日，收入苑書義、孫華風、李秉新主編，《張之洞全集》第10冊，卷239，〈電牘70〉，頁8313。

〔註185〕〈劉制台來電〉，光緒二十六年閏八月初九日，收入苑書義、孫華風、李秉新主編，《張之洞全集》第10冊，卷239，〈電牘70〉，頁8312。

〔註186〕〈袁撫台來電〉，光緒二十六年閏八月初九日，收入苑書義、孫華風、李秉新主編，《張之洞全集》第10冊，卷239，〈電牘70〉，頁8312-8313。

〔註187〕〈又〉，光緒二十六年閏八月初八日，收入盛宣懷，《愚齋存稿》上冊，卷42，〈電報19〉，頁973上。

〔註188〕〈致江寧劉制台，濟南袁撫台、上海盛京堂〉，光緒二十六年閏八月初八日，收入苑書義、孫華風、李秉新主編，《張之洞全集》第10冊，卷239，〈電牘70〉，頁8314-8315。

〔註189〕〈江督劉峴帥來電〉，光緒二十六年閏八月初八日，收入盛宣懷，《愚齋存稿》上冊，卷42，〈電報19〉，頁972下。

〔註190〕〈寄江鄂東督撫帥〉，光緒二十六年閏八月初九日，收入盛宣懷，《愚齋存稿》上冊，卷42，〈電報19〉，頁977上。

〔註191〕〈又〉，光緒二十六年閏八月初九日，收入盛宣懷，《愚齋存稿》上冊，卷42，〈電報19〉，頁974上。

〔註192〕〈又〉，光緒二十六年閏八月初九日，收入盛宣懷，《愚齋存稿》上冊，卷42，〈電報19〉，頁974上-974下。

〔註193〕〈又〉，光緒二十六年閏八月初九日，收入盛宣懷，《愚齋存稿》上冊，卷42，〈電報19〉，頁974下。

〔註194〕〈又〉，光緒二十六年閏八月初九日，收入盛宣懷，《愚齋存稿》上冊，卷42，〈電報19〉，頁974下。

〔註195〕〈又〉，光緒二十六年閏八月初九日，收入盛宣懷，《愚齋存稿》上冊，卷42，

兩宮決定西幸上諭寄達各督撫後，〔註 197〕張之洞反對奏請回鑾與諫阻西行
的態度更爲堅定，〔註 198〕袁世凱雖知啓鑾之後要奏請回鑾極爲不易，仍自
行草擬一道奏稿，暫訂由陝西巡撫端方代爲呈奏，希望說服兩宮收回西幸成
命。

袁世凱奏稿成於 1900 年 10 月 5 日，以「偏安必不可成、京師必不可棄，
籲懇降旨明示轉圜，以定人心而安大局」爲題，表達反對西幸的立場。袁世
凱將兩宮暫幸太原，下旨剿匪、懲凶等等作爲，描述成天下士庶感激悅服的
舉措，將兩宮回鑾描述成中外各界引頸企盼的大事，同時提出五項反對西幸
的理由。其一爲被迫遷都恐造成日後積弱不振局面；其二爲陝西地方貧瘠，
鄰近的新疆有俄國逼處，甘肅又有回民虎視，環境較北京更爲不利。其三爲
各國既能遠渡重洋聯兵進攻中國，自然有辦法進攻陝西，西幸不可能遏阻各
國進逼，屆時欲求偏安亦不可得；其四爲北京乃國家根本重地，棄之恐失民
心，兩宮也不能安心。

袁世凱所列舉的五項理由中，以第五項「不回鑾恐招致瓜分之禍」最爲
重要。奏稿中說明各國先前曾承諾退兵迎鑾、不佔土地，無論是否出於誠心，
兩宮正可因勢利導，以回鑾促各國儘速撤兵，如決定西幸，「是拂各國之請、
而阻就款之忱」，萬一各國改變心意、不願撤軍，則北京、遼東將從此淪陷。
更堪慮者爲「一國變計、各國爭先，外而沿江沿海處處侵佔，內而奸宄生心
紛紛擾亂，瓜分之勢成、糜爛之禍亟」，內憂外患並起必使民心疏離，令兩宮
在陝西難以得到充足糧餉供應，何況隨駕西幸部隊亦不可能抵抗各國精銳。

基於上述五點，袁世凱認爲西幸與否實關乎中國存亡，請兩宮切勿西幸：
如已出發，亦請明降諭旨，承諾北京平靜後即回鑾，並派遣王大臣致祭宗廟，

<hr>

〈電報 19〉，頁 975 上。

〔註 196〕〈致江寧劉制台，濟南袁撫台、福州善將軍、安慶王撫台、上海盛京堂、天
津李中堂〉，光緒二十六年閏八月初十日，收入苑書義、孫華峰、李秉新主編，
《張之洞全集》第 10 冊，卷 240，〈電牘 71〉，頁 8320。

〔註 197〕閏八月初六，朝廷頒佈上諭，表示目前拳匪尚未完全平定，尚非回鑾時機，
將於閏八月初八日由太原啓程西幸長安，令奕劻、李鴻章速與各國議定和局，
以便早日還駕。參見〈軍機大臣字寄慶親王，大學士直隸總督李〉，光緒二十
六年閏八月初六日，收入中國第一歷史檔案館編，〈光緒宣統兩朝上諭檔〉二
六，頁 325 上。

〔註 198〕〈致上海盛京堂、天津李中堂、江寧劉制台、濟南袁撫台、安慶王撫台〉，光
緒二十六年閏八月初十日，收入苑書義、孫華峰、李秉新主編，《張之洞全集》
第 10 冊，卷 240，〈電牘 71〉，頁 8323。

另請全權大臣告以各國退兵後必回鑾。〔註199〕

　　袁世凱始終認爲幸陝不利於開議，可知奏稿中雖臚列五點反對幸陝理由，但重心全在第五點之上，其餘四點係爲陪襯之用，以免給兩宮以地方督撫挾外人要脅朝廷的印象。劉坤一對袁世凱所擬奏摺極爲讚賞，同意袁世凱「欲圖補救，唯有先請諭旨、事定回京，庶可杜外人之口」的作法，請袁世凱邀集各省督撫聯名上奏，劉坤一屆時願列名，同時另附一奏片強調西幸恐致大局不可收拾，以加強兩宮的危機感。〔註200〕張之洞在眾人壓力下不得不讓步，但仍堅持不應再提請兩宮收回幸陝成命一事，而以「不請回鑾，但請明諭終必回鑾；不阻幸陝，而阻遷都於陝，且力言遷陝不和，仍不能存、且速其亡」爲宗旨，請袁世凱暫緩發稿，待張之洞將三人擬件合併後再參酌，始願附名。〔註201〕袁世凱表示樂觀其成，但強調「西幸，則和議恐緩，諸謬特險，更不知有何變局」，擔憂兩宮幸陝反而使局勢更加複雜，〔註202〕要求張之洞必須在修正稿中加強天下人皆痛恨拳匪，以及請兩宮以祖宗陵寢爲念等說法，如此則更易使兩宮接受。〔註203〕此時楊儒傳來各國質疑遷都西安之舉反映中國並無議和誠意，甚至有可能激使各國西向進兵，或南向佔據沿海各省之消息，〔註204〕袁世凱認爲應把握機會，趁楊儒奏電呈遞時，繼之以各省會奏，如能說服兩宮轉駐開封，對於此後與各國開議則更爲有利，否則「諸禍首抵陝後，恃遠負固，必有一番把持，和議愈遠、毒根愈深，無從收拾」，乃更催促張之洞從速擬稿會奏。〔註205〕

〔註199〕〈袁撫台來電〉，光緒二十六年閏八月初八日，收入苑書義、孫華風、李秉新主編，《張之洞全集》第10冊，卷240，〈電牘71〉，頁8331-8332。

〔註200〕〈復東撫袁〉，光緒二十六年閏八月十二日，收入歐陽輔之編，《劉忠誠公（坤一）遺集》頁8082。

〔註201〕〈致濟南袁撫台、江寧劉制台、安慶王撫台、上海盛京堂〉，光緒二十六年閏八月十三日，收入苑書義、孫華風、李秉新主編，《張之洞全集》第10冊，卷240，〈電牘71〉，頁8330-8331。

〔註202〕〈袁慰帥來電〉，光緒二十六年閏八月十三日，收入盛宣懷，《愚齋存稿》上冊，卷43，〈電報20〉，頁987下-988上。

〔註203〕〈又〉，光緒二十六年閏八月十三日，收入盛宣懷，《愚齋存稿》上冊，卷43，〈電報20〉，頁988上。

〔註204〕〈俄京楊星使電奏〉，光緒二十六年閏八月十二日，收入盛宣懷，《愚齋存稿》上冊，卷42，〈電報19〉，頁983下-984上。

〔註205〕〈袁慰帥來電〉，光緒二十六年閏八月十四日，收入盛宣懷，《愚齋存稿》上冊，卷43，〈電報20〉，頁990下。

在袁世凱與各督撫的壓力下，張之洞對於袁世凱所擬的奏稿進行修改。張之洞所修改版本中刪除原奏第一點所稱，被迫遷都將成積弱之勢一項，改為強調今日遷都情勢與過去不同，第二至四點則僅略做字句修正。對於袁世凱立論中心的第五點理由，張之洞仍大體上維持原狀，保留「西幸不利於開議」宗旨，但將原奏中將可能引起兩宮不快的字句，改以較為和緩的語氣呈現。此外，張之洞對於袁世凱原奏中要求兩宮「收回幸陝成命」一句雖覺不妥，但仍予以保留。〔註206〕

隨後，張之洞再參酌閩浙總督許應騤、湖北巡撫于蔭霖、兩江總督劉坤一對於用字遣詞方面的意見，〔註207〕將奏稿於10月9日修訂完成，由劉坤一領銜於次日發出。〔註208〕

兩宮對於督撫聯名奏請回鑾極為不滿，12日收到後，立即發佈上諭解釋立場，訓斥眾督撫、將軍不瞭解朝廷苦心。上諭中說明朝廷之所以下詔罪己、重懲禍首，原即希望能從速議和、早日回鑾，並無偏安之理，但目前尚未開議、洋兵仍分段據守京師，回鑾後將情何以堪，西幸長安實有不得已苦衷。只要「各國與中國眞心和好，不奪我自主之權，勿強以所必不能行之事，一有成議，自當即日降旨、定期回鑾」，令各督撫「謹守封疆、接濟行在」即可。〔註209〕

由袁世凱所主導的促請兩宮回鑾，以便促成迅速開議一事，最終以軍機處寄諭訓斥收場。袁世凱雖仍認為目前各國軍隊駐京，兩宮勢必不肯回鑾，如先議定草約，各國軍隊改駐天津，回鑾後即行簽押批准，亦無不可，〔註210〕

〔註206〕〈致上海盛京堂〉，光緒二十六年閏八月十四日，收入苑書義、孫華風、李秉新主編，《張之洞全集》第10冊，卷240，〈電牘71〉，頁8334-8335。

〔註207〕〈致西安端撫台、馮方伯、江寧劉制台、濟南袁撫台、上海盛京堂〉，光緒二十六年閏八月十六日，收入苑書義、孫華風、李秉新主編，《張之洞全集》第10冊，卷240，〈電牘71〉，頁8338。

〔註208〕〈南洋大臣兩將總督臣劉坤一等奏〉，光緒二十六年閏八月十九日，收入王亮編、王彥威纂輯、王敬立校，《西巡大事記》，（臺北：文海出版社，民國52年3月初版）。《西巡大事記》，卷二，頁66下-67上。

〔註209〕〈軍機大臣字寄慶親王奕、大學士、直隸總督李，成都、廣州、杭州、福州各將軍，兩江、湖廣、四川、閩浙、陝甘、兩廣各總督、湖北、湖南、山東、浙江、安徽、江蘇各巡撫，大理寺少卿盛〉，光緒二十六年閏八月二十日，收入中國第一歷史檔案館編，《光緒宣統兩朝上諭檔》二六，頁335下-336上。據《西巡大事記》，上諭係於十九日寫就，參見同註209。

〔註210〕〈袁中丞來電〉，光緒二十六年九月十九日，收入盛宣懷，《愚齋存稿》上冊，卷45，〈電報22〉，頁1029上。

但見兩宮心意已決，此後暫未再提及回鑾事宜，改以力促兩宮下旨自行懲辦禍首爲中心。

　　局勢大定、即將開議前夕，盛宣懷將李盛鐸電告、東京報紙刊登各國初擬條款共十項，轉告榮祿、張之洞、劉坤一、袁世凱等，〔註211〕張之洞認爲其中撤沿海砲台、禁軍火進口、京沽沿途駐兵三項最爲狠毒，將使中國實際上爲外國控制，兩宮回鑾也因此而成爲不可能〔註212〕，至此回鑾爭議又起。張之洞致函慶、李，認爲撤大沽砲台、使館駐兵、天津至海沿途設關卡三事勢不可免，但「我既無台無兵，彼又據有鐵路，半日可到都下」，從此中國喪失自主之權，建議兩全權如一時無有善策，各國又因陝西遙遠而不願設館，不妨採行英國領事建議，與各國商議另擇長江上游只能通行小兵輪之處，於離岸數十里或百里地方設置行都，〔註213〕使館、總署均遷至江邊沙市，外國軍隊仍駐使館，議明不登岸、長江砲台不拆，俟兩年後蘆漢鐵路修成再回鑾。〔註214〕

　　對於設置行都的建議，袁世凱明白表示反對，認爲駐兵、設卡兩項，「不外人限、年限、兵限、權限上設法補救」，即便朝廷同意，如外國仍要求駐兵護使，則依然必須沿江設立外兵關卡、暢通道路，如此反而多生枝節。〔註215〕不僅袁世凱反對，劉坤一、〔註216〕盛宣懷、〔註217〕李鴻章也都不表贊

〔註211〕李盛鐸轉述之條款有「一、爲克林德立紀念碑、派親王赴德慰謝。二、廢總署。三、懲禍首各王大臣。四、撤大沽及直隸沿海砲台。五、禁軍火進口。六、肇亂地方停考試五年。七、按各國通例改覲見儀注。八、留兵保護使館。九京沽沿路酌駐兵。十、償款」。參見〈盛京堂來電〉，光緒二十六年九月二十七日，《張之洞全集》第10冊，卷241，〈電牘72〉，頁8408。

〔註212〕〈致江寧劉制台〉，光緒二十六年九月二十八日，收入苑書義、孫華風、李秉新主編，《張之洞全集》第10冊，卷241，〈電牘72〉，頁8407-8408。

〔註213〕〈張香帥來電〉，十一月初九日，收入盛宣懷，《愚齋存稿》上冊，卷48，電報25，頁1095下-1096上。

〔註214〕〈致東京李欽差〉，光緒二十六年十一月十三日，收入苑書義、孫華風、李秉新主編，《張之洞全集》第10冊，卷243，〈電牘74〉，頁8475-8476。張之洞對於在長江中游設立行都顯得頗爲積極，甚至曾致電李盛鐸，表示已上奏、請將荊州一帶設爲行都，總署、各國使館設於沙市，請李盛鐸與日本商議，要求日本與英、美密商，如三國同意，再轉商俄、德、法。參見李國祁，《張之洞的外交政策》，頁242-243。

〔註215〕〈袁慰帥來電〉，十一月十一日，收入盛宣懷，《愚齋存稿》上冊，卷48，電報25，頁1098上。

〔註216〕劉坤一認爲即使於長江岸設立行都，各國既能要求撤除津沽沿線砲台、駐兵京津，自然能要求於長江沿岸比照辦理，如此不但京津、東三省歸還無期，反又失去東南屏障，不如商議減少駐兵與關卡數量。參見〈劉峴帥來電〉，十

同。〔註218〕張之洞倡議的設立行都一事乃不了了之。

小　結

　　庚子拳亂的爆發對袁世凱是相當大的考驗。對內，袁世凱面對或視教如仇、或畏教如虎的山東省官民，既需使良民、官員仇視教民的心理獲得宣洩，又不能使教士、教民因自覺受侮而引起紛爭，必須兩面安撫、不使造亂，其處境之艱難可想而知。袁世凱延續撫魯以來處理教案的「調和民教、分別良莠」原則，採取「清其本而治其標」方式，令所屬官員依據條約持平辦理，同時嚴密查緝，令各莊長出具不鬧教甘結，復令各防營擇要駐紮，留意保護各地教堂。在袁世凱的堅持下，官員的態度由同情良民、暗縱拳民、責怪教民轉而認同應禁拳。但袁世凱並非處處針對平民或拳民，亦曾起意要求教民出教，以為若山東省內既無拳民、亦無教民，則民教衝突自然無由發生，地方自然安靖。

　　對外，袁世凱雖未參加東南互保，但其保護外人行為與參加互保各省無異，對於境內外國人士採取集中保護措施，遇事盡量滿足外人要求，命令膠澳百里環界內各級地方官員尊重德國條約權利，不可先向德國挑釁、亦不可使德人認為遭到挑釁，既安撫境內德人，亦藉此令境外德軍無進軍山東藉口。同時，面對朝野、中外各界對其出兵參戰或平亂的期望，袁世凱一概拒絕，雖不免予人擁兵自重、意存觀望之感，但按兵不動確實有效減輕德人疑慮。值得注意的是，袁世凱對德人並非屈意忍讓、事事遷就，對於有礙主權之事則仍引成例、律例、條約據理力爭，務使中國主權不受侵害。

　　　一月十二日，收入盛宣懷，《愚齋存稿》，上冊，卷48，〈電報25〉，頁1098
　　　上-1098下。

〔註217〕盛宣懷亦不贊同，認為約中既無「永遠」字樣，則應向各國展現中國必不重
　　　蹈覆轍決心，「兵必漸撤、軍火必開禁」，如今唯有以回鑾向各國商減兵數，
　　　並多設立行宮，以免坐困北京而已。參見〈寄江督劉峴帥鄂督張香帥東撫袁
　　　慰帥〉，光緒二十六年十一月十二日，收入盛宣懷，《愚齋存稿》，上冊，卷
　　　48，〈電報25〉，頁1099上。

〔註218〕李鴻章認為，各國駐軍數量有限，且約定中國可以自力保護後即撤兵，對中
　　　國影響有限。各國公使不可能聽由中國安排、將其任意遷徙，且英、德公使
　　　均否認贊同設立行都。參見〈寄西安行在軍機處〉，光緒二十六年十一月十二
　　　日，收入李鴻章，《李鴻章全集》第八冊：電稿（1894-1901年），卷30，頁
　　　4276下-4277上。

　　拳亂初期，因電報線路被毀，透過山東傳遞電報、書信成為外省與北京間最便捷的聯絡管道。袁世凱身繫電報轉運重任，得以參與江海各督撫對於時局的議論。相對於張之洞等人的努力促使聯軍停止進兵，袁世凱關注的重點在於為將來的議和創造有利的條件，袁世凱之所以積極建請剿辦拳匪、兩宮回鑾、反對設置行都，目的在於擔憂各國以拳匪尚存、兵不能止，或不回鑾、即不開議為由拖延和議，中國損失將日重一日，既然剿匪，回鑾能為中國創造較為有利的開議條件，自當積極進行、以減輕損害。雖然這些建議並未全數獲得採納，仍可見袁世凱於拳亂初期所採行、或建議的策略全數以「自求改善」為核心。

第三章　庚子後期袁世凱的救亡圖存

　　袁世凱於就任山東巡撫未久，庚子拳亂即全面爆發。袁世凱對內努力安撫山東平民、教民，對外力阻德國進兵山東；對朝廷，以拖延戰術避免武衛右軍捲入戰爭，也不回應出兵勤王聲浪；對地方，雖未加入東南互保，但採取與互保相同的保護境內洋人措施，安內攘外、舉措得宜，贏得外人信任，在各省督撫中的發言份量也逐漸加重。

　　1900 年 6 月 20 日起，拳民開始圍攻北京各國使館，引發各國聯軍前來救援。聯軍於 8 月 15 日進佔北京後，兩宮西狩、拳民潰散。軍事行動大致結束後，隨之而來的即是拳亂善後問題，包含懲凶、議約、俄國佔據東三省等重大外交議題。兩宮出京時留榮祿在京辦事，令李鴻章、榮祿與聯軍接洽，授李鴻章全權、朝廷不爲遙制，另於西行途中令隨駕之慶親王奕劻返京，會同李鴻章商辦一切事宜，初許其便宜行事、後亦授與全權，榮祿、張之洞、劉坤一則先後奉旨參與議約事宜。

　　停戰、議和關鍵問題爲懲辦禍首，此事自始即困難重重。兩宮出京時由神機營、神虎營，以及馬玉崑統領之部分武衛軍護衛，甘肅布政使岑春煊帶領之防營兩千餘人，甘肅提督董福祥率領之武衛軍殘部亦於途中加入，行在仍保留相當兵力。此外，兩宮於途中召文武百官赴行在，包括各部司員、軍機章京等不少人均奉召前往，行在依然能行使其政治機能。兩宮西行時，載漪、載勛、載瀾、剛毅、趙舒翹、英年等各國指定之禍首均在隨駕行列，載漪仍舊管理總理衙門，復於途中升任軍機大臣，載瀾則升任御前大臣，[註1]

〔註 1〕 李希聖，《庚子國變記》，收入楊家駱主編，《義和團文獻彙編》（台北：鼎文書局，民國 62 年 9 月初版），第一輯，頁 23-26。

顯示守舊派依然掌握相當權力，甚至足以與北京、彊臣等分庭抗禮，懲凶一事乃遲遲難以定案。

袁世凱雖因未獲朝廷任命而無法正式參與善後事宜，但仍積極提供建議，使自己因參與全國性事務，獲得全國性聲望。本章即將就袁世凱對於自行懲辦禍首、抗拒俄國逼迫訂約、《辛丑和約》議定等問題的參與及建議進行論述。

第一節　以自行懲辦禍首去除談判障礙

八國聯軍的進逼迫使兩宮不得不出京西行。當確定兩宮離京後，袁世凱致電盛宣懷、李鴻章、劉坤一、張之洞等，建議應趁兩宮倉促離京、驚魂未定之餘聯名上奏，或可挽救危局。〔註2〕張之洞認為補救之道只有迅速開議；〔註3〕盛宣懷則建議請慶親王、榮祿、李鴻章主持議和，並將「誤信邪匪、致釀國亂諸臣」分別懲辦、以謝天下。〔註4〕張之洞則因擔憂觸怒朝中守舊勢力，因而反對主動懲辦禍首，認為此係「自生枝節」。〔註5〕

因德國公使克林德遇害，因此德國對於懲辦禍首的態度最為堅決，德皇威廉二世將之視同以重兵佔領如濟南府般的最重要據點，視此為保護德國利益、恢復安定與秩序方法。〔註6〕因此，當聯軍佔領北京後不久，德國外交部即致電駐華公使穆默，提出預擬的和平方案，內容包括懲辦一切有罪的人，特別是上層社會的禍首。穆默認同懲辦禍首的必要性，並建議以此為議和的先決條件，〔註7〕獲外交大臣布洛夫同意、奏准德皇，並通告德國駐英、法、

〔註2〕〈東撫袁慰帥來電〉，光緒二十六年八月初四日，收入盛宣懷，《愚齋存稿》上冊，卷40，〈電報17〉，頁928上。

〔註3〕〈致濟南袁撫台，上海李中堂、盛京堂，江寧劉制台〉，光緒二十六年八月初四日，收入苑書義、孫華峰、李秉新主編，《張之洞全集》第10冊，卷238，〈電牘69〉，頁8249。

〔註4〕〈盛京堂來電〉，光緒二十六年八月初六日，收入苑書義、孫華峰、李秉新主編，《張之洞全集》第10冊，卷238，〈電牘69〉，頁8257。

〔註5〕〈致上海李中堂、盛京堂，江寧劉制台〉，光緒二十六年八月初八日，收入苑書義、孫華峰、李秉新主編，《張之洞全集》第10冊，卷238，〈電牘69〉，頁8262-8263。

〔註6〕〈威廉二世諭外交大臣布洛夫伯爵電〉，1900年7月22日，收入孫瑞芹譯，《德國外交文件有關中國史料選譯》，第二冊，頁67-68。

〔註7〕〈外交副大臣李福芬男爵致駐北京公使穆默電〉，1900年9月5日，收入孫瑞芹譯，《德國外交文件有關中國史料選譯》，第二冊，頁111。

俄、奧、美、意、日各國公使，請其建議駐在國政府授權各國駐華公使提出禍首名單。就布洛夫的意見，從犯人數過多，不可能全數處死，而領袖集團全數懲辦亦有一定難度，懲辦人數多寡的重要性遠不如受懲辦者是否具有關鍵地位，例如端王、榮祿、董福祥。各國基本上雖不表反對，但立場各異，英、俄不希望因堅持懲辦禍首而妨礙議和，美國反對懲辦對象及於慈禧太后、亦反對以懲辦禍首做為議和先決條件，日本建議德國應與列強廣泛交換意見。〔註8〕此外，英國雖擔心慈禧太后一旦被列為禍首，將使中國因此崩解，對歐洲造成不利影響，認為寬免包括端王在內的皇族罪責對歐洲較為有利，但在德國堅持下，英國同意考慮懲辦近支親貴的可行性，〔註9〕沙侯向竇納樂詢問是否有把握指明禍首，以及一旦中國拒絕時，列強是否有能力逕行逮捕。〔註10〕對此，竇納樂表示絕對有把握指出禍首，且各國駐京公使對於禍首的認知應該完全相同，但因端王為禍首之一，逮捕恐有實際困難。〔註11〕

當穆默於9月8日致電張之洞，表示德國立場為中國先明降諭旨懲辦禍首方有開議可能後，〔註12〕張之洞態度為之一變，對於懲凶轉趨積極，為此「擬一釜底抽薪之法」，希望各省連銜奏陳。其一為「力劾董福祥大言欺罔，通匪開釁」，欲乘朝中主戰派人人自危之際，指責董福祥禍國殃民，請立即將其解職治罪，所部軍隊解編後分交宋慶、馬玉崑統領；如有所為難，至少須交部議處、奪其兵權。〔註13〕劉坤一對此大表贊同；〔註14〕袁世凱曾聽聞董福祥所部搶掠直、晉百姓、騷擾地方等事，雖認為拳禍一事董福祥難辭其咎，但並不贊成為

〔註8〕　〈外交大臣布洛夫伯爵奏威廉二世電〉，1900 年 9 月 16 日，收入孫瑞芹譯，《德國外交文件有關中國史料選譯》，第二冊，頁 121-123。

〔註9〕　〈駐倫敦大使哈慈菲爾德伯爵致外部電電〉，1900 年 9 月 25 日，收入孫瑞芹譯，《德國外交文件有關中國史料選譯》，第二冊，頁 130-131。

〔註10〕　〈索爾茲伯理侯爵致竇納樂爵士電〉，1900 年 9 月 25 日，收入胡濱譯，《英國藍皮書有關義和團運動資料選譯》，頁 245。

〔註11〕　〈竇納樂爵士致索爾茲伯理侯爵函〉，1900 年 9 月 29 日，收入胡濱譯，《英國藍皮書有關義和團運動資料選譯》，頁 256。

〔註12〕　〈致上海李中堂、盛京堂，江寧劉制台，濟南袁撫台〉，光緒二十六年八月十六日，收入苑書義、孫華風、李秉新主編，《張之洞全集》第 10 冊，卷 238，〈電牘 69〉，頁 8275。

〔註13〕　〈致上海李中堂、盛京堂，江寧劉制台，濟南袁撫台〉，光緒二十六年八月十六日，收入苑書義、孫華風、李秉新主編，《張之洞全集》第 10 冊，卷 239，〈電牘 70〉，頁 8277-8278。

〔註14〕　〈復張制軍並寄李中堂袁中丞盛京堂〉，光緒二十六年八月十七日，歐陽輔之編，《劉忠誠公（坤一）遺集》，電信卷一，頁 8292。

其安上通匪罪名，反認為剛毅「誤信邪匪、倡言招撫、欺奏解散、引匪入京」，亦應一併劾奏。〔註15〕李鴻章也認為張之洞過於樂觀，各國要求太后歸政非一朝一夕之事，現在理由更為充分，並非令董福祥承擔所有罪責即可了事，權衡之下認為袁世凱建議「較切實際」，請張之洞主稿後邀集各省會奏。〔註16〕袁世凱、李鴻章的看法獲劉坤一贊同，但仍擔心如此仍無法滿足列強，建議可照張之洞意見先除董福祥、其餘諸人待列強指明後再懲辦。〔註17〕

袁世凱於9月13日收到五天前由行在寄發之電旨，以其中有「七月二十一日之變，罪在朕躬、悔何可及」之語，〔註18〕認為可乘此進言，「如聯合痛劾諸禍首，不但可謝各國、謝臣民，尤可為兩宮剖白」。〔註19〕劉坤一贊成以懲辦禍首為先發制人之道，請李鴻章密奏兩宮，將端郡王載漪、大學士剛毅、刑部尚書趙舒翹三人降職，譴責其肇禍之罪，以此向列強展現中國誠意；〔註20〕張之洞則明白表示不願列銜，請李鴻章自行主稿；〔註21〕袁世凱認為董福祥殘兵有限、馬玉崑又隨扈西行，董應已無能為，此時仍以各省會奏為妥。開議後慶、李必將各國開列條件告知行在，屆時即形成「不劾之劾」，因此會奏中除董福祥外，餘人可不必指名，「只劾搆釁誤國者，請罷斥」，而邀集各省會奏公電中，須對各省督撫曉以利害，使其明白各國決心須先懲禍首後始允開議，朝廷恐不願、亦無法自行懲辦禍首，如此則國家有危亡之虞，不如先發制人，由各省聯名奏請罷斥釀禍諸人，既能保全國家、亦能保全眾人，認為若能照此意邀集各省，各省願意附名者必多，同時可在會劾奏稿內婉示

〔註15〕〈東撫袁來電並致盛京堂江鄂督〉，光緒二十六年八月十七日，收入李鴻章，《李鴻章全集》電稿，卷26，頁4184下。

〔註16〕〈寄江督劉鄂督張〉，光緒二十六年八月十八日，收入李鴻章，《李鴻章全集》電稿，卷26，頁4185上。

〔註17〕〈寄李中堂張制軍〉，光緒二十六年八月十八日，收入歐陽輔之編，《劉忠誠公（坤一）遺集》頁8292。

〔註18〕《西巡大事記》，卷一，頁42下。

〔註19〕〈袁慰帥來電〉，光緒二十六年八月二十日，收入盛宣懷，《愚齋存稿》上冊，卷41，〈電報18〉，頁948下-949上。

〔註20〕〈寄李中堂張制軍〉，光緒二十六年八月十八日，收入歐陽輔之編，《劉忠誠公（坤一）遺集》，電信卷一，頁8293。〈復李中堂袁中丞並寄張制軍盛京堂〉，光緒二十六年八月20日，收入歐陽輔之編，《劉忠誠公（坤一）遺集》，電信卷一，頁8293-9284。

〔註21〕〈致上海李中堂、盛京堂，江寧劉制台，濟南袁撫台〉，光緒二十六年八月二十一日，收入苑書義、孫華風、李秉新主編，《張之洞全集》第10冊，卷239，〈電牘70〉，頁8285。

保全禍首之意，以使兩宮較易接受。〔註22〕但李鴻章認爲事態緊急，於 9 月 14 日即以李鴻章、劉坤一、張之洞、袁世凱聯銜名義將電奏稿發出，稿中開列海關副總稅務司裴式楷（R. E. Bredon）所透露之各國指明之禍首莊親王載勛、協辦大學士剛毅、輔國公載瀾、端郡王載漪、刑部尚書趙舒翹、左翼總兵英年等六人，奏請分別革職、歸罪以謝天下，並據此向各國要求停戰與開議。〔註23〕袁世凱意見雖未獲李鴻章採納，但由其歷次電文中所透露出，以自行懲辦禍首爲議和創造有利條件，可以窺見袁世凱所強調的仍是自求改善。

　　當聯軍將進攻保定消息於 9 月中傳出後，〔註24〕張之洞認爲目前有四事應進行：一爲促使俄國自東三省撤軍，二爲速辦克林德撫卹事宜，三爲及早開議以阻進兵，四爲奏請兩宮下詔罪己，並須奏明不開議、即令外人認爲朝廷仍不願停戰之意，請劉坤一主稿致電三全權。〔註25〕袁世凱認同張之洞對於不開議即表示不停戰說法，也願在公電上列名，但認爲「不辦禍首、斷難開議，全案要領全在辦禍首，舍此別無辦法」，至於撫卹則不外剿辦兇手、嚴辦禍首、遣使謝罪三種方式，此恐非賠款所能了事。〔註26〕袁世凱另建議，德國因公使被害，憤恨尤深，遇事須先與德國商辦，否則必激怒德國，有礙大局。〔註27〕

　　劉坤一依議繕發公電後，〔註28〕雖然劉坤一、盛宣懷等都預測此摺必定

〔註22〕〈袁中丞來電〉，光緒二十六年八月二十一日，收入盛宣懷，《愚齋存稿》上冊，卷 41，〈電報 18〉，頁 950 下-951 上。

〔註23〕〈李中堂來電〉，光緒二十六年八月二十二日，《張之洞全集》第 10 冊，卷 239，〈電牘 70〉，頁 8286。袁世凱雖主張會奏中應劾奏數名禍首，但並不知李鴻章奏稿中劾奏幾人，參見〈袁中丞來電〉，光緒二十六年八月二十二日，收入盛宣懷，《愚齋存稿》，上冊，卷 41，〈電報 18〉，頁 952 上。

〔註24〕〈袁慰帥來電〉，光緒二十六年八月二十四日，收入盛宣懷，《愚齋存稿》上冊，卷 41，〈電報 18〉，頁 954 下。

〔註25〕〈致上海盛京堂、江寧劉制台、安慶王撫台、濟南袁撫台〉，光緒二十六年八月二十四日，收入苑書義、孫華風、李秉新主編，《張之洞全集》第 10 冊，卷 239，〈電牘 70〉，頁 8293-8294。

〔註26〕〈袁慰帥來電〉，光緒二十六年八月二十五日，收入盛宣懷，《愚齋存稿》上冊，卷 41，〈電報 18〉，頁 955 下。

〔註27〕〈袁慰帥來電〉，光緒二十六年八月二十五日，收入盛宣懷，《愚齋存稿》上冊，卷 41，〈電報 18〉，頁 957 上。

〔註28〕〈劉制台來電〉，光緒二十六年八月二十六日，收入苑書義、孫華風、李秉新主編，《張之洞全集》第 10 冊，卷 239，〈電牘 70〉，頁 8296。劉坤一所發會銜奏摺中，將張之洞所列第四端改爲速辦禍首，張之洞擔心一再奏請辦禍首將使朝廷誤會此係各督撫要求，希望加以修正、否則此後不再同意列銜，參見〈致江寧劉制台、上海盛京堂、濟南袁撫台〉，光緒二十六年八月二十七日，

留中，但對兩宮而言仍造成相當震撼。9月18日奏摺抵達行在，〔註29〕兩宮閱後召見軍機，光緒皇帝聲色俱厲訓斥載漪、載勛、載瀾、載瀅、載濂等人，慈禧皇太后則默然不語，只令王文韶擬旨，「諸臣跪至八刻之久」，〔註30〕可見兩宮已體認到事態極為嚴重。當袁世凱得知消息後，認為德國懲凶決心非美國或任何一國所能阻止，此時應可乘機持續進言，或可使兩宮做出決定，可惜內廷無人接應。〔註31〕

在彊臣、外國雙重壓力下，朝廷迫於無奈，於9月25日首度發佈上諭，將莊親王載勛、怡親王溥靜、貝勒載瀅、貝勒載濂等人革爵；端郡王載漪開去一切差使、發宗人府議處；輔國公載瀾、都察院左都御史英年、吏部尚書剛毅、刑部尚書趙舒翹均交部議處，〔註32〕九名禍首中有八名為滿人，其中六人為近支親貴。此外，為安撫德國，另派大學士崑岡前往克林德停靈處祭奠，承諾將來克林德靈柩運回德國時，令南、北洋大臣沿途照料，抵達後再由駐德公使呂海寰代表中國政府致祭。〔註33〕

懲凶諭旨一下，彊臣反應不一。袁世凱指出毓賢自出任山東巡撫以來種種縱容拳匪、迫害洋教惡行，認為「義團之興，毓實肇之」。〔註34〕又指出剛毅引拳匪入京、現仍主戰，「此人過於輕辦，各國必不甘心」。〔註35〕張之洞擬定一

收入苑書義、孫華風、李秉新主編，《張之洞全集》第10冊，卷239，〈電牘70〉，頁8297。

〔註29〕 據《西巡大事記》記錄，李鴻章等四人奏請懲辦禍首摺係由護理陝西巡撫端方以六百里加急文書方式遞送，於八月二十五日遞至行在。參見〈李鴻章劉坤一張之洞袁世凱奏〉，光緒二十六年八月二十五日，收入王亮編、王彥威纂輯、王敬立校，《西巡大事記》，卷二，頁51上。

〔註30〕 〈陝撫端午帥來電〉，光緒二十六年八月三十日，收入盛宣懷，《愚齋存稿》上冊，卷41，〈電報18〉，頁961上。

〔註31〕 〈濟南袁慰帥來電〉，光緒26年閏八月初一日，收入盛宣懷，《愚齋存稿》上冊，卷42，〈電報19〉，頁965上。

〔註32〕 〈內閣奉上諭〉，光緒26年閏八月初二日，收入中國第一歷史檔案館編，《光緒宣統兩朝上諭檔》二六，頁319上。據《西巡大事記》，此上諭係於閏8月初一日繕發，參見〈上諭〉，光緒26年閏八月初一日，收入王亮編、王彥威纂輯、王敬立校，《西巡大事記》，卷二，頁55下-56上。

〔註33〕 〈內閣奉上諭〉，光緒26年閏八月初二日，收入中國第一歷史檔案館編，《光緒宣統兩朝上諭檔》二六，頁319下。

〔註34〕 〈東撫袁慰帥來電〉，光緒26年閏八月初六日，收入盛宣懷，《愚齋存稿》上冊，卷42，〈電報19〉，頁969上。

〔註35〕 〈又〉，光緒26年閏八月初六日，收入盛宣懷，《愚齋存稿》上冊，卷42，〈電報19〉，頁969上。

份奏稿，強調董福祥爲禍首，與拳民勾結、不遵節制，罪惡多端、天下共憤，請奪其兵權、交部議處。〔註36〕並依袁世凱建議，於奏稿中加入請將董福祥所部交宋慶節制等語。〔註37〕李鴻章致電行在軍機處，表示若不對禍首處以極刑，各國必不能滿意，如能自行懲辦，應可阻止聯軍西行，若不願令各國予取予求，至少也應將肇禍諸王大臣嚴行治罪，不可令其仍留君側，以免使各國有藉口拖延開議時程。〔註38〕對此，朝廷再度頒諭，表示列強未曾提及的溥靜、載瀅、載濂等人亦一併懲處，可見朝廷並無護短之意，但須等各衙門調查完畢後再降旨懲處，毓賢業已開缺，此外列強並未指明禍首，無法查辦。〔註39〕

因德皇威廉二世極爲關注懲凶問題，故德國對於中國懲凶諭旨也最快做出回應，建議列強訓令其駐華公使確認懲辦人員是否足夠、名單是否正確、懲處是否恰當，以及列強將如何監督懲處執行，獲得列強同意照辦。〔註40〕北京外交團於10月8日舉行會議，除俄國公使因使館移設天津而未出席，德國與奧匈帝國由代辦出席外，與會各國公使審視中國自提懲處名單，認爲除遺漏毓賢、董福祥之外，大體上正確；與諸禍首犯行相比，所擬刑責並不算嚴厲；以及懲處需在北京執行，應由各國軍職或文職官員代表出席監刑等問題達成一致協議。〔註41〕

就袁世凱的觀察，各國意見容或有所差異，但在要求中國承諾另立新政府、立即回鑾、下詔罪己等三事立場則大致相同，但三者目前實行上都有困

〔註36〕〈致江寧劉制台，濟南袁撫台、上海盛京堂〉，光緒26年閏八月初七日，收入苑書義、孫華風、李秉新主編，《張之洞全集》第10冊，卷239，〈電牘70〉，頁8310-8312。

〔註37〕〈濟南袁中丞來電〉，光緒26年閏八月初九日，收入盛宣懷，《愚齋存稿》上冊，卷42，〈電報19〉，頁974上。

〔註38〕〈寄端護陝撫飛遞行在軍機處〉，光緒26年閏八月十九日，收入李鴻章，《李鴻章全集》，第八冊，電稿，卷二十七，頁4207下-4208上。

〔註39〕〈總署致美使康格照會〉，光緒二十六年九月初二日，收入中央研究院近代史研究所編，《中美關係史料》光緒朝四，頁2726-2727。

〔註40〕〈外交大臣布洛夫伯爵致駐倫敦大使哈慈菲爾德伯爵電〉，1900年10月1日，收入孫瑞芹譯，《德國外交文件有關中國史料選譯》，第二冊，頁133。英國政府甚至決定，直到德國同意談判時機已到，訓令駐華德使開始談判時，英國才授權駐華英使展開談判，參見〈外交大臣布洛夫伯爵致奏威廉二世電〉，1900年10月9日，收入孫瑞芹譯，《德國外交文件有關中國史料選譯》，第二冊，頁136。

〔註41〕〈竇納樂爵士致索爾茲伯理侯爵電〉，1900年10月9日，收入胡濱譯，《英國藍皮書有關義和團運動資料選譯》，頁342-343。

難，「現欲補救，唯有三事上設法，……而三事中仍以表過爲最要」。〔註42〕
表過包含下詔罪己與懲辦禍首，德國方面雖同意不必交出禍首，但仍堅持必
須嚴辦後始願開議，不能開議、即無停戰可能。〔註43〕如能聯銜電奏，朝廷
當不至於因庇護禍首而棄大局於不顧，況諸人本即有罪，即使無外人要求，
亦應懲辦。〔註44〕

　　袁世凱對於懲辦禍首一事自始即相當積極，認爲懲辦與否關乎中國未來，
眾禍首使國家陷入危亡境地，即使各國不予追究，中國仍應自行懲辦，「懲之則
宗社可保、天下可定，諸人亦未必全死；縱之則大局必裂、全國必亡，諸人終
必同歸於盡」，懲辦禍首一事顯然是中國存亡之所繫，也是將來順利開議的必要
條件，如兩宮仍不能接受慶、李所提懲兇要求，應請張之洞、劉坤一領銜，會
同各省督撫持續進言，〔註45〕如僅將毓賢開缺或調任，恐無法阻止聯軍進兵，
且消息指出山西巡撫錫良面奏時，稱毓賢所爲實「赤心爲國」，慈禧甚至因此而
落淚，顯見慈禧仍眷顧毓賢，若毓賢調赴行在，恐對大局有所不利。〔註46〕

　　北京外交團於 10 月 26 日再度舉行會議，一致同意懲辦禍首是首要問題，
應優先討論。經充分協商後，決定要求中國應對於犯有直接攻擊使館、殺害
洋人罪行者，計載漪、載勛、溥靜、載濂、載瀅、載瀾、董福祥、毓賢、剛
毅、趙舒翹、英年等 11 人處以死刑。〔註47〕各國對重懲相當堅持，且有「以
回鑾之遲速、定和議之成否」等說法，〔註48〕令朝廷十分不滿，認爲各國有
心刁難，除表明和議就緒即啓程回鑾之外，另責成慶、李等要求列強從速開

〔註42〕〈袁慰帥來電〉，光緒 26 年閏八月十九日，收入盛宣懷，《愚齋存稿》上冊，
　　　　卷 43，〈電報 20〉，頁 993 下。
〔註43〕〈濟南袁慰亭中丞來電〉，光緒 26 年閏八月十二日，收入盛宣懷，《愚齋存稿》
　　　　下冊，卷 95，〈補遺 72〉，頁 1986 下。
〔註44〕〈濟南袁慰帥來電〉，光緒 26 年閏八月十九日，收入盛宣懷，《愚齋存稿》下
　　　　冊，卷 95，〈補遺 72〉，頁 1987 上。
〔註45〕〈袁慰帥來電〉，光緒 26 年閏八月二十六日，收入盛宣懷，《愚齋存稿》上冊，
　　　　卷 43，〈電報 20〉，頁 998 下。
〔註46〕〈濟南袁慰帥來電〉，光緒 26 年閏八月二十七日，收入盛宣懷，《愚齋存稿》
　　　　下冊，卷 95，〈補遺 72〉，頁 1987 下。
〔註47〕〈康格致海函〉，1900 年 10 月 27 日，收入天津社會科學院歷史研究所編，《1901
　　　　年美國對華外交檔案：有關義和團運動暨辛丑條約談判的文件》（山東：齊魯
　　　　書社，1984 年 1 月第 1 版第 1 次印刷），頁 48。對於處決方式，因各國公使
　　　　相信禍首們多數將奉旨、或自願自盡，因此只只死刑，不提方式。
〔註48〕〈寄西安行在軍機處〉，光緒二十六年九月十二日，收入李鴻章，《李鴻章全
　　　　集》電稿，卷 28，頁 4230 下-4231 上。

議。〔註49〕袁世凱認為「回鑾議和勢所難行，兩難並行，激變堪慮」，〔註50〕當初若立即懲辦數人，並降旨聲明事定後即回鑾，「似可免此兩難」。如再拖延不辦，聯軍一旦深入，則局勢必無可挽回，唯今之計只有從速懲辦禍首，或有補救機會。袁世凱請盛宣懷告知楊儒等駐外使節迅速回覆，並請劉、張兩人將擬奏稿修改語氣、「或敘明各國要求如此，臣等獻替如此，雖未能滿人意，冀可轉圜云云」，將各國要求條件開列其中，使朝廷得知已不能再存心拖延，否則慶、李兩人電奏中必無辦法，諸外使所奏恐也無濟於事，則勢必與外國決裂，〔註51〕為免局勢惡化，請張之洞、劉坤一兩人與慶親王、李鴻章商議，是否能以將載漪、溥靜、載瀅、載濂四人永遠圈禁，載勛、載瀾、剛毅、英年、毓賢五人嚴懲，趙舒翹遣戍，董福祥先革職、發遣後再查辦等方式為條件開議。〔註52〕然為免朝廷反彈，袁世凱提出另一種懲辦可能，認為若依西方律令，叛亂罪刑責止於監禁，若依中國律令，則「懿親向不加刑」，若各國果真有意由中國自行懲辦禍首，應當依中國律例處理。〔註53〕

當外交團對於懲辦禍首一事積極規劃時，聯軍的軍事行動適時提供其迫使中國不得不屈服的強大壓力。由於各國政府自有考量，聯軍處於表面上共同合作、檯面下暗自較勁的狀態。統帥瓦德西於 9 月 25 日始抵達大沽、2 日後移駐天津，其時聯軍已攻佔北京一月有餘。當時軍事行動大致結束，俄國已有自北京撤軍計畫，美軍似亦有撤軍準備，德、意正規軍則正向北京開拔，為確立統帥權威，以及向中國表示自己確實能有效統領聯軍，瓦德西登岸不久即與英軍將領蓋斯里（Alfred Gasselee）計畫由天津、北京兩路合攻保定，並獲得法國支持，決定於 10 月 13 日展開動員作業。儘管軍事行動順利進行，於 18 日即攻取保定，然瓦德西亦承認聯軍並非一致行動，英、俄、法三國軍隊極為不合，甚至發生士兵相互開槍攻擊事件，美軍則對他國均懷有戒心，當時僅德、英、意、

〔註49〕　〈寄劉峴帥張香帥袁慰帥〉，光緒二十六年九月十七日，收入盛宣懷，《愚齋存稿》下冊，卷 44，〈電報 21〉，頁 1022 上。

〔註50〕　〈袁世凱致劉坤一、張之洞等電〉，光緒二十六年九月十六日，收入陳旭麓、顧廷龍、汪熙主編，《義和團運動・盛宣懷檔案資料選輯七》，頁 369。

〔註51〕　〈袁世凱致劉坤一、張之洞等電〉，光緒二十六年九月十七日，收入陳旭麓、顧廷龍、汪熙主編，《義和團運動・盛宣懷檔案資料選輯七》，頁 371。

〔註52〕　〈袁中丞來電〉，光緒二十六年九月十九日，收入盛宣懷，《愚齋存稿》上冊，卷 45，〈電報 22〉，頁 1029 上。

〔註53〕　〈袁中丞來電〉，光緒二十六年九月十九日，收入盛宣懷，《愚齋存稿》上冊，卷 45，〈電報 22〉，頁 1029 上。

奧、日等國軍隊願服從其指揮調度，俄軍因主力在津榆鐵路之間，與北京聯軍司令部僅保持禮貌性來往，美軍與法軍則始終不受節制。〔註54〕

聯軍內部雖未必願意一致行動，但中國方面對此則一無所悉，因而亦無從利用。張之洞擬會劉坤一銜致電軍機處，請令慶、李向各國保證日後待罪證查明後，必按其情節重辦數人。〔註55〕袁世凱認為其擬奏內容甚有問題，本欲以懲辦禍首停兵、開議，現又欲延後禍首懲辦時程，不僅態度先後矛盾，與慶、李請辦禍首亦相違背，朝廷本就不甚願意辦禍首，見此電奏後必更不願積極辦理，對外人而言，中國僅保證履行承諾，但並無實際行動可以證明承諾必將履行，必不願因此而停戰，〔註56〕「總之，不辦禍首，千言萬語均屬贅文」。〔註57〕袁世凱意見獲得盛宣懷、〔註58〕劉坤一贊同，〔註59〕均致電力勸張之洞打消此意。張之洞對電文前半段進行刪改，將電奏稿重心改為以重懲禍首交換各國不堅持回鑾後才能開議，〔註60〕袁世凱認為此種說法必定有益，力邀劉坤一會銜〔註61〕。然朝廷於11月13日再頒佈上諭，決定載漪、載勛原擬發往盛京永遠圈禁，因盛京尚為俄人所據，乃暫交宗人府圈禁，待軍務平定後發遣；溥靜、載瀅交宗人府圈禁；載濂革爵、閉門思過；載瀾停發公俸、降一級調用；英年降兩級調用；剛毅已於西行途中病故、免議；趙舒翹革職留任；毓賢發往極邊充當苦差、永不釋回後，〔註62〕袁世凱認為懲

〔註54〕 聯軍內部不合情形、與瓦德西對於進攻保定的部署，參見（德）瓦德西（Waldersee）撰、大西洋圖書公司編輯，《瓦德西拳亂筆記》，頁28-66。

〔註55〕 〈致江寧劉制台，濟南袁撫台，上海盛京堂〉，光緒二十六年九月十九日，收入苑書義、孫華風、李秉新主編，《張之洞全集》第10冊，卷41，〈電牘72〉，頁8389-8390。

〔註56〕 〈袁世凱致盛宣懷電〉，光緒二十六年九月二十日，收入陳旭麓、顧廷龍、汪熙主編，《義和團運動‧盛宣懷檔案資料選輯七》，頁376。

〔註57〕 〈濟南袁慰帥來電〉，光緒二十六年九月二十一日，收入盛宣懷，《愚齋存稿》下冊，卷95，〈補遺72〉，頁1990上。

〔註58〕 〈盛宣懷致袁世凱電〉，光緒二十六年九月二十一日，收入陳旭麓、顧廷龍、汪熙主編，《義和團運動‧盛宣懷檔案資料選輯七》，頁376。

〔註59〕 〈劉坤一致張之洞、袁世凱等電〉，光緒二十六年九月二十一日，收入陳旭麓、顧廷龍、汪熙主編，《義和團運動‧盛宣懷檔案資料選輯七》，頁379。

〔註60〕 〈張香帥來電〉，光緒二十六年九月二十三日，收入盛宣懷，《愚齋存稿》下冊，卷45，〈電報22〉，頁1034上-1034下。

〔註61〕 〈袁世凱致劉坤一、張之洞等電〉，光緒二十六年九月二十三日，收入陳旭麓、顧廷龍、汪熙主編，《義和團運動‧盛宣懷檔案資料選輯七》，頁382。

〔註62〕 〈內閣奉上諭〉，光緒二十六年九月二十二日，收入中國第一歷史檔案館編，《光緒宣統兩朝上諭檔》，二六，頁379上-379下。關於剛毅病故時間、地點

辦禍首已「案定揭曉」、再無辦法，端看慶親王、李鴻章如何奏復，建議張之洞、劉坤一將會奏稿中催辦禍首一節刪除，〔註63〕朝廷既已下旨將禍首定罪，雖明知列強對懲處方式絕不可能滿意，也已不必再上奏提及此事，目前只需敦促慶親王、李鴻章向朝廷痛切奏覆，俟列強明確表達無法接受後，再以逕行上奏、通電方式陳述意見，始有效果。〔註64〕

　　莫約同時，袁世凱根據線報，得知聯軍大多已撤回天津，建議張之洞等人於此後奏章中，若再以聯軍將取道山西、或河南進犯陝西一事向朝廷施壓，必須謹慎用詞，以免予人彊臣欲藉外兵挾制朝廷印象。〔註65〕情勢發展至此，懲辦禍首一事已無可再拖，數日內慶、李兩人必可於期限內將列強之意轉奏，如朝廷仍不願展現相當誠意，則大勢去矣，建議劉、張兩人速謀補救，以免屆時措手不及。〔註66〕袁世凱個人則兩日內兩度致電榮祿，首先針對毓賢、董福祥兩人，點明目前國勢危急，各國對於懲辦禍首並不滿意，傳將以最後通牒方式迫中國就範，如中國仍堅持不從，和議決裂、再戰必亡。「毓暢興奉匪、濫殺多命，董首戕日員、激成巨釁」，兩人均爲外人切齒痛恨，董福祥屢蒙拔擢，人皆以爲緣榮祿門徑所致，如董福祥仍掌握兵權，致使和議不成、

記載，《清史稿》僅言「兩宮西狩，剛毅扈行至太原。車駕欲之西安，又從。道遘疾，還至侯馬鎮，死」，未記載死亡時間，據文意推斷，車駕必已經過侯馬鎮，剛毅始能因病「返回」。《西巡大事記》載「十八日，行八十里，駐蹕曲沃縣之侯馬驛」、「十九日，行七十里，駐蹕聞喜縣城」，與《清史稿・德宗本紀》所載之「（光緒廿六年閏八月）戊午，次聞喜」記載相符，可知車駕當於閏八月十九日由侯馬出發，當日即行抵聞喜縣城駐蹕。《西巡大事記》又載「二十日。行七十里，駐蹕聞喜縣城」、「二十一日，行九十里，駐蹕安邑縣之北相鎮」，則車駕於聞喜駐蹕二日，二十一日始抵達安邑縣，剛毅能返回上一站之侯馬驛，必在車駕尚未離聞喜之時。據此，剛毅染病時間當在十九、二十兩日。至於確切死亡日期，《清史稿》並未記錄，《庚子國變記》則載「十八日至聞喜。剛毅以病留，太后使何乃瑩護視之，三日而死」，何乃瑩時爲左副都御史，亦隨車駕西幸。所記日期雖未必可信，但剛毅由染病至身故時間甚短應可確定。

〔註63〕〈袁慰帥來電〉，光緒二十六年九月二十四日，收入盛宣懷，《愚齋存稿》上冊，卷45，〈電報22〉，頁1035上。

〔註64〕〈袁慰帥來電〉，光緒二十六年九月二十五日，收入盛宣懷，《愚齋存稿》上冊，卷45，〈電報22〉，頁1039上。

〔註65〕〈袁世凱致張之洞、劉坤一等電〉，光緒二十六年九月二十六日，收入陳旭麓、顧廷龍、汪熙主編，《義和團運動・盛宣懷檔案資料選輯七》，頁384。

〔註66〕〈袁世凱致劉坤一、張之洞等電〉，光緒二十六年九月三十日，收入陳旭麓、顧廷龍、汪熙主編，《義和團運動・盛宣懷檔案資料選輯七》，頁395。

危及宗社，後世對榮祿恐難以諒解，請其設法補救；〔註67〕其次表示諸禍首「敗壞大局，尚未明正其罪，不足維繫人心」，即使各國未要求、亦應嚴辦，即令已亡故者如剛毅，亦應追奪官爵、公布罪狀。總之，「各國聯合圖我，固難測度，唯有盡其在我，杜人口實、安我人心，始可相機結束」。〔註68〕就袁世凱而言，設計奪董福祥兵權並不困難，難處在於如何獲得朝廷同意，目前恐仍無能為力，只能請慶親王、李鴻章兩人相機設法，〔註69〕待和議算定、兩宮回鑾後，毓賢、董福祥應不難辦。〔註70〕

　　11月24日，軍機處電寄上諭，仍堅持懿親不加刑原則，但表示如將毓賢重辦可以促成退兵則可允，授權慶、李便宜行事，不必事事請旨。〔註71〕袁世凱認為懲凶僅及於毓賢，必無法使各國滿意，應請慶、李兩人提出禍首名單，待擬定刑責後上奏，再向列強聲明，〔註72〕但朝廷的讓步似乎又透露出一點轉機，為避免列強發出最後通牒，唯有設法請朝廷明降諭旨懲辦禍首，情勢方有轉圜餘地，〔註73〕對此張之洞表示極為認同，但認為以外臣毓賢為禍首，外人必不能接受，如以剛毅、董福祥為禍首，或能得外國首肯，如能承諾毓賢立即懲辦、董福祥稍緩、剛毅戮屍，其他諸人永遠圈禁，徐桐、徐承煜、裕祿、裕長等人革職，首要從犯發配邊疆、永不飭回，其次者革職，在最後通牒未到之前，或許有補救希望。〔註74〕若各國必欲盡誅禍首，則以優待其後裔作為補償，當可兩全其美。〔註75〕

〔註67〕　〈東撫袁慰帥來電〉，光緒二十六年十月初二日，收入盛宣懷，《愚齋存稿》上冊，卷46，〈電報23〉，頁1046上-1046下。

〔註68〕　〈袁慰帥來電〉，光緒二十六年十月初三日，收入盛宣懷，《愚齋存稿》上冊，卷46，〈電報23〉，頁1048上-1048下。

〔註69〕　〈袁中丞來電〉，光緒二十六年九月二十四日，收入盛宣懷，《愚齋存稿》上冊，卷45，〈電報22〉，頁1035下。

〔註70〕　〈濟南袁慰帥來電〉，光緒二十六年九月二十九日，收入盛宣懷，《愚齋存稿》下冊，卷95，〈補遺72〉，頁1991上。

〔註71〕　〈盛京堂轉西安來電〉，光緒二十六年十月初五日，收入李鴻章，《李鴻章全集》，電稿，卷26，頁4250下-4251上。

〔註72〕　〈袁慰帥來電〉，光緒二十六年十月初四日，收入盛宣懷，《愚齋存稿》上冊，卷46，〈電報23〉，頁1049上。

〔註73〕　〈袁世凱致劉坤一、張之洞等電〉，光緒二十六年十月初四日，收入陳旭麓、顧廷龍、汪熙主編，《義和團運動・盛宣懷檔案資料選輯七》，頁406。

〔註74〕　〈致濟南袁撫台〉，光緒二十六年十月初六日，收入苑書義、孫華峰、李秉新主編，《張之洞全集》第10冊，卷242，〈電牘73〉，頁8428。

〔註75〕　〈致濟南袁撫台〉，光緒二十六年十月初七日，收入苑書義、孫華峰、李秉新

　　因朝廷遲遲無法下定決心懲凶，11 月底時，傳出法軍將入山西，為毓賢撫晉時所害教士報仇，〔註76〕袁世凱認為應先查明法軍真正目的後再擬因應之道，否則如毓賢伏誅後洋兵仍不停止西進，朝廷此後對於外臣奏請事件必多所懷疑。〔註77〕至於董福祥，袁世凱認為慶、李所設想之另立專條懲辦雖較損國體，但確為較實際方法。至於其餘諸人罪責，須等慶、李上奏後，地方督撫始能有所動作，目前宜稍待。〔註78〕

　　袁世凱於 11 月 28 日將將劾董電奏稿草擬完成。首先指責董福祥領兵以來，「訓練漫不經心，紀律毫不講究」，只知宣稱剿滅洋人並不為難，廷臣為其武勇外表與激憤言詞所惑，每每加以推崇，使董福祥越發驕縱，「專挑敵釁、不顧大局」。過去在保定府曾滋擾教堂，亦曾在蘆溝橋哄鬧鐵路，當時榮祿即曾嚴加訓斥，令其不可無故挑釁洋人，而董福祥卻依然故我，其劣跡斑斑可考。

　　其次，袁世凱說明拳亂初作時本甚易撲滅，董福祥卻從旁「附和煽惑、助為聲勢」，諸王大臣又依董福祥為恃，因而輕信拳匪、輕視列強。諸王大臣不熟悉軍事、民情，難以洞悉兵凶戰危之道，董福祥久歷軍旅，豈可謂不知「亂不可長、敵不可玩」之理？因此，「釁端之開，實由董福祥釀之」，殺害杉山彬主謀為董福祥，率兵圍攻東交民巷使館區者亦為董福祥。董福祥既為中外開戰禍首，如朝廷不嚴加懲辦，「何以服天下人之心、杜列國之口實」？

　　袁世凱的奏稿中，對於部分朝臣之間存在的董福祥不可懲辦、或不宜懲辦等似是而非論調亦逐項提出辯駁。第一，針對「大敵未解，不宜加罪統符」一項，袁世凱以為董福祥及其所部「將驕卒頑」，只知四處搶掠、並無禦敵之能，因此「留之實無裨軍事、棄之正足伸國法」。第二，針對「殺敵致果，每至見忌敵國」一項，袁世凱提出宋慶、馬玉崑等與洋兵對戰月餘，殲滅洋兵不下萬人，其戰既力、其守亦苦，但各國卻未將兩人指定為禍首，「足見洋人所恨固不在敢戰之將」。

　　最後，袁世凱總結董福祥罪狀，指其「肇釁釀禍、任性妄為，致使宗社

　　　　主編，《張之洞全集》第 10 冊，卷 242，〈電牘 73〉，頁 8429。

〔註76〕〈寄慶邸李相〉，光緒二十六年十月初六日，收入盛宣懷，《愚齋存稿》上冊，卷 46，〈電報 23〉，頁 1051 下。

〔註77〕〈袁慰帥來電〉，光緒二十六年十月初七日，收入盛宣懷，《愚齋存稿》上冊，卷 46，〈電報 23〉，頁 1053 上-1053 下。

〔註78〕〈袁撫台來電〉，光緒二十六年十月初七日，收入苑書義、孫華風、李秉新主編，《張之洞全集》第 10 冊，卷 242，〈電牘 73〉，頁 8428-8429。

傾危、乘輿播遷，廷臣顚沛、士民塗炭」，不僅爲天下各國所共憤，亦是列祖列宗之罪人。因此請求先將董福祥兵柄分撤，查明其罪狀後再嚴懲。〔註79〕

　　袁世凱電稿宗旨爲將董福祥定爲禍首，王公大臣係受董福祥蒙蔽而主戰，榮祿多次試圖阻止董福祥未果，董軍並無實際戰力，要求懲辦董福祥並非出於外人嫉恨等五項，希望以歸罪董福祥說服朝廷同意重懲。至於應擬何種刑責，袁世凱認爲必須由慶、李兩人上奏後，始能從旁推動，不宜冒進，〔註80〕因此並未在電稿中提及。

　　盛宣懷認爲袁世凱所擬董福祥罪狀妙在不必遷就洋人，可以自行懲辦，如俟董福祥離開西安行在後再發則更好；〔註81〕張之洞認爲應先安董部軍心，明諭罪只及董福祥一人，使軍隊不致隨董爲亂，故建議劾董奏章宜緩發；〔註82〕劉坤一想法類似，均建議袁世凱緩發奏電，待撤去董福祥兵權後再發，另建議應再電請榮祿速懲禍首，語氣則不妨加重。〔註83〕袁世凱認爲辦董福祥「不患無辦法、只患在不肯辦」，但董福祥此時仍受恩寵，西安行在對董福祥態度又不得而知，因此可於會奏董福祥罪狀前，由張、劉兩人各自擬定兩條與自己不相重複之劾董辦法，交由榮祿視時機呈遞，總之「非先將其罪狀說透不可」，〔註84〕希望藉由彊臣分進合擊，迫使朝廷決心懲辦董福祥。

　　面對來自各方的究責聲浪，董福祥於12月初由潼關赴行在，當面向兩宮請求解除兵權、從重治罪，表示「宜顧大局，不必顧一人」。〔註85〕袁世凱原擬於奏稿中加入裁併甘軍、董福祥正法、明降諭旨公布罪狀、表明不追究餘人責任

〔註79〕 以上爲袁世凱所擬之奏劾董福祥奏稿要旨，全文參見〈濟南袁撫台來電〉，光緒二十六年十月初九日，收入苑書義、孫華風、李秉新主編，《張之洞全集》第 10 冊，卷 243，〈電牘 74〉，頁 8435-8436。

〔註80〕 〈袁慰帥來電〉，光緒二十六年十月初七日，收入盛宣懷，《愚齋存稿》上冊，卷 46，〈電報 23〉，頁 1053 下。

〔註81〕 〈盛宣懷致劉坤一、張之洞等電〉，光緒二十六年十月初七日，收入陳旭麓、顧廷龍、汪熙主編，《義和團運動・盛宣懷檔案資料選輯七》，頁 412。

〔註82〕 〈至將寧劉制台、濟南袁撫台、上海盛京堂〉，光緒二十六年十月初十日，收入苑書義、孫華風、李秉新主編，《張之洞全集》第 10 冊，卷 243，〈電牘 74〉，頁 8435。

〔註83〕 〈劉制台來電〉，光緒二十六年十一月十一日，收入苑書義、孫華風、李秉新主編，《張之洞全集》第 10 冊，卷 243，〈電牘 74〉，頁 8437。

〔註84〕 〈東撫袁慰帥來電〉，光緒二十六年十月初十日，收入盛宣懷，《愚齋存稿》上冊，卷 46，〈電報 23〉，頁 1058 上。

〔註85〕 〈袁中丞來電〉，光緒二十六年十月十一日，收入盛宣懷，《愚齋存稿》上冊，卷 46，〈電報 23〉，頁 1060 上。

等項，「以安兵心而謝天下」，﹝註86﹞然探得董福祥陛辭當天「兩宮慟哭」之後，﹝註87﹞判斷兩宮雖仍同情董福祥，對懲處一事態度也已軟化，﹝註88﹞但董福祥此時仍未失寵，因此建議先痛劾其罪狀，但不必強調要將其正法，應「先破其寵，再圖誅之」較爲妥善，自己所擬劾董奏摺應緩進，先約定各省後再伺機上奏。﹝註89﹞並再致電容祿，表明局勢已糜亂不堪，請榮祿與朝廷勿因「袒一將而妨大局」、「惜一人而損生靈」，速對董福祥一案做出決定，如仍爲難，可先不提其罪狀，以「任性妄爲、紀律廢弛」爲由將其斥逐，再另謀良策。﹝註90﹞

　　稍後榮祿來電，告知已有旨將董福祥革職留任、裁撤所部各軍、並令其返回甘肅思過。袁世凱認爲董福祥在陝、甘甚得民心，因此不能立即查辦，只能以此先加羈縻，﹝註91﹞董福祥輕辦難以使各國滿意，但此時又勢難重辦，可先使兩宮知其罪狀、減其恩寵，再由慶、李兩人對朝廷施壓，應可成事。﹝註92﹞劾董奏稿可以緩進，但爲免慶、李向各國承諾允許辦董，而行在仍不肯，以致多生枝節，應先向各國商明，待回鑾後再辦最爲妥善。﹝註93﹞同時應待慶、李擬妥辦法、確實可行後再致電樞廷，較爲周到﹝註94﹞

　　因朝廷遲遲無法下定決心懲辦董福祥，袁世凱認爲如此恐導致中外決裂，不如先於草約中明訂禍首必查辦嚴懲，俟將來回鑾後再「執約查辦、何求不得」。﹝註95﹞爲求從速解決問題，甚至致電榮祿，認爲懲凶問題拖延越久、

﹝註86﹞〈又〉，光緒二十六年十月十二日，收入盛宣懷，《愚齋存稿》上冊，卷46，〈電報23〉，頁1061下。

﹝註87﹞〈袁慰帥來電〉，光緒二十六年十月十三日，收入盛宣懷，《愚齋存稿》上冊，卷47，〈電報24〉，頁1069上。

﹝註88﹞〈又〉，光緒二十六年十月十二日，收入盛宣懷，《愚齋存稿》上冊，卷46，〈電報23〉，頁1061上。

﹝註89﹞〈又〉，光緒二十六年十月十三日，收入盛宣懷，《愚齋存稿》上冊，卷47，〈電報24〉，頁1069上。

﹝註90﹞〈袁中丞來電〉，光緒二十六年十月十二日，收入盛宣懷，《愚齋存稿》上冊，卷46，〈電報23〉，頁1062上-1062下。

﹝註91﹞〈袁世凱致劉坤一、張之洞等電〉，光緒二十六年十月十三日，收入陳旭麓、顧廷龍、汪熙主編，《義和團運動・盛宣懷檔案資料選輯七》，頁426。

﹝註92﹞〈袁慰帥來電〉，光緒二十六年十一月初八日，收入盛宣懷，《愚齋存稿》上冊，卷48，〈電報25〉，頁1093上-1093下。

﹝註93﹞〈袁慰帥來電，〉光緒二十六年十一月初八日，收入盛宣懷，《愚齋存稿》上冊，卷48，〈電報25〉，頁1094上。

﹝註94﹞〈又〉，光緒二十六年十月初十一日，收入盛宣懷，《愚齋存稿》上冊，卷46，〈電報23〉，頁1060上。

﹝註95﹞〈袁慰帥來電〉，光緒二十六年十月十二日，收入盛宣懷，《愚齋存稿》上冊，

對中國越不利，建議可開導諸禍首，令其以自盡方式主動承擔責任，屆時「不妨當作臨戰捐軀、爲國捍患，從容就義、以紓國難」，俟將來和局底定後，朝廷再以殉難爲由「優賜後裔、多封支庶」，此爲兩全其美之法。〔註96〕對此，榮祿表示，朝廷並非堅持保全董福祥、亦非有意爲董福祥開脫罪責，而是擔心懲辦董福祥後會激起變亂，如此則「不惟西邊擾亂，必致殃及教堂、又起釁端」，必須布置周密之後始可相機爲之，請慶、李與駐外各使向各國解釋。〔註97〕慶、李認爲董福祥未明定罪狀，各國絕不可能接受，不妨先革職聽候查辦，即使各國不滿，尚能以查辦結果可輕可重向各國解釋，懲凶條款議定後，其他各款才有解決可能。〔註98〕袁世凱同意「辦董勢須從緩」，〔註99〕盛宣懷則建議僅須革職、不加查辦字樣，免激董福祥變亂，如嗣後眞無爲董開脫之意，則可令慶、李允許各國相機籌辦。〔註100〕

　　各國雖知「急辦生變」，但仍堅持日後必須懲辦，德國甚至表示禍首不辦則將永不撤兵。〔註101〕行在密電慶、李，表示朝廷於親王尚不迴護，何況董福祥一人，此時不予懲辦，實因擔憂激起變亂，反殃及平民、教堂，要求慶、李向列強說明，朝廷擬明發諭旨，將董福祥革職，以後如何懲處則由朝廷另行決定，但無法給定期限。〔註102〕軍機處另寄交密旨一道，如列強提出以朝廷立即重辦董福祥交換撤兵，則可出示密旨、向列強解釋朝廷用心。〔註103〕

卷46，〈電報23〉，頁1061上。

〔註96〕 〈又〉，光緒二十六年十月十二日，收入盛宣懷，《愚齋存稿》上冊，卷46，〈電報23〉，頁1061下-1062上。

〔註97〕 〈寄北京慶邸李相江鄂督帥山東撫帥〉，光緒二十六年十一月二十六日，收入盛宣懷，《愚齋存稿》上冊，卷49，〈電報26〉，頁1120下-1121上。

〔註98〕 〈寄江鄂督帥山東撫帥〉，光緒二十六年十一月二十七日，收入盛宣懷，《愚齋存稿》上冊，卷49，〈電報26〉，頁1121下。

〔註99〕 〈袁慰帥來電〉，光緒二十六年十一月二十八日，收入盛宣懷，《愚齋存稿》上冊，卷49，〈電報26〉，頁1122上。

〔註100〕 〈寄北京慶邸李相江鄂督帥山東撫帥〉，光緒二十六年十二月初一日，收入盛宣懷，《愚齋存稿》上冊，卷50，頁1123上-1123下。

〔註101〕 〈李中堂來電〉，光緒二十六年十二月初二日，收入盛宣懷，《愚齋存稿》上冊，卷49，〈電報26〉，頁1125下。

〔註102〕 〈寄北京慶親王李中堂〉，光緒二十六年十二月初八日，收入盛宣懷，《愚齋存稿》上冊，卷50，〈電報27〉頁1130下-1131上。

〔註103〕 〈寄北京慶親王李中堂〉，光緒二十六年十二月十一日，收入盛宣懷，《愚齋存稿》上冊，卷50，〈電報27〉，頁1132上。

慶、李等與列強數度商議後，列強已較能接受董福祥必須緩辦，〔註 104〕但對其於諸人則毫不放鬆。外交團於 1 月 31 日開會，會中決定對於除照會原稿中所列名單之外，另將其餘對圍攻使館應負責任之 4 人列入，並對其犯行提出說明。〔註 105〕2 月 5 日雙方再開議時，領銜日使葛絡幹按照計畫提出一份節略，詳述各國最後核定之禍首罪狀，內開載勛、載漪、載瀾、英年、剛毅、趙舒翹、毓賢、董福祥、督師大臣李秉衡、大學士徐桐、刑部左侍郎徐承煜、禮部尚書啓秀等十二名，認定上述人等均應獲死罪，除已死者應追奪官爵、撤銷卹典之外，尚存者均應處死。〔註 106〕與原始名單相較，刪去罪刑較輕、已經自行懲辦之溥靜、載瀅、載濂三人，加入李秉衡、徐桐、徐承煜、啓秀四人。

慶、李認為各國要求未免太過，因而多所辯駁、不願接受，穆默顯然甚為不滿，表示僅殺兩人，各國絕不甘心，和議難成、各國軍隊亦難撤。〔註 107〕會談歷經三小時，各國公使認為列強不可能滿足於中國採取微不足道的措施抵償禍首犯行，慶、李則一再表示中國實已盡力處置，雙方無法達成共識。〔註 108〕

〔註 104〕〈寄行在軍機處〉，光緒二十六年十二月十三日，收入盛宣懷，《愚齋存稿》上冊，卷 50，〈電報 27〉，頁 1134 上。

〔註 105〕〈薩道義爵士致藍士頓侯爵電〉，1901 年 1 月 31 日，收入胡濱譯，《英國藍皮書有關義和團運動資料選譯》，頁 411-412。

〔註 106〕〈總署收領銜日使葛絡幹節略〉，光緒二十六年十二月十八日，收入中央研究院近代史研究所編印，《中美關係史料》，光緒朝四，頁 2756-2758。啓秀、徐承煜於聯軍攻陷北京時為日軍捕獲，參見李希聖，《庚子國變記》，26。

〔註 107〕會議中，慶親王、李鴻章等以原條款中有「分別輕重、盡法嚴懲」規定力爭，各國則表示盡數處死已是最低要求；李鴻章等又質疑何以加入啓秀、徐承煜，列強表示啓秀「以權力庇縱拳匪，嘗謂洋人可以殺盡」、徐承煜「凡徐桐所為所言，暗中主使，使與洋人不兩立，殺戮總署忠良，諸臣皆其監斬、亦其預謀」，兩人經查明後亦為罪魁。次論及端郡王，李鴻章堅持「懿親不加刑」慣例，表示發往新疆永遠監禁即與死無異；列強希望採行折衷方案，如先判決斬監候一至二年，其後再發往新疆。再次論及莊親王、董福祥，列強堅持兩人非殺不可，慶、李告以莊親王擬賜自盡、董福祥先革職後嚴懲，並向列強出示密旨，列強同意再議。次及載瀾、英年、趙舒翹，列強以載瀾、英年助莊親王為惡，趙舒翹身兼軍機、總署要職，殺害反對拳民之大臣，以致釀成大禍，三人均非殺不可，李鴻章表示載瀾屬懿親，只能仿端郡王例，趙舒翹並無決策權，立山、徐用儀非其作主殺害，至重亦只能仿端郡王例。啓秀、徐承煜雖負責監斬，但不能藉此推定兩人與其他禍首共謀，毓賢正法則無疑義。參見〈寄江鄂督帥山東撫帥〉，十二月十八日，收入盛宣懷，《愚齋存稿》上冊，卷 50，〈電報 27〉，頁 1135 下-1136 上。

〔註 108〕〈薩道義爵士致藍士敦侯爵電〉，1901 年 2 月 6 日，收入胡濱譯，《英國藍皮書有關義和團運動資料選譯》，頁 453-458。

　　會後，各國公使再度舉行會議，討論應如何懲辦禍首。經充分討論後，除啓秀一案無法達成共識外，英年、趙舒翹、毓賢、徐承煜均堅持處死；載勛同意賜令自盡；李秉衡、剛毅、徐桐應類似法國「缺席裁判」情形，使人們認爲係因上諭而被處決；董福祥一案則要求中國盡快奪其兵權；載漪、載瀾部分，同意定爲斬監候，但可改爲發往新疆永遠圈禁。〔註 109〕

　　各國達成共識後，即於 2 月 6 日遞送共同照會，表示對懲辦禍首的意見。其一，日後各國所指定之外省獲罪人員不得偏袒；其二，莊親王載勛允其自盡；其三，端郡王載漪、輔國公載瀾、諸大臣等均必擬斬監候，最多可接受其減罪一等、加恩免死，發配新疆永遠監禁；英年、趙舒翹、徐承煜、啓秀、毓賢等均應斬立決，並公布行刑日期，各國得派員監視行刑；已故之剛毅、李秉衡、徐桐等應定爲斬立決，其罪責應與毓賢等人相擬；董福祥則建議從速奪其兵權後重懲，相較各國在中國人民、財產損失，此種要求已爲列強讓步極限，至於撤兵一節需俟懲凶完畢後再討論。〔註 110〕

　　董福祥的進一步處置方式，外交團於 2 月 8 日達成共識，要求中國政府正式聲明，目前無法將董福祥處死的唯一原因是執行上有所困難。至於載漪、載瀾部分，英使薩道義希望聲明，如將來中國政府將載漪、載瀾召回京師，則各國公使應堅持對兩人處以死刑，但無法獲得一致結論。〔註 111〕

　　朝廷對於各國立場轉趨強硬難以理解，認爲各國有意刁難，懷疑起因於中俄對東三省交還條約無法達成共識，各國藉此觀望。〔註 112〕袁世凱則將之

〔註 109〕〈薩道義爵士致藍士敦侯爵函〉，1901 年 2 月 6 日，收入胡濱譯，《英國藍皮書有關義和團運動資料選譯》，頁 458-468。

〔註 110〕〈總署收領銜日使葛絡幹照會〉，光緒二十六年十二月十九日，收入中央研究院近代史研究所編印，《中美關係史料》，光緒朝四，頁 2758-2759。李秉衡於拳亂初期，奉旨以督師大臣名義統帥張春發、陳澤霖、夏辛酉、萬本華等四軍，於 1900 年 8 月 9 日於聯軍接戰，敗走通州，兩日後吞金自盡，參見李希聖，《庚子國變記》，21-22。徐桐於聯軍攻陷北京時懸梁自盡，參見《新校本清史稿》，卷四百六十五，頁 12751。另據《庚子國變記》載，徐桐自縊身亡時間在得知聯軍將其列爲禍首諸人之一後，聽其子徐承煜建議而死則時間應在 1901 年 2 月 5 日。然聯軍攻陷北京時已捕獲徐承煜，則不可能於得知乃父列名禍首時返家勸其自盡。徐桐被聯軍視爲禍首之一，如其子可返家探視，聯軍依理必將其逮捕，不可能聽任其自盡。故《庚子國變記》所載非是。今從《新校本清史稿》所言。

〔註 111〕〈薩道義爵士致藍士頓侯爵電〉，1901 年 2 月 8 日，收入胡濱譯，《英國藍皮書有關義和團運動資料選譯》，頁 415-416。

〔註 112〕〈寄北京邸相江鄂督帥山東撫帥〉，光緒二十六年十二月十九日，收入盛宣懷，

歸結爲禍首未能及早懲辦，導致所有人均無法保全。〔註113〕眼見懲凶一端難以達成共識，袁世凱一日兩度致函榮祿，提出俄國恐將趁和局未定、各國無法助我時，舉兵侵佔東三省，建議令慶、李速定和局，方能專心對俄，懲凶方面「如情節較輕、勢所難減，只可當作殉難、優其後裔，萬毋再累國家」，再分辯朝廷所顧慮，眾人究屬愚忠、誅殺恐失民心之論，認爲「諸謬誤國殃民，不但洋人痛憤、中國士民亦均切齒，懲之正所以維持人心、整飭綱紀，並以彰明聖德」，同時邀請盛、劉、張三人一同對朝廷施壓。〔註114〕袁世凱另電盛宣懷，表示啓秀、徐承煜既已爲聯軍捕獲，如朝廷遲遲不決，恐又如直隸布政使廷雍被捕後遭聯軍處決一般，反使中國顏面無存，請其轉告慶、李密囑兩人自盡，可免受外國之辱。〔註115〕

盛宣懷除將袁世凱之意轉告慶、李、張、劉諸人外，〔註116〕亦應其所請致電榮祿，建議從速議和，以免因俄國佔據東三省而再度因發瓜分風潮；〔註117〕劉坤一雖贊同請啓秀、徐承煜自殺之議，但主張等慶、李奏後再決定是否進言，〔註118〕且另致函慶、李，爲英年、趙舒翹請命〔註119〕。李鴻章則將袁世凱之意當面告知啓秀、徐承煜，但兩人皆以親老爲由不願接受，同時堅稱自己蒙冤。〔註120〕

《愚齋存稿》上冊，卷50，〈電報27〉，頁1137上。

〔註113〕〈袁慰帥來電〉，光緒二十六年十二月二十日，收入盛宣懷，《愚齋存稿》上冊，卷50，〈電報27〉，頁1138上。

〔註114〕〈袁慰帥來電〉，光緒二十六年十二月二十二日，收入盛宣懷，《愚齋存稿》上冊，卷50，〈電報27〉，頁1141上。

〔註115〕〈又〉，光緒二十六年十二月二十二日，收入盛宣懷，《愚齋存稿》上冊，卷50，〈電報27〉，頁1141上-1141下。

〔註116〕〈寄江鄂督帥山東撫帥〉，光緒二十六年十二月二十三日，收入盛宣懷，《愚齋存稿》上冊，卷50，〈電報27〉，頁1143下。

〔註117〕盛宣懷之具體建議爲：將光緒二十六年五月二十四日至七月二十日間、與拳亂發生相關之諭旨定位爲矯詔，仿咸豐十一年十一月十九日消除怡親王載垣等人所擬諭旨之例，逕行全數銷毀。參見寄西安榮中堂，光緒二十六年十二月二十三日，收入盛宣懷，《愚齋存稿》上冊，卷50，〈電報27〉，頁1144上-1144下。

〔註118〕〈劉峴帥來電〉，光緒二十六年十二月二十四日，收入盛宣懷，《愚齋存稿》上冊，卷50，〈電報27〉，頁1144下。

〔註119〕〈峴帥致慶邸李相電〉，光緒二十六年十二月二十四日，收入盛宣懷，《愚齋存稿》上冊，卷50，〈電報27〉，頁1144下-1145上。

〔註120〕〈寄江鄂督帥山東撫帥〉，光緒二十六年十二月二十五日，收入盛宣懷，《愚齋存稿》下冊，卷51，〈電報28〉，頁1150上。

　　朝廷雖知各國態度勢難挽回，但仍希望對於禍首能分別輕重，如能改爲遠戍更好，如萬不得已時可擇要同意，〔註121〕對於列強要求派員監刑一事亦認爲有損國體，〔註122〕然迫於各國壓力，仍於 12 月 25 日兩度下詔，對於禍首分別加重刑責。載勛賜令自盡；載漪、載瀾均發往新疆永遠監禁；毓賢改爲即行正法；剛毅改爲追奪原官、即行革職；董福祥改爲革職降調；英年、趙舒翹均改爲革職、斬監候，先在陝西省監禁；徐桐、李秉衡均即行革職、撤銷卹典，〔註123〕啓秀、徐承煜則均革職、俟查辦後嚴懲。〔註124〕外交團對此相當不滿，認爲中國顯然並未依據各國照會內容所開列之條件進行處置，除授權葛絡幹再度正式照會總署、要求說明外，〔註125〕瓦德西亦予以配合，向聯軍發佈有可能恢復大規模軍事行動的命令，以威嚇中國迅速接受列強要求。〔註126〕

　　鑑於各國對於懲辦禍首方式並不滿意，〔註127〕朝廷再做出讓步，同意將英年、趙舒翹改爲賜令自盡，啓秀、徐承煜請各國交回後正法，已死諸人則不再追究。〔註128〕載勛於 1901 年 2 月 21 日在蒲州監視自盡，毓賢於 22 日在甘肅監視正法，英年、趙舒翹於 24 日在山西監視自盡，啓秀、徐承煜於 26 日在北京宣武門外菜市口正法。〔註129〕外交團決定要求中國以發佈上諭方式說明死刑執行情形後，〔註130〕懲辦禍首一事至此了結。

〔註121〕〈寄慶邸李相〉，光緒二十六年十二月二十二日，收入盛宣懷，《愚齋存稿》上冊，卷 50，〈電報 27〉，頁 1142 上。

〔註122〕〈寄北京慶邸李相江鄂川督帥山東撫帥〉，光緒二十六年十二月二十二日，收入盛宣懷，《愚齋存稿》上冊，卷 50，〈電報 27〉，頁 1142 上-1143 上。

〔註123〕〈內閣奉上諭〉光緒二十六年十二月二十五日，收入中國第一歷史檔案館編，〈光緒宣統兩朝上諭檔〉二六，頁 480 上-481 上。

〔註124〕〈內閣奉上諭〉光緒二十六年十二月二十五日，收入中國第一歷史檔案館編，〈光緒宣統兩朝上諭檔〉二六，頁 481 下。

〔註125〕〈經各國代表同意發出的致慶親王和李鴻章的照會抄本〉，1901 年 2 月 18 日，收入天津社會科學院歷史研究所編，《1901 年美國對華外交檔案：有關義和團運動暨辛丑條約談判的文件》，頁 97-98。

〔註126〕〈康格致海函〉，1901 年 2 月 21 日，收入天津社會科學院歷史研究所編，《1901 年美國對華外交檔案：有關義和團運動暨辛丑條約談判的文件》，頁 98-99。

〔註127〕〈總署收領銜日使葛絡幹照會〉，光緒二十七年正月初一日，收入中央研究院近代史研究所編印，《中美關係史料》，光緒朝四，頁 2768。

〔註128〕〈總署給領銜日使葛絡幹照會〉，光緒二十七年正月初一日，收入中央研究院近代史研究所編印，《中美關係史料》，光緒朝四，頁 2768。

〔註129〕〈總署給領銜日使葛絡幹照會〉，光緒二十七年正月初十日，收入中央研究院近代史研究所編印，《中美關係史料》，光緒朝四，頁 2776。

〔註130〕〈柔克義致海函〉，1901 年 3 月 2 日，收入天津社會科學院歷史研究所編，《1901

　　至於董福祥如何懲辦，1901 年 2 月 5 日中外會議時，慶親王聲明董福祥將來必擬死罪，各國公使商議後，決定同意暫緩處置董福祥，但以照會方式聲明此舉爲考量中國無法將其立即正法之故，並非列強決定不再追究。〔註 131〕兩宮回鑾後，袁世凱於 1902 年 1 月 2 日將所擬劾董奏稿單銜入奏，但奏摺奉旨留中，〔註 132〕列強對此事也不再關注，懲辦董福祥乃不了了之。〔註 133〕

第二節　以堅持拒絕簽約迫使俄國讓步

　　拳亂於 1900 年 6 月開始波及東三省。6 月下旬起，亂民即在東三省各處燒教堂、殺教士、拆鐵路，俄國護路兵與中國軍隊相互攻擊，奉天因而陷入混亂，俄國乃以保護鐵路爲名出兵東三省。〔註 134〕

　　俄國方面認爲，俄駐牛莊部隊遭遇襲擊，中國人在中俄邊境上對俄國人採取敵對態度，海蘭泡亦遭中國軍隊砲擊，使俄國不得不佔領牛莊，同時派兵進入東三省。俄國目的在於自衛與擊退暴徒，對中國並無領土野心，一旦滿洲平靜，中國採取必要措施保證中東鐵路安全後，在不因其他國家行動而受阻礙的情形下，俄國不會不撤軍，同時保證與牛莊或中東鐵路有關各國利益不受侵犯，〔註 135〕隨後並表示將放棄對牛莊海關，以及經俄軍修復之鐵路的控制權，將其歸還舊主。〔註 136〕

　　俄軍於 10 月 2 日佔領奉天城，奉天將軍增祺逃奔義州，因擔心朝廷降罪

　　　　　年美國對華外交檔案：有關義和團運動暨辛丑條約談判的文件》，頁 105。
〔註 131〕〈總署收領銜日使萬絡幹照會〉，光緒二十七年正月初一日，收入中央研究院近代史研究所編印，《中美關係史料》，光緒朝四，頁 2768。
〔註 132〕〈會參已革提督董福祥誤國殃民請旨明正典刑摺〉，光緒二十七年十一月二十三日，收入天津社會科學院歷史研究所編，廖一中、羅眞容整理，《袁世凱奏議》，上冊，頁 394-396。
〔註 133〕董福祥兵權被奪後，禁錮於家，期間曾致函榮祿，表示自己係奉榮祿命攻打使館，對榮祿仍居高位、自己卻因此獲罪深感不平。但迄於 1908 年董福祥身故止，朝廷均未有進一步懲辦行動。參見趙爾巽等撰，《新校本清史稿》（北京：中華書局，1977 年），卷 455，列傳 242，〈董福祥列傳〉，頁 12633。
〔註 134〕俄國佔領東三省經過，參閱楊紹震，〈庚子年中俄在東三省之衝突及其結束〉，《中國近代現代史論集》，第十五編，清季對外交涉（二）俄、日，頁 583-589。
〔註 135〕〈索爾茲伯理侯爵致史科特爵士函〉，1900 年 8 月 27 日，收入胡濱譯，《英國藍皮書有關義和團運動資料選譯》，頁 189-191。
〔註 136〕〈史科特爵士致索爾茲伯理侯爵函〉，1900 年 8 月 29 日，收入胡濱譯，《英國藍皮書有關義和團運動資料選譯》，頁 200。

而亟欲回城，乃派遣已革道員周冕前往奉天，以全權名義於 11 月 11 日與俄國訂立〈奉天交還暫且約章〉九款，大意爲增祺負責保衛地方、助修鐵路；俄軍分駐各城市；奉天中國軍隊繳械，軍火由俄國保管；拆毀俄軍佔領使用以外之防禦工事及火藥庫；俄國設置之民政機關須待治安實際恢復，以及俄國同意後始能裁撤；中國可自組警察，但裝備不包含砲；增祺之下應設置一俄國代表；中國警力不敷使用時可向俄國求助；條款以俄文本爲主。〔註137〕

依據章程精神，俄國可以在東三省任意駐軍，決定滿洲歸還日期，中國雖可設置警察，但中國軍隊既無軍火，防禦工事又或遭摧毀、或由俄國佔領，俄國實際上取得東三省軍事權與行政權。增祺對於章程所列之中國軍隊繳械，俄國決定歸還日期兩款雖頗有疑慮，但在俄國代表保證此爲暫行章程、將來可以改訂情形下，仍於 11 月 16 日簽署。〔註138〕朝廷獲慶親王奏報後，始得知增祺擅與俄國訂約，認爲訂約前未經奏准，且已革道員無代表國家與外國訂約之權，令將增祺交部嚴加議處，並令駐俄公使楊儒向俄國外交部詳細辨明，李鴻章從旁協助、與俄使格爾思（M. N. de Giers）周旋。〔註139〕後因增祺有意再赴旅順與俄國商議接收東三省事宜，爲免損失擴大，朝廷下旨嚴令增祺即刻回京，不許擅自議定接收事宜，並令楊儒將已派清銳暫時署理盛京將軍一事知會俄國外交部，〔註140〕俄國甚爲不滿，表示將據約力爭。

李鴻章認爲清銳並無外交經驗，且曾統帶拳匪，素爲俄國痛恨，恐無法勝任談判重任，不如令增祺署理奉天都督，藉此籠絡俄國，但一切決策均出楊儒，否則中俄決裂，交收東三省則更無希望。〔註141〕格爾思反對中國撤換增祺，並表示此舉將不利於楊儒在俄國所交涉事項，慶、李仍希望由增祺署理奉天將軍，以免導致中俄決裂，〔註142〕朝廷則決意命令增祺返京，以免增祺在旅順又與俄

〔註137〕王芸生，《六十年來中國與日本》（上海：生活、讀書、新知三聯書店，2005年 7 月），頁 53-54。

〔註138〕黃俊彥，〈拳亂後中俄交收東三省問題（1900-1902）〉，《中國近代現代史論集》，第十五編，清季對外交涉（二）俄、日，頁 645。

〔註139〕〈寄北京慶親王李中堂俄京楊大臣〉，光緒二十六年十一月二十九日，收入盛宣懷，《愚齋存稿》上冊，卷 49，〈電報 26〉，頁 1122 下-1123 上。

〔註140〕〈寄北京慶親王李中堂〉，光緒二十六年十二月初十日，收入盛宣懷，《愚齋存稿》上冊，卷 50，〈電報 27〉，頁 1131 下。

〔註141〕〈寄行在軍機處〉，光緒二十六年十二月十三日，收入盛宣懷，《愚齋存稿》上冊，卷 50，〈電報 27〉，頁 1133 下。

〔註142〕〈寄江鄂督帥山東撫帥〉，光緒二十六年十二月十八日，收入盛宣懷，《愚齋存稿》上冊，卷 50，〈電報 27〉，頁 1136 上-1136 下。

國訂立約章；〔註143〕另又寄發國書一道，感謝俄國以首先退出北京表達不佔土地之意，認為要求擁有東三省實權並非俄皇本意，承諾中國將盡力保護東三省鐵路利益，請俄皇以兩國邦誼為重，使東三省能恢復戰前狀態。〔註144〕

懲辦禍首一案大致了結後，疆臣注意力始轉向俄國要索條款一事上。1901年 1 月底，袁世凱探得俄國所之擬歸還東三省條件共計十二款，包含駐兵、行政、財賦、軍事等均由俄國管理，增祺擅自與俄國訂約，東三省實權恐已不為我有，為免各國群起效尤，除電請盛、劉、張三人查明外，〔註145〕另行致電榮祿，說明俄國欲佔東北利權的嚴重性，萬一各國群起效尤，後果將不堪設想，請榮祿催促慶、李速定和局，「方可專力籌辦俄事，亦可約日、美、英相助理論，以免事久生變」。〔註146〕2 月 18 日，俄國外交部果如預期，向楊儒提交十二項條款，大意為一、俄國同意交還滿洲；二、俄軍於地方平靖、以及八至十一款實現後始退出滿洲；三、俄國可出兵助中國平亂；四、鐵路開始營運前中國不駐軍，駐軍前先與俄國商訂數目，軍火禁入滿洲；五、俄國擁有東三省人事否決權，設巡捕須與俄商定數目，中國巡捕不可配備礮、不可任用他國人；六、中國北方陸海軍不用他國人訓練；七、廢除金州自治權、隙地另立租借專章；八、中俄邊界利益不讓與他國，中國造路前須俄國同意、他國只許於牛莊租地；九、賠款與各國會同辦理；十、中國賠償鐵路損失；十一、可以其他利益，如修改合同等方式補償鐵路公司損失；十二、照現行鐵路辦法，由幹線或支線向北京造一直達長城鐵路。俄國外交部表示此條款為財政部、陸軍部經多次商議後始形成之共識，為最低限度之要求，希望中國接受。〔註147〕

〔註143〕〈寄慶親王李中堂〉，光緒二十六年十二月九日，收入盛宣懷，《愚齋存稿》上冊，卷50，〈電報27〉，頁1136下。

〔註144〕〈寄慶邸李相〉，光緒二十六年十二月二十日，收入盛宣懷，《愚齋存稿》上冊，卷50，〈電報27〉，頁1138下-1139上。

〔註145〕〈袁中丞來電〉，光緒二十六年十二月十二日，收入盛宣懷，《愚齋存稿》上冊，卷50，〈電報27〉，頁1133上-1133下。

〔註146〕〈袁慰帥來電〉，光緒二十六年十二月二十二日，收入盛宣懷，《愚齋存稿》上冊，卷50，〈電報27〉，頁1141上。

〔註147〕〈電慶邸李相〉，十二月三十日，收入楊儒輯，《中俄會商交收東三省電報彙鈔》（台北：文海出版社，民國74年），頁27-29。俄國所稱之「現行鐵路辦法」，係指中俄雙方於1896年9月8日簽訂之〈合辦東省鐵路公司章程〉，內容大要為中俄合辦鐵路公司，由中國建造鐵路連接俄國之赤塔城及南烏蘇里河鐵路，股票只許中俄人民購買，總辦由中國政府選派，軌寬與俄國鐵軌一

　　袁世凱得知俄國正式提出之條款內容後，即認為對中國自主權侵害甚大，尤其向北京造路一項，若照現行章程辦理，則俄國可設護路兵，同時又不許中國駐軍，此款極為不妥，〔註148〕楊儒所擔憂之「不允將至決裂、允則各國效尤」說法應為過慮，俄國所謂「要索條款與各國無關、各國必置之不理」為兩國交涉時慣用手法，俄國不可能不知道各國對此事均有相當程度的關心，如中國能以各國希望中國不允為由堅持拒絕，相信俄國不敢輕言決裂，也勢必不敢不交還東三省。如能一面速定和局，一面對俄國採取拖延戰術，和局定後、俄國問題始能較易解決，萬勿另生枝節。此外，既然各國對於俄國條件多有聲明，表示對於此事已有定見，不妨請駐外各使密與各國會商。〔註149〕東三省既已在俄國控制之下，即使與俄國決裂，至多不過俄國不交還東三省，但如因同意俄國條款而引起各國效尤，中國立刻面臨瓜分，其輕重利害顯然易見。〔註150〕

　　張之洞將袁世凱之意告知楊儒，請其向俄國表明中國無力抗拒俄國，更無力抗拒英、日、德等強國，探詢俄國是否願意公開約文。〔註151〕楊儒表示兩國立約，畫押前向不對外宣布，先前部分約款洩漏，俄國已極為不滿，因此恐不便公布全文，至於英、德、美、日各國相助排解一事，楊儒不表樂觀，認為終究難恃。〔註152〕袁世凱認為俄國所開條款中，與俄商訂駐軍數量與屯駐地區一款有損自主權，與俄商訂內地巡捕數目尤其損害主權，一旦各國援引最惠國待遇，則外國造路省分必須任由該國駐軍，「我失主權、何以為國」，建議應一面

　　　　律，所需人力、物價需按市價辦理，中國官方需保護鐵路及雇工，中國官方需無償提供官有地，公司可自設電線，公司土地、盈餘、造路所需原物料均全額免稅，外國旅客需查驗護照，俄國貨物經此鐵路托運至俄國境內者免稅，票價由公司核定，經營期限為完工通車日起八十年，期滿由中國無償收回，中國可於通車日起三十六年後一次償還欠款。詳細條文參見王鐵崖，《中外舊約章彙編》，第一冊，頁672-674。
〔註148〕〈袁慰帥來電〉，光緒二十七年正月初八日，收入盛宣懷，《愚齋存稿》下冊，卷51，〈電報28〉，頁1163上。
〔註149〕〈袁慰帥來電〉，光緒二十七年正月初十日，收入盛宣懷，《愚齋存稿》下冊，卷51，〈電報28〉，頁1166上-1166下。
〔註150〕〈袁慰帥來電〉，光緒二十七年正月二十二日，收入盛宣懷，《愚齋存稿》下冊，卷52，〈電報29〉，頁1173上。
〔註151〕〈致俄京楊欽差〉，光緒二十七年正月二十四日，收入苑書義、孫華風、李秉新主編，《張之洞全集》第10冊，卷244，〈電牘75〉，頁8512。
〔註152〕〈楊欽差來電〉，光緒二十七年正月二十九日，收入苑書義、孫華風、李秉新主編，《張之洞全集》第10冊，卷244，〈電牘75〉，頁8513。

以四國未覆爲由拖延，一面要求駐外使節向各國外交部詢問具體辦法。〔註153〕

　　俄國與中國訂約一事甫經傳出，即引起各國關注。俄國佔有東三省對朝鮮形成直接威脅，日本對此問題乃極爲敏感，於獲悉增祺所訂暫行章程內容後，即於 1901 年 1 月初向俄國政府詢問如何處理東三省問題，並探詢美、德、法國政府態度，訓令駐英日使林董知會英國，〔註154〕建議中國堅持將各國要索條款併入公約中討論，以免他國群起效尤，〔註155〕並警告中國政府不可割地，亦不可將設官置兵、財政、及其他權力全許與他國。〔註156〕駐俄英使史科特爵士（Sir C. Scott）向俄國外相拉姆斯多夫（Count W. Lansdorff）探詢關於傳言中的中俄南滿協定，拉姆斯多夫對於傳言中俄國正準備、或已與中國簽訂一項使俄國可以取得南滿保護權的新協定一事完全否認，表示俄軍所奉命令係在使中國官員恢復對地方行使治權時，與地方民政當局商訂關於中俄兩國官員同時駐在南滿期間之暫行章程，目的在防止中俄邊境重新出現騷亂，並保護通往旅順之鐵路，報紙傳言之中俄協定純爲俄軍與南滿地方民政當局間之暫訂條約，俄國並未與中國中央政府訂定任何永久協定或暫行章程，俄國也將信守南滿恢復原狀時將撤軍承諾，屆時必將南滿歸還中國。然而撤兵同時，中國必須向俄國提供安全保證，而此項保證並非藉由取得領土、或南滿保護權而來。〔註157〕至於德國政府則決定通知中國，在中國與各國簽訂公約以前，不應單獨與任何國家締結牽涉領土及財政問題之條約。〔註158〕甚至意大利政府也訓令駐京公使向中國聲明，要求中國不可單獨與某國簽訂條約。〔註159〕

〔註153〕〈袁慰帥來電〉，光緒二十七年正月二十九日，收入盛宣懷，《愚齋存稿》下冊，卷 52，〈電報 29〉，頁 1177 下-1178 上。

〔註154〕黃俊彥，〈拳亂後中俄交收東三省問題（1900-1902）〉，《中國近代現代史論集》，第十五編，清季對外交涉（二）俄、日，頁 654-655。

〔註155〕〈寄李中堂〉，光緒二十六年十二月二十六日，收入盛宣懷，《愚齋存稿》上冊，卷 51，〈電報 28〉，頁 1133 上-1133 下。

〔註156〕〈竇納樂爵士致藍士敦侯爵電〉，1901 年 2 月 15 日，收入胡濱譯，《英國藍皮書有關義和團運動資料選譯》，頁 417。

〔註157〕〈史科特爵士致蘭斯頓侯爵函〉，1901 年 2 月 6 日，收入胡濱譯，《英國藍皮書有關義和團運動資料選譯》，頁 258-259。

〔註158〕〈藍士敦侯爵致竇納樂爵士電〉，1901 年 2 月 13 日，收入胡濱譯，《英國藍皮書有關義和團運動資料選譯》，頁 417。

〔註159〕〈劉峴帥來電〉，光緒二十七年正月初九日，收入盛宣懷，《愚齋存稿》下冊，卷 51，〈電報 28〉，頁 1152 下-1153 上。

俄國向中國提出正式條款後，駐英華使羅豐祿於 2 月 28 日拜會英國外交部，對外相藍士敦（Henry Charles Keith Petty-Fitzmaurice, 5th Marquess of Lansdowne）提交一份要求英、美、德、日四國調停之上諭。藍士敦表示英國已注意此事，認為俄國意圖可能在建立範圍包括滿州、蒙古、新疆的保護國，英國政府希望取得協定全文，然後與其他國家商議採取何種行動，建議中國應等待其他國家答覆。〔註 160〕就德、美、日、英等國意見，德國表示中國不應與任一國家簽訂讓與土地權利之條約，應以遵守各國公約為先、並切實辦到；日本建議由中國政府電請英、德、美、日介入，說服俄國將東三省併入公約中辦理；英國表示尚未得知條約內容，希望中國告知，英國再與各國商議，但建議中國在調停各國回復前萬勿接受；美國表示若中國萬不得已而接受，亦需先獲得現在議約各國同意。〔註 161〕

薩道義於 3 月 6 日取得中文譯本後，立即轉發英國外交部，表示其中禁止雇用外國人部分，將使中國行動自由受到限制，而俄國在滿州享有優先權將妨礙他國利益，可能使列強群起效尤，〔註 162〕因此要求慶親王將協定內容通知各國駐華公使。〔註 163〕英國駐漢口總領事霍必瀾向張之洞表示各國正在歐洲設法為中國調處，此時中國應將俄國要索條文明告各國，將約稿分送各國駐京公使一份，並將條款中有礙中主權之處以照會方式通知告國。否則，各國將無以向俄國辯論，俄國也可含糊推託。張之洞表示朝廷擔憂公布後引發俄國憤怒，建議英國承諾獲悉條款之後，無論如何必出面調停，中國即可放心宣布。〔註 164〕

因英國已掌握條款內容，因此史科特於 3 月 7 日再度面見拉姆斯多夫時，建議俄國應更正報紙上錯誤刊載的中俄協定文本，以免給外界錯誤印象，遭到拉姆斯多夫拒絕，認為兩國交涉不應將內容告知第三國。史科特明示英國已透

〔註 160〕〈藍士敦侯爵致薩道義爵士電〉，1901 年 3 月 1 日，收入胡濱譯，《英國藍皮書有關義和團運動資料選譯》，頁 441-442。

〔註 161〕〈致西安行在軍機處〉，光緒二十七年正月十四日，收入苑書義、孫華風、李秉新主編，《張之洞全集》第 10 冊，卷 244，〈電牘 75〉，頁 8507。

〔註 162〕〈薩道義爵士致藍士敦侯爵電〉，1901 年 3 月 6 日，收入胡濱譯，《英國藍皮書有關義和團運動資料選譯》，頁 443-444。

〔註 163〕〈薩道義爵士致蘭斯頓侯爵電〉，1901 年 3 月 11 日，收入胡濱譯，《英國藍皮書有關義和團運動資料選譯》，頁 447-448。

〔註 164〕〈致西安行在軍機處〉，光緒二十七年正月二十日，收入苑書義、孫華風、李秉新主編，《張之洞全集》第 10 冊，卷 244，〈電牘 75〉，頁 8509。

過報紙以外之其他管道掌握中俄協定文本，且中國已經要求英國對此表示意見，拉姆斯多夫則再三強調，俄國認為滿洲問題無關公約交涉，俄國當然有權提出自滿洲撤兵條件，如中國不肯接受，俄國便可繼續佔領，目前狀況是中國極力要求俄國撤軍，而非俄國強迫中國接受條款，坊間傳聞之中俄協定係經過有心人士竄改，中國之所以努力促使英國涉入，目的是在英俄兩國間製造紛爭。〔註165〕即使拉姆斯多夫始終否認要求中俄訂約一事，但英國政府認為條款內容如果屬實，將很難與俄國先前所做出的保證不相互矛盾，而此協定很難解釋為戰時或臨時性，且不可能不影響英國在華條約利益。如俄國認為中國意在挑撥，不妨公佈協定真實文本，揭露、並譴責中國陰謀。〔註166〕

　　懲辦禍首一案了結後，張之洞、劉坤一等議約大臣注意力轉至俄約一事。張之洞認為東三省雖被俄國佔領，但可以慢慢設法挽救，一旦接受俄約，將立即引起各國效法，中國立見瓜分，拒絕簽約不僅可解決俄國佔領問題，更可免除他國藉口效尤。〔註167〕因此，張之洞向英國領事探詢，若中國承諾將東三省無論工商路礦，任便居住各項權利全數開放，各國是否願意助中國抗拒俄約，英國領事表示欣然同意。

　　張之洞除另向日本探詢意向外，〔註168〕亦將此意告知劉、盛、袁，提出救急三策，一為央請各國出面向俄國要求展限，藉各國政治力量以抗俄；一為東三省開門通商，藉各國商業力量以抗俄；三為以北方用英、日人代為訓練練水、陸軍之說，或可阻俄入長城鐵路，藉英、日軍事力量以抗俄。張之洞的立論基礎在於「中國不能自立，與其獨立磋磨、不如強鄰藉助」，但欲引強鄰為援必須有利益相誘，因此希望以開門通商之利相誘。〔註169〕。此外，既然東三省為中國自行開放，則各國自不能援引最惠國待遇要求一體均霑，目前當務之急為先爭取談判時間，至於諸如限制駐軍人數、限制軍火進口、禁用他國人擔任巡捕、

〔註165〕〈史科特爵士致藍士敦侯爵電〉，1901年3月7日，收入胡濱譯，《英國藍皮書有關義和團運動資料選譯》，頁445-446。
〔註166〕〈藍士敦侯爵致史科特爵士電〉，1901年3月9日，收入胡濱譯，《英國藍皮書有關義和團運動資料選譯》，頁447。
〔註167〕李國祁，《張之洞的外交政策》，頁292-294。
〔註168〕〈致西安行在軍機處〉，光緒二十七年正月二十九日，收入苑書義、孫華風、李秉新主編，《張之洞全集》第10冊，卷244，〈電牘75〉，頁8514。
〔註169〕〈致江寧劉制台、上海盛大臣、濟南袁撫台〉，光緒二十七年正月二十九日，收入苑書義、孫華風、李秉新主編，《張之洞全集》第10冊，卷244，〈電牘75〉，頁8515。

俄國享有東三省人事同意權等條款，可日後再議。〔註170〕

劉坤一對此大表贊同，認為「三策實為救急良法、莫妙於此」，乃依據張之洞所言改寫成奏稿，以張、劉、盛三人會銜電奏。〔註171〕朝廷對開門通商策略顯然接受度頗高，除降旨要求駐英、日、美各使與住在國外部洽商，請俄國展限之外，另可密告告國外部，如各國果能介入展限、使中國能籌辦妥協，俄國交還東三省之後，中國願與各國研商東三省開門通商事宜，使各國利益均沾，但此事須秘密進行。〔註172〕

袁世凱認為慶、李、榮、楊等亟欲了結此事的心態並不妥當，期限日漸迫近，俄國若虛張聲勢，以三全權畏事心態，難保不遽然允俄所請，建議此時仍應先由盛宣懷與日、英、德等國總領事密商，請其敦促本國政府提供中國切實辦法。至於張之洞所擬三策，袁世凱大體上表示贊同，認為「首策貴速、次策貴堅」，至於北境不用他國人一項確實有條約可以依據，小站練兵時即據此拒絕俄國派員參與練兵。〔註173〕袁世凱對朝廷立場軟弱頗不以為然，對於三全權「或不耐煩、或不經嚇」深覺無奈，各國既已一再要求中國不可遷就俄國、中國也已有正式國書要求俄國暫緩議約，豈有遽行畫押之理，應待各國回復之後再做打算。〔註174〕為此，袁世凱兩度致電榮祿，請其務必堅持到底。

首先，袁世凱由四個方向切入，向榮祿分析東三省可保無虞：

> 俄已催增帥交收陵瀋，其心本不欲據；三省地大，俄斷無許多通華事者治其民，其力亦不能據；俄曾布告各國不佔土地，其理更不可據；日本佔金旅，俄聯各國以索回，今俄佔三省，英日必不肯讓，其勢尤不得據。……

袁世凱由心、力、理、勢四事分析俄國終不能不交還東三省，此時之所以催逼中國畫押，目的在於箝制各國。如中國堅拒俄國要求，俄亦無計可施，即

〔註170〕〈張香帥來電〉，光緒二十七年正月二十九日，收入盛宣懷，《愚齋存稿》下冊，卷52，〈電報29〉，頁1178下-1179上。

〔註171〕〈劉制台來電〉，光緒二十七年二月初二日，收入苑書義、孫華風、李秉新主編，《張之洞全集》第10冊，卷244，〈電牘75〉，頁8517。

〔註172〕〈盛大臣來電〉，光緒二十七年二月初五日，收入苑書義、孫華風、李秉新主編，《張之洞全集》第10冊，卷244，〈電牘75〉，頁8523。

〔註173〕〈袁慰帥來電〉，光緒二十七年二月初一日，收入盛宣懷，《愚齋存稿》下冊，卷52，〈電報29〉，頁1181下。

〔註174〕〈袁慰帥來電〉，光緒二十七年二月初三日，收入盛宣懷，《愚齋存稿》下冊，卷53，〈電報30〉，頁1188上。

使最後與俄決裂，中國所失不過東三省，各國則因曾勸阻俄國而不至於相率效尤；中國一旦屈服，各國若據以要求均霑，中國將無辭可解。即使各國不要求，通往長城之鐵路駐軍數量必多，京城必難以久安。權衡利害得失後，「允俄，則四國怒，必要均霑，主權全失，便成印度；拒俄，則四國喜，必有公論，俄雖佔據，終須交還」。中國絕不可接受俄國要求，請榮祿務必堅持到底。〔註175〕

第二通電報中，袁世凱提出三項論點。其一為一旦接受俄國要求，勢必貽下無窮禍患。德國人已有在山東省派兵護路之說，屆時將全面干預山東兵權、政權、利權；直隸境內鐵路目前借有洋債，英、法、比諸國亦將援俄國力介入鐵路經營；而南洋各省恐亦難以置身事外，屆時中國勢將無以立國。其二為英、日、德、美等國曾有言在先，因中國已先請四國代為向俄國商議展延期限，因此必須等四國回覆後始可決定處理方針，如因俄虛聲恫嚇而遽允畫押，則各國屆時均有藉口指責中國，中國仍必與各國決裂。其三為依照交涉慣例，如中國在條約上畫押，表示已允許俄國要求，則東三省永無收回之日；如中國堅持拒絕，則東三省處於被俄國強佔狀態，各國尚有介入空間。何況俄國曾屢屢宣告中國係在自願情形下立約，如中國畫押，則坐實俄國之說，中國將無可辯解。為此，袁世凱認為目前必須堅持立場，等待各國消息，請榮祿要求楊儒切勿畫押，以免局面無法挽回。〔註176〕

即使疆臣認為俄約必不可畫押，但朝廷顯然難以抗拒俄國的壓力。朝廷於 1901 年 3 月 17 日下旨，指出俄國條款中損及中國主權、利權之處，要求奕劻、李鴻章、楊儒議約時務必詳加參酌，不使他國有效尤之機，〔註177〕此舉無異於向俄國暗示中國有接受條件可能。楊儒將電旨譯成節略，持與俄國外交部交涉，俄國原封不動退回，令楊儒深為焦慮，〔註178〕格爾思復向李鴻章表示，如中國逾期不畫押，則條約作罷、俄國將逕行處置東三省。〔註179〕

〔註175〕〈又〉，光緒二十七年二月初三日，收入盛宣懷，《愚齋存稿》下冊，卷53，〈電報30〉，頁1188上-1188下。

〔註176〕〈袁慰帥來電〉，光緒二十七年二月初四日，收入盛宣懷，《愚齋存稿》下冊，卷53，〈電報30〉，頁1192下-1193上。

〔註177〕〈盛宗丞來電〉，正月二十九日，收入楊儒輯，《中俄會商交收東三省電報彙鈔》，頁65-68。

〔註178〕〈電慶邸李相〉，二月初一日，收入楊儒輯，《中俄會商交收東三省電報彙鈔》，頁70。

〔註179〕〈電慶邸李相〉，二月初一日，收入楊儒輯，《中俄會商交收東三省電報彙鈔》，

朝廷嚴令楊儒、李鴻章等應要求俄國展延畫押期限。〔註180〕楊儒再往俄外部商議，但兩度遭拒見，〔註181〕亦不接中國國書，楊儒以未奉畫押之旨，不敢專擅，但「日夜焦惶、百思無計，不勝迫切待罪之至」。〔註182〕適朝廷於 3 月 20 日所下電旨寄達莫斯科，表示期限迫近，俄約經改訂後似不致貽禍，為免各國認為中國私自與俄國訂約，可將俄已修該部分內容，中國處境困難、不能不允等情形明告各國，李鴻章等又明白告知楊儒可考慮畫押。〔註183〕俄國外交部認為中國雖已有畫押之意，但楊儒未奉允准畫押電旨，請楊儒電催朝廷授予畫押全權。〔註184〕

當慶、李電令楊儒畫押消息傳來，〔註185〕袁世凱認為如消息屬實，將來或許誠如各國輿論所言，唯有「罪使毀約」一途，現在仍應請劉、張、盛等先與各口領事密商，謀求補救之道。如仍無辦法，只能請俄國設法阻止各國援引，以免導致瓜分，〔註186〕然朝廷於 2 月 23 日已下旨令暫勿畫押，楊儒必不敢違旨，可視期限到後俄國採取何種行動，再設法因應。〔註187〕

盛宣懷請英國駐上海總領事璧利南（Byron Brenan）轉告英國政府，表示俄國要求中國須在 3 月 26 日以前批准協定，〔註188〕璧利南認為中國政府在各國保證俄國一旦佔領滿洲，仍將完成議約、並自北京撤軍之前提下，應該願

頁 71-72。

〔註180〕〈軍機處〉，二月初一日，收入楊儒輯，《中俄會商交收東三省電報彙鈔》，頁 72-73。

〔註181〕〈電慶邸李相〉，二月初三日，收入楊儒輯，《中俄會商交收東三省電報彙鈔》，頁 74-75。

〔註182〕〈電軍機處〉，二月初四日，收入楊儒輯，《中俄會商交收東三省電報彙鈔》，頁 79-80。國書見〈軍機處來電〉，二月初四日，收入楊儒輯，《中俄會商交收東三省電報彙鈔》，頁 77-78。

〔註183〕〈慶邸李相來電〉，二月初四日，收入楊儒輯，《中俄會商交收東三省電報彙鈔》，頁 80-81。

〔註184〕〈電慶邸李相〉，二月初五日，收入楊儒輯，《中俄會商交收東三省電報彙鈔》，頁 84。

〔註185〕〈張香帥來電〉，光緒二十七年二月初五日，收入盛宣懷，《愚齋存稿》下冊，卷 53，〈電報 30〉，頁 1193 上-1193 下。

〔註186〕〈袁慰帥來電〉，光緒二十七年二月初五日，收入盛宣懷，《愚齋存稿》下冊，卷 53，〈電報 30〉，頁 1193 下。

〔註187〕〈又〉，光緒二十七年二月初五日，收入盛宣懷，《愚齋存稿》下冊，卷 53，〈電報 30〉，頁 1193 下。

〔註188〕〈總領事璧利南致藍士敦侯爵電〉，1901 年 3 月 20 日，收入胡濱譯，《英國藍皮書有關義和團運動資料選譯》，頁 449。

意承擔拒絕批准中俄協定的風險，﹝註189﹞英國政府則認爲要求俄國展延期限無助於解開僵局，同時重申一旦中國簽約，英國將考慮自中國處另行取得補償，但英國政府承諾必將完成庚子議約、並自北京撤軍，﹝註190﹞訓令薩道義透過張之洞、劉坤一轉告中國政府，不得與個別國間單獨簽訂任何協定。﹝註191﹞英國政府另透過駐各國公使，向各國政府聲明，中國在公約未定前不得與他國締約，如中國堅持與俄國訂約，英國必就利益受損之處向中國要求賠償。﹝註192﹞日本政府亦透過駐俄使林董，向俄國表達日本希望不希望俄國在東三省享有特殊待遇之意，﹝註193﹞並要求中國儘速將約文交給各國，也必須堅持不畫押，「以和平之語陳絕決之詞」。﹝註194﹞

　　朝廷雖於 3 月 23 日、24 日兩度下旨，令楊儒暫勿畫押，要求俄國展延期限、修改內容，使條款無損公約，並將中國拒絕簽約一事告知駐俄各國使節，﹝註195﹞但駐俄使館遲至 26、27 兩日始收到盛宣懷轉寄電旨，﹝註196﹞而俄國政府已於 3 月 25 日約見楊儒，請楊儒於 3 月 28 日上午九時覲見沙皇，如屆時楊儒無法出示中國同意簽約國書，即視爲拒絕簽約，席間並不容楊儒置一詞。﹝註197﹞3 月 26 日，朝廷先有電旨，令楊儒仍相機呈遞國書，並告知俄國，如俄國可允國書內所開各項修正條文，即可訂議；或請俄國先議公約、再議專約，另令慶、李續將俄約中有礙中國主權條款部分與各國密商，請各國設

﹝註189﹞〈總領事璧利南致藍士敦侯爵電〉，1901 年 3 月 23 日，收入胡濱譯，《英國藍皮書有關義和團運動資料選譯》，頁 450。

﹝註190﹞〈藍士敦侯爵致羅豐祿先生函〉，1901 年 3 月 23 日，收入胡濱譯，《英國藍皮書有關義和團運動資料選譯》，頁 451-452。

﹝註191﹞〈藍士敦侯爵致總領事璧利南電〉，1901 年 3 月 21 日，收入胡濱譯，《英國藍皮書有關義和團運動資料選譯》，頁 450。

﹝註192﹞〈盛中丞來電〉，2 月初 6 日，收入楊儒輯，《中俄會商交收東三省電報彙鈔》，頁 785-86。

﹝註193﹞〈致西安行在軍機處〉，光緒二十七年二月初七日，收入苑書義、孫華風、李秉新主編，《張之洞全集》第 10 冊，卷 244，〈電牘 75〉，頁 8529。

﹝註194﹞〈致西安行在軍機處〉，光緒二十七年二月十四日，收入苑書義、孫華風、李秉新主編，《張之洞全集》第 10 冊，卷 244，〈電牘 75〉，頁 8531。

﹝註195﹞王芸生，《六十年來中國與日本》，頁 122。

﹝註196﹞3 月 23 日電旨見〈盛大臣來電〉，二月初七日，收入楊儒輯，《中俄會商交收東三省電報彙鈔》，頁 87-88。3 月 24 日電旨見〈盛大臣來電〉，二月初七日，收入楊儒輯，《中俄會商交收東三省電報彙鈔》，頁 87。

﹝註197﹞〈電慶邸李相〉，二月初七日，收入楊儒輯，《中俄會商交收東三省電報彙鈔》，頁 86-87。

法斡旋，〔註198〕但因各國態度強硬之故，隨即於 27 日電旨中確定先商公約、再商俄約原則，〔註199〕。

　　袁世凱獲知消息後，認爲俄國已願約見楊儒，即表示事有轉機，楊儒若能乘機要求修改條款內容，使其無損中國主權，各國亦不致仿效，則畫押亦無不可，但前提爲須改定條款後始能畫押。〔註200〕目前「英只助以公論；美畏事、不敢出力；德冀效尤、不願出力；日挺身詰俄、辭氣甚屬」，一旦與俄決裂，日俄間恐有開戰可能，然以東三省爲戰場，不論勝負如何，中國必將受累。希望俄國肯接受各國調停，令此事和平了結。〔註201〕既然目前「商改不易、展限無用」，建議採用增加俄國難以辦到的條款以延宕議約進度的方法，可訓令楊儒明白告知俄國，各國屢屢要求中國不可私與任一國訂約，否則將群起效尤，以中國目前國勢，既不敢開罪俄國、何能開罪各國，希望俄國能先向各國取得不效尤保證，並於中俄條約中增訂俄國擔保各國不效法、否則此約即行作廢一款，中國始能據此商辦中俄條約事宜。如俄國不願接受，中國即可藉此拒絕簽約。〔註202〕

　　即使彊臣多方設法、提供建議，主導對俄談判的慶親王、李鴻章仍不敢輕忽俄國決心。慶、李於 3 月 27 日電奏，認爲俄國必不可能接受日本勸阻，「如不確實電令畫押，俄必決裂、禍患即在目前」，〔註203〕奕劻於次日再致一電，以爲畫押必得罪各國、不畫押必得罪俄國，茲事體大、不敢擅作主張，請朝廷統籌全局。〔註204〕行在軍機處對慶、李態度頗爲不滿，表示各國屢屢警告中國，一旦與俄國簽約，各國必將群起效尤，質問慶、李能否保證中國

〔註198〕〈盛大臣來電〉，二月初八日，收入楊儒輯，《中俄會商交收東三省電報彙鈔》，頁 89-90。

〔註199〕〈盛大臣來電〉，二月初九日，收入楊儒輯，《中俄會商交收東三省電報彙鈔》，頁 90-91。

〔註200〕〈袁慰帥來電〉，光緒二十七年二月初七日，收入盛宣懷，《愚齋存稿》下冊，卷 53，〈電報 30〉，頁 1197 上-1197 下。

〔註201〕〈又〉，光緒二十七年二月初七日，收入盛宣懷，《愚齋存稿》下冊，卷 53，〈電報 30〉，頁 1197 下。

〔註202〕〈袁慰帥來電〉，光緒二十七年二月初八日，收入盛宣懷，《愚齋存稿》下冊，卷 53，〈電報 30〉，頁 1198 上。

〔註203〕〈奕劻李鴻章電信〉，光緒二十七年二月初八日，收入王亮編、王彥威纂輯、王敬立校，《清季外交史料》，頁 163 下。

〔註204〕〈奕劻電奏〉，光緒二十七年二月初九日，收入王亮編、王彥威纂輯、王敬立校，《清季外交史料》，頁 164 上。

簽約後各國不決裂，如有把握則朝廷不難照辦，否則其中利害輕重不能不詳細考量，令慶、李堅持先訂公約、再立專約態度。〔註205〕

袁世凱得知電旨內容後，更加確定慶、李等認為除簽約之外別無他法，即便有辦法也絕不可能接受，既難以化其成見，最好的辦法莫過「移京」、「公斷」兩項，萬不可交由慶、李處理。〔註206〕袁世凱認為，俄國要求答覆期限已過，目前首要在於找出應對之策。俄國不接受各國調停，楊儒因傷染病而無法再與俄國談判，〔註207〕李鴻章已有成見，行在又擔心激怒俄國而遲遲不願公布條款，以致談判陷入膠著，「此案固不可交全權，亦不可無人主持」。針對此進退兩難局面，袁世凱提供三個解決之道。其一，日本既然自願擔任中、俄調人，俄國也願意接受，中國不妨就此透過日本與俄國協商；其二，總理衙門現在北京，李鴻章並非總理衙門大臣，可要求總理衙門王大臣與各國商辦公斷；其三，劉、張既已電請日、英、德、美四國相助，不妨將俄約11款面交各領事，請其轉交各國政府。〔註208〕

對於袁世凱所提公布約文的建議，軍機處認為一旦中國公布條約，即屬先對俄國挑釁，因此必須由地方督撫將條約交英、美、日領事，請其轉告各國外交部。〔註209〕劉坤一認為唯一可行之道為「公斷」，欲公斷則必須將約文公開，但不可託其他國家轉交，慶、李對俄約已有成見，因此絕不可由中國自行與俄協商，袁世凱建議之將俄約交由總署與俄國談判一事並不可行。〔註210〕劉坤一的看法獲張之洞支持，〔註211〕袁世凱則認為，各國既一再要

〔註205〕〈旨寄奕助李鴻章〉，光緒二十七年二月初九日，收入王亮編、王彥威纂輯、王敬立校，《清季外交史料》，頁164上-164下。

〔註206〕〈袁慰帥來電〉，光緒二十七年二月初九日，收入盛宣懷，《愚齋存稿》下冊，卷53，〈電報30〉，頁1198下。

〔註207〕楊儒於1901年3月22日赴俄國外交部交涉，返回使館途中不慎跌傷右腿，三日後俄國約見，迫其於28日答覆，氣怒攻心，於返回使館下車時墜地昏厥，就此染病不起，於次年2月17日病逝於莫斯科。參見羅光著，《陸徵祥傳》，頁41。

〔註208〕〈袁慰帥來電〉，光緒二十七年二月十一日，收入盛宣懷，《愚齋存稿》下冊，卷53，〈電報30〉，頁1201下。

〔註209〕〈行在軍機處來電〉，光緒二十七年二月十一日，收入苑書義、孫華風、李秉新主編，《張之洞全集》第10冊，卷244，〈電牘75〉，頁8536。

〔註210〕〈劉制台來電〉，光緒二十七年二月十四日，收入苑書義、孫華風、李秉新主編，《張之洞全集》第10冊，卷244，〈電牘75〉，頁8536。

〔註211〕〈致江寧劉制台〉，光緒二十七年二月十四日，收入苑書義、孫華風、李秉新主編，《張之洞全集》第10冊，卷244，〈電牘75〉，頁8538。

求中國宣布俄國要求內容，中國不應置之不理，以免不簽約得罪俄國、不公布得罪各國，仍力請劉、張將條款面交各國領事。至於日本態度方面則不必憂慮，日本當知與俄國交好並無益處，且曾極力主張各國介入，應不至於為俄國所利誘。此外，袁世凱對英國並不信任，認為英國向不願為他國承擔責任，不認為英國有積極介入可能，請盛宣懷留意英國態度〔註212〕。

為解決困境，袁世凱致電行在，分析俄國拒絕會見楊儒、拒收國書雖為要挾慣技，但不可聽任俄國關閉協商大門；英、日、德、美屢屢要求宣布條款內容，不可置之不理；楊儒目前意外受傷，駐俄公使一職不可懸缺，因而針對這些問題提出數項建議。其一，日本既有意出面為中國調停，俄國亦已將消息透露與日本，此時不妨順水推舟，專門透過日本與俄國協商，可請李盛鐸將致俄國國書託日本代轉，並將俄國拒見楊儒、退還國書情形告知日本，無論俄國接受與否，中國禮義已盡；俄國如無理取鬧，中國可以日本為證人；日本得知中俄交涉近況後，俄國條款內容即「不宣而宣」，日本始有依據向俄國詰問。其二如擔憂宣布條款內容太操之過急，可請劉坤一、張之洞邀集各國領事面交俄約，託其轉達各國政府，較之在北京公布條款內容為平和。其三，雖然照例可由駐俄使館參贊暫代使職，但此時情況不同，可以楊儒重病為由，請留駐北京之總署王大臣正式照會格爾思，將另行派遣公使替代楊儒議約，或改由總署在北京與格爾思直接議約。如能將議約地點改在北京，可就近與各國駐京公使商議，效果與在北京宣布條款內容相去不遠。「總之，俄必欲另立專約，各國又必欲與公約相仿，宜使俄人不致勢成騎虎，各國不致有所藉口，始可兩全」。〔註213〕

中國拒絕簽約後，俄國於4月3日行文各國政府，表示因國際觀感不佳，此後不再逼迫中國簽押、亦不再議。〔註214〕拉姆斯多夫甚至向英、美、德三國駐俄大使做出正式的口頭聲明，表示從未見過增祺所簽訂之暫行章程，亦從未接到簽訂任何條約之授權。〔註215〕4月15日，俄國官報刊登官方正

〔註212〕〈袁慰帥來電〉，光緒二十七年二月十三日，收入盛宣懷，《愚齋存稿》下冊，卷54，〈電報31〉，頁1208上。

〔註213〕〈袁世凱電信〉，光緒二十七年二月十三日，收入王亮編、王彥威纂輯、王敬立校，《西巡大事記》（台北：文海出版社，民國52年3月出版），卷6，頁170下-171上。

〔註214〕〈寄行在樞府北京全權江俄川粵東皖蘇浙各帥〉，光緒二十七年二月二十一日，收入盛宣懷，《愚齋存稿》下冊，卷54，〈電報31〉，頁1216下。

〔註215〕（俄）羅曼諾夫著，民耿譯，《帝俄侵略滿洲史》（台北：台灣學生書局，民國70年5月景印再版），頁247。

式聲明，表示俄國要求與中國訂約，全因欲從速交還滿洲之故，各國既因此約與俄國爲難，俄國即無法歸還滿洲，須待「中國事定、京都立定，自主政府力量稍強、保無後患，方可再提」。俄國催逼中國簽訂條款事件至此告一段落。〔註216〕

第三節　以事後另謀補救挽回所失權利

　　李鴻章於 10 月 11 日抵達北京後，即與慶親王商討辦理和議事宜，委託赫德代擬照會底稿，表明中國仍願與各國永遠和好。〔註217〕

　　10 月 14 日，總署照會北京外交團領銜公使葛絡幹（B. J. de Cologan），提出五款議約總綱，並分別照會各國駐京公使，大要爲中國承認圍攻使館係違反國際公法之重大錯誤，承諾將來必不再犯；中國願與各國協商損害賠償事宜；中國同意改訂商約；待公約、各國商約簽訂完成後，各國即陸續退兵；請各國先行停戰等。〔註218〕

　　李鴻章等人的努力對和議的進行並無多少助益，因各國對和議的態度，重點不在中國代表的意見，而在各國間的磋商與妥協。各國對於和約大綱的討論約始於 1900 年 7 月，對於應如何對待戰後的中國各有其利益考量。〔註219〕歷經約三個月的意見整合，法國政府於 10 月 4 日向各國政府提交一份備忘錄，開列由各國駐京公使指定禍首、禁止軍火進口、賠償、使館永久駐軍、拆毀大沽砲台、暢通北京至海道路等六項議約基礎。〔註220〕各國公使均接獲政府指令，在原則上或事實上都同意法國提議，北京外交團乃於 10 月 26 日正式開始討論和約問題。〔註221〕直到 11 月 5 日爲止，外交團共舉行五次會議，

〔註216〕〈電盛大臣〉，二月二十七日，收入楊儒輯，《中俄會商交收東三省電報彙鈔》，頁 95-97。

〔註217〕〈全權大臣奕劻等摺〉，光緒二十六年九月十一日，收入故宮博物院明清檔案部編，《義和團檔案史料》下冊，頁 742。

〔註218〕〈總署給領銜日使葛絡幹照會〉，光緒二十六年閏八月二十一日，收入中央研究院近代史研究所編印，《中美關係史料》，光緒朝四，頁 2720-2722。

〔註219〕王樹槐，《庚子賠款》（台北：中央研究院近代史研究所，民國 63 年 3 月出版），頁 2-6。

〔註220〕〈1900 年 10 月 4 日康邦先生送交的備忘錄〉，1900 年 10 月 4 日，收入胡濱譯，《英國藍皮書有關義和團運動資料選譯》，頁 328-329。

〔註221〕〈康格致海函〉，1900 年 10 月 27 日，收入天津社會科學院歷史研究所編，《1901年美國對華外交檔案：有關義和團運動暨辛丑條約談判的文件》，頁 48。

商討對中國應提出之議約條款,以法國建議為基礎,廣泛採納各國公使意見,〔註222〕加入德國公使穆默所建議,中國派使赴德國謝罪、為克林德造紀念碑;英國公使竇納樂所建議,加入修改中外商約;義大利公使薩爾瓦葛(Marquis Giuspeep Salvago-Raggi)所建議,加入中國應採取各國指定之財政措施、以保證賠款能順利償付等項目,至此約款大綱大致擬定完成。〔註223〕

11月17日,日本外務省轉告李盛鐸,表示和約大綱除法國所擬六款外,尚包含修改覲見禮儀、總署改制、內地通商、停止變亂地區考試、聘用外國顧問官等項目尚未議定。〔註224〕李盛鐸綜合日本外務省透露的訊息,歸納出為克林德立碑、謝罪,改設外務部,懲凶,撤砲台,禁軍火進口,肇亂地區停考試五年,改覲見禮儀,駐軍保護使館,京沽沿路駐兵,賠款,因教案罷黜人員永不起負,修改商約,列強監理中國財政等13款議和條件。〔註225〕袁世凱得知後,認為派專使赴德謝罪本中國所當為,德國曾派遣亨利親王來華,中國派親王赴德,亦合乎禮制,應早日派定,唯國書用字需婉轉,此事肅親王善耆應能勝任;〔註226〕至於駐兵、軍火禁運兩項必須有界限與年限,自行製造機器應不致受限。〔註227〕因消息未獲證實,袁世凱並未對條款發表進一步的意見。

各國駐京公使會訂議約條款後,擬妥正式照會,正式提出和約大綱,大意為要求中國懲凶、道歉、賠償、軍火禁運、各國在使館區與京師至海通道間駐軍、保證不再犯、重訂通商條約、改訂總理衙門官制、與公使覲見禮節等。〔註228〕葛絡幹邀請慶親王、李鴻章於12月24日上午赴西班牙使館,屆時將節略面交,〔註229〕李鴻章因病不克前往,乃由慶親王代表赴會,〔註230〕

〔註222〕〈薩道義爵士致索爾茲伯理侯爵函〉,1900年11月8日,收入胡濱譯,《英國藍皮書有關義和團運動資料選譯》,頁391-398。

〔註223〕〈竇納樂爵士致索爾茲伯理侯爵電〉,1900年11月5日,收入胡濱譯,《英國藍皮書有關義和團運動資料選譯》,頁358。

〔註224〕〈寄李中堂〉,光緒二十六年九月二十六日,收入盛宣懷,《愚齋存稿》,上冊,卷45,〈電報22〉,頁1041上-1041下。

〔註225〕李國祁,《張之洞的外交政策》,頁255-257。

〔註226〕〈袁中丞來電〉,光緒二十六年九月二十六日,收入盛宣懷,《愚齋存稿》,上冊,卷45,〈電報22〉,頁1041下上。

〔註227〕〈袁世凱致張之洞、劉坤一等電〉,光緒二十六年九月二十七日,收入陳旭麓、顧廷龍、汪熙主編,《義和團運動‧盛宣懷檔案資料選輯七》,頁389。

〔註228〕〈總署收英使薩道義等會定條款〉,光緒二十六年十月二十九日,收入中央研究院近代史研究所編印,《中美關係史料》,光緒朝四,頁2738-2740。

〔註229〕〈總署等收領銜日使葛絡幹照會〉,光緒二十六年十一月初二日,收入中央研

與 11 國公使會晤，各國公使遞交前述照會後，慶、李隨即將內容電奏行在外務部，請其轉奏兩宮，並將約文轉發盛宣懷，請其電告各省督撫。〔註231〕

當接獲盛宣懷轉發之議和條款後，袁世凱一時之間頗有如釋重負之感：

> 此次肇釁，全球興師。日夜焦慮者，一曰瓜分、二曰監政、三曰奪我利權、四曰干我兵權、五曰侵我用人權、六曰要我以必不可行之事，今皆無之，退步設想，已屬幸甚……

袁世凱認為條款並未損及中國主權，對於中國而言並非無法接受，行在應不至於再堅持，請劉、張催促行在早日回覆。〔註232〕但袁世凱也認為條款中有值得商榷之處，如第 2 款賠款應在中國能力範圍內；第 6 款天津至北京沿線設洋兵關卡應有期限；第 7 款使館駐兵應有人數限制；第 9 款軍火禁運應有年限；第 12 款尤為重要，該款規定中國對於各款要求均照允照辦後、列強始撤軍，但各款內有一時無法辦到者，需請劉、張、慶、李等四議約大臣預先籌畫，〔註233〕不可不防各國「豫伏字眼，欲行罰外之罰」，對於駐軍問題則認為「不外人限、年限、兵限、權限上設法補救」。〔註234〕

榮祿以行在軍機處名義於 12 月 25 日致電慶、李，對於議約大綱表示初步意見。懲辦禍首一款，除承諾毓賢必將明正典刑，要求禍首各員應視情節輕重分別辦理外，對於列名之王公則仍希望維持「懿親除大逆不道外，例無死罪」慣例，以發往盛京永遠圈禁代替；停罰考試一節希望以洋人、教堂受損害所在地州縣之學政歲科試為限；軍火禁運一款希望指定貨物名目；賠款希望勿超過中國賠付能力、或寬定年限、或減輕數額；使館駐兵一節須議定員額與章程；撤去大沽砲台一節希望僅以撤除守軍為限；京津設洋兵關卡一節希望限制地區與員額，並不得干擾中國地方行政；此後保教不力之地方官

究院近代史研究所編印，《中美關係史料》，光緒朝四，頁 2742。

〔註230〕〈總署致領街日使萬絡幹照會〉，光緒二十六年十一月初二日，收入中央研究院近代史研究所編印，《中美關係史料》，光緒朝四，頁 2744。

〔註231〕〈盛京堂來電〉，光緒二十六年十一月初五日，收入苑書義、孫華風、李秉新主編，《張之洞全集》第 10 冊，卷 243，〈電牘74〉，頁 8465-8467。

〔註232〕〈袁中丞來電〉，光緒二十六年十一月初四日，收入盛宣懷，《愚齋存稿》上冊，卷 48，〈電報25〉，頁 1088 下-1089 上。

〔註233〕〈袁中丞來電〉，光緒二十六年十一月初三日，收入盛宣懷，《愚齋存稿》，上冊，卷 48，〈電報25〉，頁 1087 上。

〔註234〕〈袁慰帥來電〉，光緒二十六年十一月十一日，收入盛宣懷，《愚齋存稿》，上冊，卷 48，〈電報25〉，頁 1098 上。

員革職後永不敘用一款須分別輕重、並訂立專條；修改商約一款如無損中國利權即可照辦；修改覲見禮節一款須無傷國體。其中使館駐兵、設洋兵關卡兩款尤爲朝廷所重視，要求慶、李兩人「竭力磋磨、以免有礙回鑾」。〔註235〕

12月27日，朝廷果如袁世凱預期，對於12條議約大綱全數照允，〔註236〕但希望慶、李依照榮祿電報所示各節「設法婉商磋磨、尚冀稍資補救」〔註237〕後，袁世凱致函盛宣懷，表示中國與各國間現存通商行船條約大致上相仿，應不致另生枝節，所堪慮者爲開放外人任意入內地遊歷通商，以及任由外人開辦鐵路、礦務而已，通商利弊問題爲海關總稅務司赫德（Sir Robert Hart）所深知，應請赫德協助訂定商約。〔註238〕張之洞則持相反意見，認爲赫德態度多偏袒外人，雖然議改商約時赫德影響力不可忽視，但絕不可專任。外國與中國交涉時多不按照成例約章，必須先預備抵制之法，於開議時隨機應變。〔註239〕

袁世凱預測朝廷終將任命盛宣懷議商約，赫德雖偏袒列強，但對商務之熟稔無人能出其右，除建議盛宣懷仍應邀赫德協助外，另對修約方向提出建議。袁世凱認爲修改商約的結果「不外損我國權、損我利權、損我人民生計」，唯今之計應在於俟對方提出約文後「相機因應、分別保全、設法抵制」，如此尚有得失參半機會；如欲先發制人，提出有利於我之條款，因敵強我弱，恐不易辦到。此外，袁世凱也提醒盛宣懷，各省面對商約改訂，必提出諸如不准傳教、禁售洋貨、停止築路開礦等等要求，請盛宣懷等議約大臣勿被此種荒誕言論所擾。〔註240〕袁世凱所建議之「以逸待勞、後發制人」議約方式爲張之洞、〔註241〕劉坤一所贊同。〔註242〕

〔註235〕〈行在軍機處致北京慶親王李中堂電〉，光緒二十六年十一月初四日，收入盛宣懷，《愚齋存稿》，上冊，卷48，〈電報25〉，頁1089上-1090上。

〔註236〕〈總署致領銜日使葛絡幹〉，光緒二十六年十一月初八日，收入中央研究院近代史研究所編印，《中美關係史料》，光緒朝四，頁2745。

〔註237〕〈寄北京慶親王李中堂江鄂督帥山東撫帥〉，光緒二十六年十一月初六日，收入盛宣懷，《愚齋存稿》，上冊，卷48，〈電報25〉，頁1091上。

〔註238〕〈又〉，光緒二十六年十一月二十三日，收入盛宣懷，《愚齋存稿》，上冊，卷48，〈電報25〉，頁1116上。

〔註239〕〈致江寧劉制台〉，光緒二十六年十一月二十四日，收入苑書義、孫華峰、李秉新主編，《張之洞全集》第10冊，卷243，〈電牘74〉，頁8491。

〔註240〕〈袁慰帥來電〉，光緒二十六年十一月二十四日，收入盛宣懷，《愚齋存稿》，上冊，卷49，〈電報26〉，頁1116下。

〔註241〕〈致江寧劉制台、濟南袁撫台、上海盛大臣〉，光緒二十六年十一月二十四日，收入苑書義、孫華峰、李秉新主編，《張之洞全集》第10冊，卷243，〈電牘

　　疆臣對於議和條款各有看法，賠款數額與方式則爲共同關注焦點。張之洞認爲，此次賠款應於舊洋債內政用款之外另籌辦法，可由天下商民共同捐派，如賠款 4 億，分五年攤還，含息年繳約 1 億，中國扣除極貧、老弱、婦女不計，約有八千萬人，分九等貧富，上上五百、下下五錢，足以償付。如拉長還款期限，中國五十年內恐均受洋債束縛。〔註243〕

　　赫德所擬辦法，爲將賠款以本息平均攤還方式分 40-50 年賠付，如能不借洋款，可與各國商定擔保方式，分年償還、免付利息，至於賠償個人、教會損失部分則以現金支付。〔註244〕袁世凱認爲擔保賠款應由行新政開始，不可再蹈常襲故，〔註245〕付款雖必須借債，但可以爭取較有利的分期方式，至於關稅、鹽稅、釐金、地丁均可作爲擔保。〔註246〕張之洞認爲如僅作爲擔保、而非交由各國代收，則鹽稅、釐金、地丁、漕銀均無不可，甚至可以考慮以新疆、西藏做抵，但必須趕在赫德提出以借款償付賠款之前向各國探詢意向。〔註247〕

　　對於張之洞的提議，袁世凱表示擔保品如附加償還期限，則列強必欲代收，因此認爲以地丁作保則需愼重考慮，至於張之洞所提，以新疆、西藏做抵借款，英、俄或可接受，其他國家恐不能允。總之，重點在於「破除積習，實行新政」，擔保品方可取信於各國。〔註248〕

　　如不向外國借款，張之洞認爲可「借國債以保和局」，設立國債局、以發行債券方式籌措賠款，債券可轉讓、年付息三釐、永不還本，賠款則以 5 年

74〉，頁 8491。

〔註242〕〈劉制台來電〉，光緒二十六年十一月二十五日，收入苑書義、孫華風、李秉新主編，《張之洞全集》第 10 冊，卷 243，〈電牘 74〉，頁 8492。

〔註243〕〈致江寧劉制台、安慶王撫台、濟南袁撫台、福州善將軍、上海盛京堂〉，光緒二十六年十一月初五日，收入苑書義、孫華風、李秉新主編，《張之洞全集》第 10 冊，卷 243，〈電牘 74〉，頁 8472-8473。

〔註244〕〈寄江鄂督帥山東撫帥〉，光緒二十六年十一月初七日，收入盛宣懷，《愚齋存稿》，上冊，卷 48，〈電報 25〉，頁 1093 上。

〔註245〕〈袁慰帥來電〉，光緒二十六年十一月初八日，收入盛宣懷，《愚齋存稿》，上冊，卷 48，〈電報 25〉，頁 1094 上。

〔註246〕〈又〉，光緒二十六年十一月初九日，收入盛宣懷，《愚齋存稿》，上冊，卷 48，〈電報 25〉，頁 1094 上。

〔註247〕〈又〉，光緒二十六年十一月十三日，收入盛宣懷，《愚齋存稿》，上冊，卷 48，〈電報 25〉，頁 1099 下。

〔註248〕〈袁慰帥來電〉，光緒二十六年十一月十四日，收入盛宣懷，《愚齋存稿》，上冊，卷 48，〈電報 25〉，頁 1102 上。

或 10 年爲一期賠付，則每年只須新籌銀 1500 萬兩，如洋稅可加，扣除折底釐金部分後每年尚可有餘，較赫德所計算出之賠付方法「數可減半、利不外溢」〔註249〕。袁世凱贊同借國債以償賠款，但認爲應先確定朝廷有維新之意後、或朝廷爲賠款籌措困難所苦時，再相機進言，否則必將「弊竇叢生、遠近鼎沸、交章阻撓，終歸於不行而後已」，屆時提出建言者反而獲罪，「未見利國，徒足自害」。〔註250〕

當俄國欲佔東北利權一事暫告段落後，庚子議約問題重新成爲焦點，和約中最具爭議的條款仍是賠款數額與方式。張之洞曾電請駐英、德、美、日各國公使，向駐在國探問賠款數額，但並未獲得確切答覆，因此希望賠款至少需做到「分年免利、作保不苛」，以免拖垮中國財政，〔註251〕慶、李則認爲無息分期絕無可能，〔註252〕張之洞乃轉而希望各國同意「減數分年」，勿索取現銀，許中國分期攤還、並減免利息。〔註253〕爲求順利籌措賠款，希望各國同意關稅、鹽稅、釐金等加倍徵收，但洋貨可免納釐金，如賠款可減至 4 億兩，所加之稅足敷還款，亦即作爲確實擔保。〔註254〕盛宣懷認爲可以鹽、漕、常關稅抵賠款，〔註255〕袁世凱對於土貨釐金加倍則頗不以爲然，認爲將導致貨滯商虧，較傾向「集天下人之全力以應之」，以加徵人丁捐、由全國人民分擔賠款方式支應。對此張之洞則極爲反對，認爲中國難以確實清查丁口數，難以確實區分捐派等級，難以確實收到足夠款項，難以變更併丁於糧祖制。如行之，只有以國債方式籌募，但國債亦難以募集。〔註256〕

〔註249〕〈張香帥來電〉，光緒二十六年十一月十四日，收入盛宣懷，《愚齋存稿》，上冊，卷48，〈電報25〉，頁1102下-1103上。

〔註250〕〈袁慰帥來電〉，光緒二十六年十一月十五日，收入盛宣懷，《愚齋存稿》，上冊，卷48，〈電報25〉，頁1103下-1104上。

〔註251〕〈致西安行在軍機處、江寧劉制台、上海盛大臣轉全權大臣〉，光緒二十七年三月初一日，收入苑書義、孫華風、李秉新主編，《張之洞全集》第10冊，卷245，〈電牘74〉，頁8551-8552。

〔註252〕〈全權大臣來電〉，光緒二十七年三月初三日，收入苑書義、孫華風、李秉新主編，《張之洞全集》第10冊，卷245，〈電牘74〉，頁8552。

〔註253〕〈致西安行在軍機處〉，光緒二十七年三月初九日，收入苑書義、孫華風、李秉新主編，《張之洞全集》第10冊，卷245，〈電牘74〉，頁8554-8556。

〔註254〕〈致西安行在軍機處、江寧劉制台〉，光緒二十七年三月十三日，收入苑書義、孫華風、李秉新主編，《張之洞全集》第10冊，卷245，〈電牘74〉，頁8557。

〔註255〕〈寄北京周玉山方伯〉，光緒二十七年二月二十三日，收入盛宣懷，《愚齋存稿》，上冊，卷54，〈電報31〉，頁1217上。

〔註256〕〈致江寧劉制台、濟南袁撫台〉，光緒二十七年三月十三日，收入苑書義、孫

　　行在軍機處令戶部清查各海關洋稅抵押情形，以作為賠款擔保參考時，發現幾已抵押殆盡，不得已之下同意以鹽、漕、常關稅全數做抵，每年可實得銀 2000 萬兩，賠款 4.5 億、30 年攤還，除非減數或加稅、否則力有未逮。〔註 257〕張之洞對此極為不滿，認為應籌新款抵押還新債，留舊款充作國用，加稅額開辦自強事宜。目前籌款之法只能照袁世凱所提之徵收丁稅，但可改稱丁捐、可給獎，須在條約中明訂以此抵賠款，或可將此款交由日本銀行代管，藉此請日本出面向各國商減賠款數目。〔註 258〕袁世凱建議，為避免各國政府與赫德干預，丁捐以各省零星湊集做為抵押方式較為妥善，但因婦孺居大半，因此數額不妨訂為 1.5 億兩，官紳可加重，不需清查人口。為吸引民眾認捐，可許以特殊利益，如平民繳納官紳捐額者，許其享有仕紳階級權利，至於給獎則可不必。〔註 259〕

　　至 1901 年 2 月 5 日為止，北京外交團雖尚未正式討論賠款問題，但赫德已提出中國償付極限為 2.5 億至 3 億美元，亦有人提及可增加關稅，將中國目前名為值百抽五、實為值百抽 3.5 左右的進口稅增加一倍，但徵稅方式則並無共識。〔註 260〕1901 年 2 月 12 日，外交團一致同意設立賠款委員會，負責制訂向中國求償原則，委員會成員於 2 月 25 日指派，並於 3 月 13 日首度提出報告〔註 261〕外交團雖於 2 月 16 日即曾針對賠款問題進行一般性的討

　　　　華風、李秉新主編，《張之洞全集》第 10 冊，卷 245，〈電牘 74〉，頁 8559-5860。
〔註 257〕〈行在軍機處來電〉，光緒二十七年三月十七日，收入苑書義、孫華風、李秉新主編，《張之洞全集》第 10 冊，卷 245，〈電牘 74〉，頁 8565-8566。
〔註 258〕〈致江寧劉制台、濟南袁撫台〉，光緒二十七年三月十八日，收入苑書義、孫華風、李秉新主編，《張之洞全集》第 10 冊，卷 245，〈電牘 74〉，頁 8564-8565。
〔註 259〕〈袁制台來電〉，光緒二十七年三月二十日，收入苑書義、孫華風、李秉新主編，《張之洞全集》第 10 冊，卷 245，〈電牘 74〉，頁 8566。
〔註 260〕〈康格致海函〉，1901 年 2 月 5 日，收入天津社會科學院歷史研究所編，《1901 年美國對華外交檔案：有關義和團運動暨辛丑條約談判的文件》（山東：齊魯書社，1984 年 1 月第 1 版第 1 次印刷），頁 81-82。
〔註 261〕〈柔克義致海函〉，1901 年 3 月 12 日，收入天津社會科學院歷史研究所編，《1901 年美國對華外交檔案：有關義和團運動暨辛丑條約談判的文件》，頁 114。賠款委員會成員係由德國、比利時、荷蘭、美國公使出任，參見〈賠款委員會報告〉，1901 年 3 月 14 日，收入天津社會科學院歷史研究所編，《1901 年美國對華外交檔案：有關義和團運動暨辛丑條約談判的文件》，頁 118。此外，外交團亦指定由英國公使薩道義、德國公使穆默、法國公使畢盛、日本公使小村壽太郎組成一個委員會，專責研究中國可供償付賠款的財源，參見〈薩道義爵士致藍士敦侯爵電〉，1901 年 3 月 22 日，收入胡濱譯，《英國藍皮書有關義和團運動資料選譯》，頁 450。

論，〔註262〕但至 3 月 12 日始首度正式討論賠款問題，此後歷經 4 個半月的討論，因各國利益不同、意見分歧，始終無法達成共識，〔註263〕美國公使康格、議約專使柔克義（William Woodville Rockhill）甚至都曾建議將賠款問題提交海牙國際仲裁法庭。〔註264〕

1901 年 4 月 19 日，英、法、德、日四國公使邀集戶部右侍郎那桐、〔註265〕駐朝鮮公使徐壽朋、〔註266〕直隸布政使周馥〔註267〕赴德國公使館討論賠款事宜，透露賠款總額爲 4.5 億兩。〔註268〕1901 年 5 月 8 日，各國正式提出賠款數額，項目包含軍費、損害賠償等，計算至 1901 年 7 月 1 日止，數額果爲銀 4.5 億兩，請中國提出償付辦法。慶、李等擬以鹽稅與鹽厘每年 1000 萬兩、常關稅 300 萬兩、釐金 200 萬兩做抵，自 1902 年 7 月起，按月償付各國銀 125 萬兩，共分 30 年攤還，並以中國國用不足爲由，請各國同意加徵進口洋稅 3 分之 1。〔註269〕

〔註262〕〈康格致海函〉，1901 年 2 月 18 日，收入天津社會科學院歷史研究所編，《1901 年美國對華外交檔案：有關義和團運動暨辛丑條約談判的文件》，頁 95-96。

〔註263〕〈柔克義致海函〉，1901 年 5 月 20 日，收入天津社會科學院歷史研究所編，《1901 年美國對華外交檔案：有關義和團運動暨辛丑條約談判的文件》，頁 221。

〔註264〕〈柔克義致外交團團長照會〉，1901 年 6 月 8 日，收入天津社會科學院歷史研究所編，《1901 年美國對華外交檔案：有關義和團運動暨辛丑條約談判的文件》，頁 305。

〔註265〕那桐爲內務府鑲黃旗滿洲人，筆帖式出身，1900 年 11 月 16 日出任戶部右侍郎兼管錢法堂事務，參閱「那桐一生履歷」，天津圖書館——名人故居網站，網址爲 http://dlibrary.tjl.tj.cn/mrgj/na-tong/zp---nt--1.htm。

〔註266〕徐壽朋爲駐外人員出身，李鴻章任直隸總督時曾入其幕府，1898 年任出使朝鮮大臣，李鴻章奉旨入京議和後，奏調徐壽朋佐理議和事務，參見趙爾巽等撰，《新校本清史稿》，卷 446，列傳 233，〈徐壽朋傳〉，頁 12488。

〔註267〕周馥出身李鴻章幕府，李鴻章奉旨入京議和後，奏調時任四川布政使之周馥擔任直隸布政使，參見〈清授光祿大夫陸軍部尚書兩廣總督周慤慎公神道碑文〉，收入陳金林、齊德生、郭曼曼編輯，《清代碑傳全集》（上海：上海古籍出版社，1987 年 11 月第 1 版第 1 次印刷），頁 1355-1356。周馥北上後，又奉旨隨同慶親王、李鴻章辦理和議條款，參見馬昌華主編，《淮系人物列傳——文職、北洋海軍、洋員》（合肥：黃山書社，1995 年 12 月第 1 版第 1 次印刷），頁 10。

〔註268〕〈又電報〉，光緒二十七年三月十四日，收入故宮博物院明清檔案部編，《義和團檔案史料》下冊，頁 1082。

〔註269〕〈總署致領銜日使葛絡幹照會〉，光緒二十七年三月二十三日，收入中央研究院近代史研究所編印，《中美關係史料》，光緒朝四，頁 2844-2845。

按照外國所算定之利息表，4.5 億兩，4 釐息，如分 30 年攤還，年還銀 2602 萬 3500 兩，共還 7.80705 億：分 40 年攤還，年還銀 2273 萬 4000 兩，總數 9.09 億兩：若分為 50 年攤還，則年還銀 2094 萬 7500 兩，總數 10.047 億。依英國意見，各國賠款應分別開立債券，原本希望中國分 50 年攤還，後改為 30 年攤還，張之洞認為可行，但應同時向各國要求減息。〔註270〕袁世凱認為，以 30 年攤還賠款，每年只須多籌數百萬兩、分在各省、尚不為難，但賠款年數較英國方案減少 20 年、總額可節省 2 億餘兩，對中國較為有利。

各國認為總署提出之償付辦法並未算及利息，請總署再行核算。總署表示已請旨年息 4 釐獲准，但因無力同時償付本息，尚須討論採取先還本金、後繳利息，或本息平均攤還方式。〔註271〕隨後，總署與德、英、法、日四使會議，提出還款期限 50 年，年還 1500 萬兩，前 30 年償還本金、後 20 年償還利息方案，各使以利息拖欠太久、無法接受。總署另提出 40 年還款計畫，每年攤還銀 2040 餘萬兩，前 10 年繳付釐息較少，而以後 30 年所多繳付利息補償，但各國要求前 10 年利息差額部分需再加利息計算，總署無法接受。〔註272〕

各國對於中國應如何償付賠款，分為由中國發行債券、分年償付本息、按比例分配各國，以及中國向各國借款、由各國擔保、一次付清兩派意見。至 6 月 15 日公使會議時始決定採用由中國發行債券方式。至於本金與利息的償付方式，為避免中國償付量超過本身財政能力，賠款委員會經數度修正，於 1901 年 6 月 15 日確定採取分 39 年、5 階段還清方式。〔註273〕至於匯率轉換方面，直至 7 月 26 日，外交團成員始達成協議，決定以 1901 年 4 月 1 日匯率（美元：海關兩＝0.724：1）為基準兌換成金幣，總數 4.5 億兩、利息 4 釐。〔註274〕

1901 年 9 月 8 日，慶親王、李鴻章奏呈公約正本。賠款部分，數額為 450 兆、利息 4 釐，照海關銀兩市價易為各國金款（參見表），約定本息用金付給，

〔註270〕〈致西安行在軍機處、江寧劉制台〉，光緒二十七年四月初十日，收入苑書義、孫華風、李秉新主編，《張之洞全集》第 10 冊，卷 245，〈電牘 74〉，頁 8577-8578。

〔註271〕〈總署致領銜日使葛絡幹照會〉，光緒二十七年四月十三日，收入中央研究院近代史研究所編印，《中美關係史料》，光緒朝四，頁 2864-2865。

〔註272〕〈致江寧劉制台〉，光緒二十七年四月二十三日，收入苑書義、孫華風、李秉新主編，《張之洞全集》第 10 冊，卷 245，〈電牘 74〉，頁 8591。

〔註273〕王樹槐，《庚子賠款》，頁 87-98。

〔註274〕〈柔克義致海函〉，1901 年 7 月 26 日，收入天津社會科學院歷史研究所編，《1901 年美國對華外交檔案：有關義和團運動暨辛丑條約談判的文件》，頁 371。

或按應還日期之市價易金付給，以常關稅、鹽稅、進口稅增至切實值百抽五做爲還款來源，本金於 1902 年 1 月 1 日起分 39 年攤還、年繳一次；利息於 1901 年 7 月 1 日起算，每 6 個月繳付一次。〔註275〕

朝廷於 1901 年 5 月 2 日得知賠款總額爲 4.5 億兩後，即於次日下旨，令各省督撫就地方情形通盤籌畫、分攤賠款。〔註276〕袁世凱調查山東情形後，認爲現階段山東每年可籌款項約 50 餘萬兩，包含丁漕 10 餘萬、南漕改海運 10 萬、東漕改拆解 10 萬、東海關洋稅 20 萬，但將來仍有贖回東三省、京津各國駐兵、津榆盧保等鐵路收回費用，不包含在賠款之中，如就各省原有款項節省挹注，即使能勉強支應，國用恐將不足，必須另行籌畫內外兼顧之道，因而建議「此項賠款，應集天下士民全力以應之」，請飭各出使大臣採訪各國稅捐簡易章程，分條電奏、討論損益，則款項「通力合籌、輕而易舉，外足以應鉅款，內足以圖自強」。〔註277〕可知袁世凱雖然希望朝廷採用加徵人丁捐的方式籌募賠款，但同時認爲應乘機改革稅制，以因應鉅額賠款，但朝廷並無回應。

山東省每年應攤派賠款銀 90 萬兩，袁世凱擬由整頓鹽務入手，每年可增銀 28、9 萬兩；清理漕費，每年可提銀 30 萬兩；地丁收錢，歲可提贏餘銀 50 餘萬兩；南北運河年可節約銀 10 萬兩。以上四項合併計算，年約可得銀 120 餘萬兩，除提撥 90 萬兩充作賠款外，其餘則擬撥司庫專款存放，除遇荒年提撥做抵賠款之外，不許挪做他用。預計自明年起提撥。至於戶部倡議之開徵房捐、糧捐、鹽觔加價等籌款辦法，爲免引發民怨，應暫緩辦理。裁汰防營、綠營所得經費不多，留省充作興辦巡警費用。至於土藥、茶、糖、煙、酒加稅，山東不產茶、糖，即使加稅三成所得仍甚微，但可考慮土藥、煙、酒三項。

然而袁世凱所慮者非僅籌款問題，而是在於中國無法力圖自強，徒然積弱不振。總計中國近年來各項賠款，每年支付款項達銀四千數百萬，以全國地丁之力始能勉強支應，此後中國必然處於貧弱之勢。如中國只知籌款還債，不策劃自強之道，「恐悉索者未盈、而覬覦者踵至，甚至極小極弱之國亦將從而生

〔註275〕〈全權大臣奕劻、李鴻章正摺〉，光緒二十七年七月二十六日，收入中央研究院近代史研究所編印，《中美關係史料》，光緒朝四，頁 2978-2984。

〔註276〕〈軍機處寄各直省督撫電旨〉，光緒二十七年三月十五日，收入收入故宮博物院明清檔案部編，《義和團檔案史料》，頁 1085-1086。

〔註277〕〈山東巡撫袁世凱電報〉，光緒二十七年三月十九日，收入收入故宮博物院明清檔案部編，《義和團檔案史料》，頁 1098-1099。

心」，則國債將永無了期，國勢也將更難自立。因此，「償債固屬急務、自強尤爲要圖」，必須統籌辦理不可。目前各地形勢中以東三省「強鄰逼處、鐵路縱橫」，處境最爲堪慮，必須力籌防範，始能漸杜俄國侵凌之心。爲求自強，凡屬營伍、器械、學校、商務、製造各等各項，均需因勢利導、逐漸振興。〔註278〕

奏摺呈遞後，由硃批「籌辦極有條理，具見公忠、殊堪嘉尚，各省皆能如此認眞，何難籌妥巨款。該部知道」，可知袁世凱的意見獲朝廷相當程度的重視，而袁世凱亦在濟南設立籌款總局，專司整飭雜稅釐捐各項事宜，令試用道朱鍾琪掌理。〔註279〕

小　結

袁世凱於庚子初期關注的重點在於保境安民，使山東不捲入戰爭，因處置得宜，不僅山東得以保全，袁世凱也漸漸獲致全國性聲望，在國內外的發言份量漸增，對於庚子議約也更進一步參與。然袁世凱並未奉旨參與議約，〔註280〕故在庚子議約過程中並無實際參與空間，他所提出的意見能否實施，端看與其電報、書信往來、交換意見的議約大臣是否願意採用，而袁世凱所提出的諸多建議，即使未能完全實施，對於瞭解袁世凱的外交策略仍有相當大幫助。

就各國最重視的懲辦禍首問題而言，張之洞、劉坤一等或期待日本介入、或期待俄國插手、或期待美國調停，希望利用各國之間相互牽制以保全中國，

〔註278〕〈奏陳遵照部議籌攤賠款摺〉，光緒二十七年九月十九日，收入國立故宮博物院故宮文獻編輯委員會編，《袁世凱奏摺專輯》第二輯，頁304-306。

〔註279〕〈東省設籌款總局片〉，光緒二十七年九月十九日，收入天津社會科學院歷史研究所編，廖一中、羅眞容整理，《袁世凱奏議》上，頁309。各省奉旨分攤賠款後，多覺難以應付如此龐大開支，張之洞於1901年11月發起向朝廷爭取減少分攤比例，認爲戶部每年加計各項應增稅收，合計可得約730萬兩，已達每年沒款1800萬兩總數之四成，因而邀集各省督撫聯名奏請各省籌減四成，袁世凱則不願參加，參見王樹槐，《庚子賠款》，頁143-144。

〔註280〕1900年8月27日，軍機處寄諭李鴻章，令其入京會同慶親王商辦議和，9月7日再加派榮祿爲全權大臣，准榮祿便宜行事，並令榮祿等與劉坤一、張之洞函電互商，慶、李、榮三人爲全權大臣，劉、張奉命裏辦。參見〈軍機大臣字寄全權大臣大學士直隸總督李〉，光緒二十六年八月初三日，收入中國第一歷史檔案館編，《光緒宣統兩朝上諭檔》二六，頁281下。〈軍機大臣字寄慶親王奕〉，光緒二十六年八月十四日，收入中國第一歷史檔案館編，《光緒宣統兩朝上諭檔》二六，頁298下。〈軍機大臣字寄大學士榮〉，光緒二十六年八月十四日，收入中國第一歷史檔案館編，《光緒宣統兩朝上諭檔》二六，頁299上。

唯有袁世凱是唯一自始至終主張自行懲辦禍首者。袁世凱清楚瞭解此事關鍵
在德國，德國視公使在華遇害爲奇恥大辱，懲凶決心非其他國家所能勸阻，
要使德國態度軟化，唯有先自行懲辦禍首，方能爲中國開創有利的議約環境。
在懲凶問題上，袁世凱延續其一貫的自求改善策略，但對於懲辦禍首範圍則
並非無條件接受，如列強於 12 月 24 日遞交之議和條款中，載明「日後」遭
列強指控之人均需從嚴懲處，袁世凱即認爲行在諸人對於「日後」二字人人
自危，必極力主張刪去，但必然難以辦到，如能於條文中加入「確有憑據」，
則可使範圍有所限制。〔註 281〕可知袁世凱的自求改善並非一味屈己從人，仍
盡量顧及中國方面的權益。

俄國要索條款一事，起於增祺簽訂暫行章程。事件由俄國所要求的中俄
單獨談判、嚴守秘密，演變成中、俄、各國三方勢力暗中較勁局面。中國居
於最弱勢的一方，不管如何處理均可能開罪任何一方、甚至兩者同時得罪。
袁世凱因駐朝期間與各國直接交手，深知各國習性，一開始即認定各國不可
能給予中國實質幫助，也認定即使拒絕簽約，國際情勢仍將迫使俄國不得不
歸還東三省；一旦簽約，則勢必引發無窮後患、中國主權將喪失殆盡。因此，
袁世凱建議中國應採取之最佳策略爲將約文技術性公開、並提交各國公斷，
以各國壓力迫使俄國讓步，但又不可使俄國顏面盡失。

袁世凱之所以始終堅持應公開約文，其關鍵仍在爭取主動權，使中國由
完全受制於俄國的局面因各國介入而解除，使俄國因各國的介入，以及中國
的堅持拒絕知難而退。這種作法表面上或許類似以夷制夷，但實際上並不相
同。以夷制夷的操作需有足以引誘各國介入的利益存在，如張之洞所提倡的
開門通商一般，但袁世凱則因早已斷定俄國必不能不還東三省，故從未建議
以利益交換各國介入，反而主張以堅拒簽約爲將來保留轉圜餘地，時日一久，
各國獲知消息後，必將爲保護自身利益出而反對。結果雖同爲外國介入調停，
但中國卻一無所損。

對於《辛丑和約》，袁世凱關心的重點在於中國是否因此而遭瓜分，或利
權因此被侵奪，因而認爲 12 條議約大綱並非不可接受，但其中部分條款應明
確限制範圍，並視實際議約情形加以挽救，從而分別保全，謀求以事後補救
進可能保全利益。在賠款問題上，袁世凱除努力設法籌款外，同時認爲中國

〔註281〕參見〈袁慰帥來電〉，光緒二十六年十一月十四日，收入盛宣懷《愚齋存稿》，
頁 1102 上。

應以破除積習、實行新政為入手方法，以爭取列強信任。在籌款問題上，袁世凱延續其自返國以來即不斷強調的變法、行新政，行新政目的則在爭取列強信任，可知袁世凱強調行新政，目的在於希望藉由自強新政的推行改善中國國際地位，其背後的核心策略仍是「自求改善」。